Wolf W. Lasko | Peter Busch

Erfolgreich verkaufen im Handel

Wolf W. Lasko | Peter Busch

Erfolgreich verkaufen im Handel

Ihr Weg zum Verkaufs-Ass
in 16 Lektionen

GABLER

Bibliografische Information Der Deutschen Nationalbibliothek
Die Deutsche Nationalbibliothek verzeichnet diese Publikation in der
Deutschen Nationalbibliografie; detaillierte bibliografische Daten sind im Internet über
<http://dnb.d-nb.de> abrufbar.

1. Auflage Juli 2007

Alle Rechte vorbehalten
© Betriebswirtschaftlicher Verlag Dr. Th. Gabler | GWV Fachverlage GmbH, Wiesbaden 2007

Lektorat: Margit Schlomski

Der Gabler Verlag ist ein Unternehmen von Springer Science+Business Media.
www.gabler.de

Cartoons: André Poloczek
Umschlaggestaltung: Nina Faber de.sign, Wiesbaden
Satz: deckermedia GbR, Vechelde
Druck und buchbinderische Verarbeitung: Wilhelm & Adam, Heusenstamm
Gedruckt auf säurefreiem und chlorfrei gebleichtem Papier
Printed in Germany

ISBN 978-3-8349-0187-3

Inhalt

Teil 3 – Überzeugen und Begeistern

Teil 4 – Das Ende ist erst der Anfang

Prolog

Was Sie zu Beginn der Lektüre wissen sollten.

1. Die Vorgeschichte

Die Aufgabenstellung des Kunden war simpel und leicht verständlich: „Entwickeln Sie für unsere 50.000 Verkäuferinnen und Verkäufer ein spanndendes Lernprogramm in Form eines Buches oder Manuals, das es unseren Führungskräften ermöglicht, die Mitarbeiter vor Ort zu trainieren." Auf diese Weise sollten die eigenen Ressourcen in den Meetings genutzt werden. Wenn die Führungskräfte mit ihren Mitarbeitern zusammensitzen, sollten sie die Möglichkeit haben, diese auf einer handelskonzernweiten gemeinsamen Basis zu trainieren und die Verkaufsperformance vor Ort, in den einzelnen Filialen, zu verbessern.

Der Auftraggeber, die Abteilung für Personal- und Organisationsentwicklung eines großen deutschen Handelskonzerns, hatte erkannt, dass es für sein Unternehmen nicht profitabel und nicht nachhaltig genug war, die Mitarbeiter auf externe Verkaufsseminare oder -workshops zu schicken. Dort wurden sie zwar zeitintensiv trainiert, eine interne Überprüfung ergab jedoch, dass das so vermittelte Wissen zu achtzig Prozent bereits nach wenigen Tagen wieder „vergessen" war und von den Verkäufern nicht wirklich in ihrer persönlichen Kompetenz umgesetzt wurde.

Bei einer solchen Anforderung musste nicht nur die Trainingsmethode überprüft werden, sondern es stellte sich auch die Frage: Welches ist das Wissen, das den Verkäuferinnen und Verkäufern in ihrem Verkaufsalltag wirklich hilft? Was bringt sie weiter? Was unterstützt sie bei ihrer täglichen Begegnung mit den Kunden? Was hilft ihnen auf der Ebene der persönlichen Fitness?

2. Was erwartet Sie?

Sobald das zu vermittelnde „Wissen" mit den Führungskräften und aus dem Unternehmen ausgewählten Verkäufern herausgefiltert war, galt es dieses in „verdauliche" Lerneinheiten zu portionieren, in „Nano-Know-hows", die auch in Kurz-Sessions vermittelt werden können. Eine erste Grob-Unterteilung erfolgte in die vier Hauptphasen eines Kundengesprächs, wie die Verkäuferinnen und Verkäufer – also Sie – es täglich in ihren Filialen zigfach erlebten:

▌ die Begegnung mit dem Kunden, der Einstieg in das Gespräch – „Der Start zum Erfolg",

- erfahren, was der Kunde möchte – „Zuhören und Verstehen",
- dem Kunden etwas individuell Passendes anbieten – „Überzeugen und Begeistern",
- das Kundengespräch beenden mit einem zufriedenen Kunden und einem Kunden, der gerne wiederkommt – „Das Ende ist erst der Anfang".

Da der Mensch sich Dinge und Wissen besser einprägt, wenn ihnen aussagekräftige Symbole zugeordnet werden, wurde nach solchen merkfähigen Bildern gesucht. Die Idee mit den Spielkarten und –farben konnte schließlich alle überzeugen: Mit den richtig eingesetzten „Trümpfen" auf dem Weg zum Verkaufs-Ass – ein starkes Bild. Die Illustrationen zu „Paul & Paula" von André Poloczek sorgen darüber hinaus beim Lernen für erholsame Schmunzelpausen – tanken Sie dabei kurz auf! Paul und Paula werden sogar lebendig: sie berichten immer wieder von ihren Erfahrungen aus dem Verkaufsalltag. Begleitende Geschichten und Zitate regen zum weiteren Nachdenken an – bringen vielfach das Gesagte einfach noch einmal anders „auf den Punkt". Alles weit entfernt von trockener Theorie, sondern sehr unterhaltsam und einprägsam, wie Sie sehen werden.

Als besonders wichtig erschien allen an der Entwicklung dieses Buches Beteiligten, dass nicht nur das Sales-Know-how – die so genannten Verkaufstechniken –, sondern auch die innere Einstellung des Verkäufers zu seiner Tätigkeit, zu seinen Kunden und auch zu sich selbst (wie sieht und bewertet er sich selbst als Verkäufer) entscheidend für ein erfolgreiches Gespräch mit dem Kunden ist. Der persönliche Auftritt, die Überzeugungskraft und die positive Gestaltung von Kundenbeziehungen hängt zu einem großen Teil davon ab, wie motiviert und begeistert der einzelne Mitarbeiter ist. Die Motivation ist wiederum eine Frage der persönlichen Werte und Überzeugungen, der inneren Einstellung und der prinzipiellen Bereitschaft, sich auf Neues einzulassen und dabei stets dazuzulernen. Das „offene Geheimnis" lautet: Wer leidenschaftlich gerne verkauft, tut dies nicht nur für das Unternehmen, für das er arbeitet, sondern auch für sich selbst. Denn wer von innen her motiviert ist, wird auch selbst dafür sorgen, dass er einen guten Tag hat. Er wird sich selbst die Voraussetzungen dafür schaffen, immer wieder über sein Denken und Handeln reflektieren und sich um ausgeglichene persönliche Energie-Ressourcen kümmern.

Niemand kann Vertrauen vermitteln, wenn er nicht selbst Vertrauen hat; nur der, der überzeugt ist, überzeugt.
Matthew Arnold

Dabei geht es nicht um ein schnell aufgesetztes Lächeln, wenn der Kunde den Verkaufsraum betritt – schnell ist diese „Maskerade" durchschaut und lässt bei ihm Zweifel und Skepsis aufkommen. Auch als Verkäufer ist man nicht wirklich zufrieden mit einer solchen Situation. Vielmehr gelingt nur dem Verkäufer eine erfolgreiche Kundenbeziehung, der gelebte Aufrichtigkeit, Ehrlichkeit, Verbindlichkeit, Klarheit und Entschlossenheit zeigt: Erst der Mix von authentischem persönlichen Auftritt und überzeugender

Verkaufs-Kompetenz macht es möglich, dass der Kunde sich angesprochen, verstanden und ernst genommen fühlt. Er kauft, weil er überzeugt, vielleicht sogar begeistert, ist. Und: er kommt und kauft wieder.

3. Wie arbeiten Sie mit diesem Buch?

Sie können dieses Lernprogramm in sechzehn Lektionen einfach von der ersten bis zu letzten Seite durchlesen. Sie können sich aber auch anhand des Inhaltsverzeichnisses diejenigen Lektionen heraussuchen, die aus gegebenem Anlass für Sie vielleicht gerade besonders aktuell sind. Die Aufgaben sollen Ihnen als Anregungen dienen, aktiv mitzuarbeiten, sich auch mit Stift und Papier eigene Gedanken zu machen, sich dadurch des Gelernten bewusster zu werden. Schriftlich festgehalten merkt man sich einiges einfach noch besser. Und Sie können sich Ihre Notizen immer wieder hervorholen und nachlesen oder ergänzen ..., dabei vielleicht sogar selbst sehen, welche Fortschritte Sie machen ...

Wenn Sie mögen, bilden Sie mit Kolleginnen und Kollegen eine kleine Arbeitsgruppe, in der Sie sich über Ihre Erfahrungen und Gedanken austauschen. Sie werden sehen, gemeinsam macht das Lernen noch viel mehr Spaß. Sich im Team oder im erweiterten Kollegenkreis gegenseitig zu unterstützen – auch wenn es mal nicht so gut gelaufen ist – hilft ungemein. Der ein oder andere zusätzliche Tipp eines Kollegen bringt Sie vielleicht entscheidend weiter. Auch Ihre Vorgesetzten dürfen Sie einspannen. Fragen Sie diese, wenn Sie mal nicht weiterkommen oder eine Einschätzung brauchen. Probieren Sie es aus!

Wenn wir alles täten, wozu wir instande sind, würden wir uns wahrlich in Erstaunen versetzen.
Thomas A. Edison

4. Was wir Ihnen noch mit auf den Weg geben möchten:

Wir wünschen Ihnen viel Spaß mit diesem Buch, gute Erkenntnisse, erheiternde Aha-Erlebnisse und zahlreiche begeisterte Kunden, die immer wieder gerne zu Ihnen kommen. Kurz: Viel Erfolg für Ihren persönlichen Weg zum Verkaufs-Ass!

Ihr
Wolf W. Lasko und *Peter Busch*

Teil 1

Der Start
zum Erfolg

Gerade haben Sie die erste Seite zu unserem Lernprogramm in vier Teilen mit je vier Lektionen aufgeschlagen. Bevor Sie weiterblättern, wollen wir Sie herzlich willkommen heißen.

Sie stehen hier am „Start zum Erfolg". In diesem ersten Teil geht es um den Geist, der Sie beim Verkaufen und im Kontakt mit Ihren Kunden inspiriert. Dafür haben wir als Symbol die Spielkarte ♥ gewählt. Das ♥ steht für unsere Gefühle und Beziehungen zu anderen Menschen. In der Familie, in der Partnerschaft, im Freundes- und Kollegenkreis, aber auch im Kontakt mit unseren Kunden.

Die Kunden haben sich geändert, auch wenn es vielleicht die gleichen sind, die Sie seit vielen Jahren kennen. Sie kommen zu Ihnen, weil Ihre Sortimente ihnen Vielfalt, Qualität und gute Preise bieten.

Sie kommen aber auch aus einem anderen Grunde zu Ihnen: Für Ihre Kunden ist Ihr Geschäft ein Marktplatz, auf dem sie Anregungen suchen. Sie dabei zu beraten und ihnen durch Gespräche weiterzuhelfen, ist die Aufgabe von Ihnen, als Verkäuferinnen und Verkäufer. So entwickeln Sie Ihr Unternehmen zu einem Marktplatz der Beziehungen.

Bei dieser nicht immer leichten, aber schönen Aufgabe kann Ihnen das Lernprogramm Tipps und Hilfen geben, es wird Sie überraschen und soll Ihnen Spaß machen.

Fangen Sie einfach an!
Wir wünschen Ihnen dabei viel Vergnügen

Wolf W. Lasko und Peter Busch

Und noch etwas: Wenn wir unsere Arbeit gut gemacht haben, freuen Sie sich nach dem Durcharbeiten des ersten auf die drei weiteren Teile des Lernprogramms mit jeweils vier Lektionen.

♠ Zuhören und Verstehen
♦ Überzeugen und Begeistern
♣ Das Ende ist erst der Anfang

1 HERZ-ASS
– Ihr Blick auf den Kunden

Nicht so mein Tag heute!

Von der Kunst, die richtige Perspektive zu wählen.

1. Das Lebensprinzip 79/21

Paula schreckt aus dem Schlaf hoch. Himmel, schon sooo spät? Hat denn der Wecker nicht geklingelt? Schnell ins Bad, ein Schluck Milch im Stehen, ein Apfel in die Manteltasche, die Bahn fährt natürlich vor der Nase weg. Paula flucht leise vor sich hin und beschließt, als sie die Pendeltür zum Personaleingang im Sturmschritt nimmt: **Das ist nicht so mein Tag heute, nein!** *Und prompt scheinen sich heute wirklich alle Kunden mit unerfüllbaren Wünschen bei ihr zu versammeln, wollen etwas umtauschen oder reklamieren, haben's alle furchtbar eilig oder entschließen sich kurz vor dem Kauf, es sich doch lieber noch mal überlegen zu wollen. Am Abend stellt Paula fest, dass sie Recht behalten hat.*

Kein Wunder, denn sie hat sich schon am Morgen entschlossen, eine ganz spezielle Perspektive einzunehmen – die 21-%-Perspektive. Mit dieser Brille registriert sie, was heute alles schief geht, wie mies die Kunden drauf sind, wie eklig sie das Wetter findet usw. Paula hat sich entschlossen, heute die Negativ-Seite eines Lebensprinzips zu leben: 79/21

> **Genau genommen steht**
> **vor der Zahl 79 ein Plus-Zeichen:** $+ 7\ 9$
> **vor der Zahl 21 ein Minuszeichen:** $- 2\ 1$

Die Zahlen stehen symbolisch für die Anteile an einer Situation, die Sie aus Ihrer Sicht heraus als positiv oder negativ bewerten. Gibt es denn eine Alternative? Die gibt es immer. Paula könnte ja auch denken: „Gerade noch geschafft. Das wirft mich noch lange nicht um. Jetzt bin ich in Schwung für einen guten Tag."

2. Entscheiden Sie selbst

Die meisten von uns kennen die Erfahrung. Zu Beginn einer Liebesbeziehung ist der einzig richtige Platz auf der rosa Wolke, der Partner ist einfach perfekt und hat 100 % positive Eigenschaften und Verhaltensweisen. Früher oder später trägt die Sache mit den alten Socken auf dem Bettvorleger und den Zahnpastaresten im Waschbecken zur realistischen Einschätzung bei.

Sie gewinnen neue Möglichkeiten, Ihre Einstellung zu wählen.

Lehne es nicht ab, das Negative zur Kenntnis zu nehmen. Weigere dich lediglich, dich ihm zu unterwerfen.

Wir entdecken Nachteile. Und die können so dominieren, dass die guten Seiten, die 79 %, völlig in Vergessenheit geraten. Die Stimmung sinkt rapide, im schlimmsten Fall ist die Beziehung damit am Ende und selbst rückblickend bleibt kein gutes Haar an dem ehemals „perfekten" Partner. Vielleicht war bei Ihnen ja alles ganz anders ...

Entscheiden Sie selbst, durch welches Fenster Sie schauen, welche Perspektive sie wählen. Beide Fenster sind da, so wie auch die 79 % und die 21 % immer da sind.

Ihr Umgang, Ihre Einstellung zu den 21 % entscheiden darüber, ob Sie die 79 % genießen können.

Aufgabe:
Wenn Sie dieses Arbeitsbuch in der Hand halten und jetzt lesend den Einstieg gefunden haben, was gehört für Sie daran zu den 79 %?

3. 79/21 im Berufsleben

Achten Sie einmal darauf, in den meisten Situationen des Lebens trifft das 79/21-Prinzip zu. Sie kennen wahrscheinlich den einen oder anderen Zeitgenossen, der in die 21-%-Falle getappt ist, nicht an einem Tag, sondern offenbar fürs ganze Leben. Seine Welt ist die Welt der 21 %. Auch im Berufsleben lauert eine ähnliche Falle. Die 79 % stehen dafür, dass Sie Ihren Beruf aus Freude daran gewählt haben. Die Arbeit, das Umfeld, die Kollegen, die Kunden – alles passt. Natürlich sind Sie nicht jeden Tag auf der rosa Wolke, denn die 21 % stehen für den Teil, der Ihnen nicht gefällt. Die Falle lauert da, wo Menschen ihren Arbeitsalltag nur durch die negative Brille sehen.

Du kannst dich den ganzen Tag ärgern, verpflichtet bist du jedoch nicht dazu!

Sie unterliegen der Illusion, dass das Leben zu 100 % Freizeit, Urlaub, Spaß sein sollte. Sie empfinden die Arbeit als bedrückend und oder tragen sie wie eine niederdrückende Last auf ihren Schultern. Sie leben 8 Stunden am Tag für den Feierabend, 5 Tage für das Wochenende, 11 Monate für den einen Monat Urlaub und manche über 40 Berufsjahre für den Lebensabend.

4. Lebensqualität

Wem es gelingt, den beruflichen Alltag im richtigen Verhältnis zu sehen, der kann sich in jedem Moment selbst frei entscheiden, ob er seinen Tag lieber unter dem Gewicht der schweren Last auf den Schultern verbringen möchte oder fröhlich die guten Seiten genießend. Entscheiden Sie sich, es ist Ihr Tag, Ihre Woche, Ihr Jahr, Ihr Leben!

Wenn Sie es schaffen, die 21 % so zu nehmen, wie sie sind, als zum Leben gehörend, damit die 79 % möglich werden, dann haben Sie es geschafft, Ihrem Leben Qualität zu geben.

Aufgabe:
Notieren Sie sich, was in dieser Woche für Sie unter die 79 % der positiven Anteile gehört. Was war gut? Und was gehört zu den 21 %?

5. Haben Sie schon gewählt?

Haben Sie während des Lesens schon entschieden, welche Seite Ihnen die sympathischere ist und welche besser zu Ihnen passt? Sind Sie mehr an den 79 % oder an den 21 % interessiert? Damit ist nichts endgültig entschieden. Sie können es sofort und jederzeit ändern – jeden Tag neu.

Aufgabe:
Probieren Sie es aus, wenn Sie mögen schon morgen. Stellen Sie das Prinzip auf die Probe! Wann also ist Ihr nächster 79-%-Tag?

„Widerrufene Kündigung"

Kennen Sie die Geschichte von den beiden Kolleginnen, denen es wirklich reichte in dem Laden und die sich entschlossen haben, zu kündigen? „Aber nicht sang- und klanglos", sagt die eine, „den Tag der Kündigung wollen wir so richtig auskosten. Und am Schluss, da sagen wir es dann dem Chef, abgemacht?"

Schon am Morgen des großen Tages sind die beiden richtig gut drauf. Die Kunden werden mit einem strahlenden Lächeln begrüßt, keine Mühe scheint zu viel, sogar die ersten Stücke der neuen Kollektion werden aus dem Lager geholt. Die eine der beiden meldet sich freiwillig, um für die Kollegen den Kaffee zu kochen, die andere spendiert eine Packung Plätzchen dazu. Zwischendurch fliegen Scherze hin und her. Am Mittag will der Chef einen Gast, einen wichtigen Geschäftspartner durch die Abteilung führen. „O.K., Chef", sagt die eine der Kündigerinnen, „rufen Sie einfach kurz an, wenn Sie kommen, ich sorge am Besuchertisch für frische Blumen, Kaffee und Mineralwasser." Alles läuft prima. Als der Chef mit dem Gast wieder geht, macht er beim Rausgehen den Daumen hoch und zwinkert vielsagend mit dem linken Auge. Kurz vor Feierabend sagt die eine zur anderen: „So, heute haben wir toll verkauft. Ich bring dem Chef schon mal die Verkaufszahlen. Du kommst gleich nach und dann kündigen wir ja?" Da sagt die Kollegin: „Bist du verrückt, das war mein bester Tag heute in dem Laden, davon will ich jetzt mehr. Ich bleibe!"

Borge stets von einem Pessimisten, er erwartet sein Geld nicht zurück.

Der Typ sieht aber unsympathisch aus!

Worauf Sie Ihren Blick lenken, bestimmen Sie selbst.

Was Sie sehen, beeinflusst Ihre Stimmung.

1. Paulas Tag

Zurück zu Paulas Tag. Nach den üblichen Tätigkeiten am Morgen nähert sich ihr der erste Kunde – und ihr springt förmlich ins Auge, wie unsympathisch der aussieht: grimmiger Gesichtsausdruck, Stirnrunzeln, wirre Frisur. Natürlich ist jemand, der so aussieht, auch nicht besonders freundlich, fragt nach einem CD-Player, der schon lange nicht mehr im Sortiment ist, kann überhaupt nicht verstehen, dass sie auch nicht weiß, wo er ihn vielleicht bekommen kann und dreht sich ohne ein Dankeschön um. Eben ein Muffel! „Muffel"-Schublade auf, rein, fertig – Schublade zu.

Geht es Ihnen auch manchmal so? Hand aufs Herz – so eine kleine „Schubladensammlung im Kopf" haben wir doch alle, oder? Manchmal ganz nützlich, wenn wir schnell etwas einstufen oder beurteilen wollen. Häufig sehr hinderlich, weil das, was einmal drin ist, so leicht nicht mehr rauszukriegen ist. Einen Kunden, der einmal in der „Muffel"-Schublade drin ist, selbst mit den besten Vorsätzen auf der positiven 79-%-Seite einzuordnen – das ist ganz schön schwierig!

Der Optimist denkt oft ebenso einseitig wie der Pessimist. Nur lebt er froher. (Charly Rivel, Clown)

2. Gedankenlesen – Vorsicht Falle!

Paula ist der Meinung: „Wenn jemand schon so aussieht und in so einem Sturmschritt auf uns zu kommt, dann hat er was gegen Verkäufer, denkt, dass die sich sowieso keine Mühe geben und lieber sagen: Nein, haben wir nicht mehr!"

Vorsicht Falle! Kann es sein, dass Paula gerade Gedanken gelesen hat und ihre Aufmerksamkeit voll auf die 21 % richtet? Wie wäre es, wenn Sie es mit der 79-%-Perspektive versuchen? Die richtige Frage dafür ist:

Was gefällt mir an dem Kunden?

Ist er chic gekleidet? Hat er eine tolle Brille? Und Sie werden die Entdeckung machen, dass (fast) an jedem Menschen etwas nett oder sympathisch ist. Mal ist es die Brille, ein anderer hat schöne Hände, ein dritter hat ein nettes Lächeln. Der angenehme Nebeneffekt ist, dass diese Perspektive Ihre Stimmung und damit Ihre Energiekurve positiv beeinflusst.

Aufgabe:
Auf welche (positiven) Details können Sie achten, wenn Ihnen ein Kunde nicht auf Anhieb sympathisch ist? Zählen Sie mindestens fünf auf.

3. Entscheiden Sie über Ihre Energiekurve!

Vielleicht gehören Sie zu den Menschen, die sich auf den ersten Blick entscheiden, sympathisch oder nicht. Dabei bleibt vor allem im zweiten Fall der Blick leicht an dem hängen, was einem nicht gefällt. Das muss nicht unbedingt so sein. Ob Sie das registrieren, was Ihnen gefällt, oder das, was Ihnen nicht gefällt, darüber entscheiden Sie selbst.

> **Wenn Sie einen guten Tag, nette Kunden und selbst eine gute Stimmung haben wollen, sehen Sie sich das an den Kunden an, was Ihnen gefällt.**

Was meinen Sie: Geht Ihre Energiekurve nach oben oder nach unten bei häufiger Benutzung von „Muffel-", „Ekel-" oder sonstigen Schubladen?
Und was das Gedankenlesen anbetrifft, die gerunzelte Stirn könnte sowohl angeboren sein als auch Ausdruck des Bemühens, die richtige Artikelbezeichnung für den CD-Player parat zu haben.

4. Was wir sehen, lenkt unsere Gedanken

Zwar ist die Wahrnehmung über das Sehen nicht bei allen Menschen gleich stark ausgeprägt, aber **wir alle leben in einer Welt, die uns über Bilder beeinflusst und die wir sehr stark über das Sehen aufnehmen**. Darauf reagieren wir mit einer (unbewussten) Bewertung: gefällt mir/gefällt mir nicht. Und dieses Denken hat Wirkung, auch auf unsere eigene Stimmung. Wenn Sie genau wissen wollen, wie Sie bewerten und reagieren, beobachten Sie einmal Ihr eigenes Denken. **Auch im Bus oder in der Straßenbahn kann man wunderbar bei den anderen Menschen nette Details entdecken.**
Bei vielen ist das ganz einfach, bei manchen ist es schon schwerer und eine richtige Herausforderung.

Der härteste Klebstoff der Welt: die Gewohnheit.

> **Aufgabe:**
> a) Wenn Sie sagen: „So denke ich sowieso, das ist für mich nichts Neues!" dann überlegen Sie bitte, was daran für Sie nützlich ist.
> b) Wenn Sie sagen: „So habe ich das bisher noch nicht gesehen!" dann wählen Sie bitte aus, wann Sie in den nächsten Tagen die Gelegenheit nutzen wollen, das auszuprobieren.

Verzerrte Wahrnehmung

Eine Mutter wurde einmal gefragt: „Wie geht es deiner Tochter?"

„Ach meine liebe Tochter! Sie hat wirklich Glück! Ihr Mann ist wunderbar. Er hat ihr ein Auto geschenkt, jeden Schmuck, den sie sich wünscht, auch mehrere Dienstmädchen angestellt. Er bringt ihr das Frühstück ans Bett, und sie steht nicht vor Mittag auf. Ein wirklicher Prinz von einem Mann!"

„Und wie geht's deinem Sohn?"

„Der arme Junge! Was für eine Plage von Frau hat er geheiratet. Er hat ihr ein großes Auto gekauft, jeden Schmuck, den sie sich wünscht, und obendrein ein Heer von Dienstmädchen angestellt. Und sie weiß nichts anderes zu tun, als bis Mittag im Bett zu liegen. Nicht einmal das Frühstück richtet sie ihm!"

Anthony de Mello

Auf die Perspektive kommt es an.

Wie spricht der mich denn an!?

Nützliche Vor-Überlegung: Der Kunde hat eine „gute Absicht".

Sie erhalten positive Reaktionen.

1. Was will der Kunde für sich erreichen?

Kennen Sie das? Aus einigen Metern Entfernung eilt ein Kunde heran und ruft Ihnen zu: „Fräulein, sagen Sie mal – Schuhe!" oder „Junger Mann, Schreibwaren – wo?"

Als ob es keine Wegweiser gäbe! Jetzt haben Sie eine Fülle von Reaktionsmöglichkeiten:

▐ Ratloses, aber deutliches Schulterzucken.

▐ Weghören, wegsehen – ich bin doch nicht die Info!

▐ Explodieren, mindestens deutlich vernehmbar zu der Kollegin sagen: „Von einem höflichen BITTE halten manche Leute gar nichts!"

▐ Körperdrehung Richtung Kunde, Augenkontakt und: „Sie haben es eilig? 1. Stock, rechts neben der Rolltreppe! Guten Einkauf!"

Aufgabe:
Für welche Möglichkeit entscheiden Sie sich?
Bitte begründen Sie Ihre Wahl.

2. Sie treffen die Wahl über Ihre Reaktion

Wofür haben Sie sich entschieden? Die ersten Möglichkeiten hätten vielleicht sogar gewisse erzieherische Effekte dem Kunden gegenüber, vor allem die dritte Möglichkeit. Können und vor allem wollen Sie Kunden erziehen? Vergessen Sie ab sofort ein völlig nutzloses Körperteil: den erhobenen Zeigefinger.

3. Was wollen Sie erreichen?

Was wollen Sie erreichen, was ist Ihr Ziel? Nehmen wir an, Sie haben das Ziel, einen 79-%-Tag zu haben, weil Sie am Abend noch mit einem netten Menschen ins Kino gehen wollen. Und zwar voller Energie und guter Stimmung nach einem Tag, der gut gelaufen ist. **Da macht es doch Sinn, jede Gelegenheit zu einer positiven Rückmeldung von den Kunden und Kollegen zu nutzen, denn das schenkt Energie pur!** Und wenn es ein erstauntes Aufblitzen in den Augen des Kunden ist, dem Sie die Auskunft gegeben haben, begleitet von guten Wünschen für den Einkauf.

Aufgabe:

Haben Sie so eine oder ähnliche Situation schon mal erlebt? Welche positiv verblüffenden Reaktionen hat Ihr Kunde gezeigt? Holen Sie es sich wieder ins Gedächtnis und schreiben Sie Stichpunkte dafür auf.

4. Das „Dankeschön" vom Kunden, die positive Reaktion,

ist das Ergebnis Ihres Handelns. Ob ausdrücklich gesagt, mit Augenzwinkern oder einem freundlichen Lächeln signalisiert, es ist etwas, was Sie sich den ganzen Tag über als positive Rückmeldung holen können. Solche kleinen Geschenke, die Sie voll und ganz verdient haben, können Sie postwendend auf Ihrem Guthabenkonto für nette Kundenbegegnungen verbuchen. Und dieses Konto ist genau das, was Ihre Energie speist und womit Sie Ihre richtige Stimmung für den Kinobesuch oder die Radtour nach Feierabend „finanzieren" können.

Nur das Ergebnis Ihrer Kommunikation zeigt Ihnen, wie gut sie war.

5. Wie kriegen Sie positive Reaktionen vom Kunden?

Möglicherweise gelingt es Ihnen nicht auf Anhieb, positiv zu reagieren, wenn Sie „schräg von der Seite" angesprochen werden. Es gibt zwei hilfreiche Vor-Überlegungen, die Sie anstellen können, bevor Sie darauf reagieren:

Entscheidend ist, wie Sie die Segel setzen, nicht wie der Wind weht.

▌ Was will der Kunde damit für sich erreichen? (Gute Absicht!)
▌ Will der Kunde mich persönlich angreifen?

Der Gedanke: „Der hat es eilig und will Zeit sparen" könnte in unserem Beispiel die Antwort auf die erste Frage sein. Die zweite Frage können Sie sicher verneinen.
Ob die Unterstellung einer „guten Absicht" richtig ist, lassen wir offen, in diesem Zusammenhang bieten wir sie Ihnen als nützliche Unterstellung an. Bitte entscheiden Sie selbst und vor allem: Probieren Sie es aus!

6. Welche Mittel haben Sie zur Verfügung?

Wie in unserem Beispiel vor allem Ihr nützliches positives Denken, indem Sie eine gute Absicht unterstellen, (Der Kunde hat es eilig und will Zeit sparen!), dem Kunden die gewünschte Service-Leistung bieten (1. Stock rechts neben der Rolltreppe!) und ihm aus freiem Entschluss ein gutes Gefühl geben (Guten Einkauf!). *Das heißt unterm Strich: Sie setzen Ihre Vor-Überlegungen und Ihre sprachlichen Mittel ein.*

Aufgabe:
Ein Kunde stürmt auf Sie zu: „Hallo – Ihre Kollegin schickt mich zu Ihnen!"
a) Welche Reaktion wollen Sie bei diesem Kunden erreichen?
b) Was antworten Sie deshalb?

7. Ab sofort wird alles anders

Wenn das so einfach wäre! Mit der Vor-Überlegung der „guten Absicht" haben Sie eines der wirksamsten Mittel zur Kundenbegeisterung in der Hand. Dieses Ergebnis hängt wesentlich von Ihrer persönlichen guten Stimmung ab. Diese wiederum von der genannten Vor-Überlegung und – der alten Klavierspieler-Regel: üben, üben, üben. Nutzen Sie auch im privaten Kreis und im Kollegengespräch jede Gelegenheit zur Vor-Überlegung: Was willst du damit für dich erreichen? Stellen Sie diese Frage zu Übungszwecken auch ruhig laut und seien Sie gespannt auf die Antwort.

Der Sohn und die Drahtbürste

Vater, Mutter und der 3-jährige Sohn machen den ersten Ausflug mit dem neuen Auto. Es ist ein strahlender Frühlingstag. Schade zwar, dass es unterwegs einen Regenguss gibt, aber was ist wichtiger, als das Auto wieder auf Hochglanz zu bringen? Kaum zu Hause angekommen, wird das Auto einer intensiven Wäsche unterzogen. Der Kleine fragt seinen Vater: „Papi, kann ich helfen?" „Klar", sagt der Familienvorstand und beachtet sein Kind nicht weiter. Nach einiger Zeit glaubt der Vater, eigentümliche Geräusche zu hören. Er dreht sich zu seinem Sohn um, und was muss er da fassungslos sehen? Der Sohn hat eine Drahtbürste in der Hand und schrubbt fleißig die Karosse und ab ist der Lack!

Wie reagiert (vielleicht) der Vater?
Welche war die gute Absicht des Sohnes?

Ich hab' doch auch nur zwei Hände!

Wie Sie souverän mit Mehrfach-Anforderungen umgehen.

1. Paulas Tag

Paulas Tag, kurz vor der Mittagspause: Der Karton mit den neuen Geldbörsen wartet schon seit dem Morgen darauf, ausgezeichnet und eingeräumt zu werden. Sie kriegt es genau aus dem Augenwinkel mit, da braucht sie gar nicht mal richtig hinzugucken und kann weiter die Taschenauswahl für den letzten Kunden wegräumen – 3 Kunden auf einmal steuern die Lederabteilung an. Sie hat es im Gefühl, die werden zeitgleich bei ihrem Tisch landen und haben es offenbar alle eilig. Die Dame mit den Stiefeln und der roten Baskenmütze wird garantiert als erste „Hallo" sagen.

Kennen Sie solche Situationen? Was sind Ihre Erfahrungen, worauf kommt es jetzt an?

Es gibt immer zwei Gewinner: Sie und den Kunden.

> **Aufgabe:**
> Rufen Sie sich bitte Ihre eigenen Erfahrungen ins Gedächtnis.
> Worauf kommt es an?

2. Die richtigen Mittel einsetzen

Selbst auf die Gefahr hin, dass wir Ihre Eintragungen wiederholen, es gibt einige Möglichkeiten, mit denen Sie solche herausfordernden Situationen professionell meistern können:

▌ Ruhe bewahren
▌ Allen Kunden signalisieren: „Ich habe dich gesehen",
   Blickkontakt/kurzes, freundliches Nicken
▌ Offen sagen, wie die Situation ist

Sie können die zweite Formulierung auch ändern in: „Ich habe dich wahrgenommen!" Wahrgenommen zu werden ist ein tief verankertes menschliches Bedürfnis. Wenn niemand uns wahrnimmt, also unsere Existenz durch eine minimale Reaktion bestätigt, werden wir unsicher, ob wir wertvoll und wichtig sind. Das sind Gedanken und Empfindungen, die wir im normalen Leben gar nicht registrieren.

3. Was empfehlen Sie Paula?

Was haben Sie denn nun für Ihren praktischen Alltag davon – wie könnte Paula die Situation meistern?

▌ Es ist ganz einfach, mit einem kurzen Blick oder Kopfnicken auch mehreren Kunden gleichzeitig ein Signal zu geben. Damit tun Sie das, was Ihre Kunden sich (insgeheim – unbewusst) wünschen, Sie nehmen sie wahr.

■ Eine Bemerkung über die Situation, wie sie ist, sogar ein wenig scherzhaft, entspannt Ihre Kunden, die unbewusst in eine Wettbewerbssituation geraten sind. Was könnte Paula zum Beispiel sagen?

Aufgabe:

Versetzen Sie sich in Paulas Lage. Was könnte sie sagen? Fragen Sie auch Ihre Kolleginnen und Kollegen, welche Ideen die haben: a) ernsthaft b) scherzhaft

Nicht warten zu müssen ist die beste Lösung. Zu wissen, warum man wartet, die zweitbeste.

Wenn Sie einen flotten Spruch mit einem charmanten Lächeln garnieren, haben Sie gute Chancen, auch Ihre Kunden zum Schmunzeln zu bringen – und damit zu entspannen.

4. Information ist alles

Auf jeden Fall gilt der Grundsatz: Informieren Sie die Kunden darüber, warum sie warten müssen. Auch wenn Sie sich kurz von Ihrer Verkaufsfläche entfernen, wirkt ein kurzes: „Ich hole etwas im Lager, in 3 Minuten bin ich wieder für Sie da!" Wunder.

Wenn wir uns nicht um den Kunden kümmern, die Konkurrenz wird es gerne tun.

Je mehr Informationen Ihre Kunden haben, desto weniger sind sie auf eigene Vermutungen angewiesen.

5. Welchen Nutzen haben Sie davon?

Welchen Nutzen haben Sie von dem geschilderten Verhalten? Es gibt immer zwei Gewinner, Sie und den Kunden. Dessen Wohlbefinden ist sehr stark mit Ihrem Wohlbefinden gekoppelt. Der wichtigste Nutzen dieses Kapitels ist Ihr ganz persönlicher Energiehaushalt nach dem Motto: Wer gut drauf ist, kommt gut an!

Aufgabe:

Bitte achten Sie beim nächsten Mal, wenn Sie sich selber in der Kundenrolle befinden, auf solche Situationen mit Mehrfach-Anforderungen an den Verkäufer. Wie reagiert er und was löst diese Reaktion in Ihnen aus?

Sie hat mich wirklich gesehen!

Eine Familie ließ sich zum Essen in einem Restaurant nieder. Die Kellnerin nahm zunächst die Bestellungen der Erwachsenen auf und wandte sich dann dem Siebenjährigen zu. „Was möchtest du essen?", fragte sie.

Der Junge blickte schüchtern in die Runde und sagte dann: „Ich möchte gern einen Hotdog." Noch bevor die Kellnerin die Bestellung aufschreiben konnte, unterbrach die Mutter.

„Keine Hotdogs", sagte sie, „bringen Sie ihm ein Steak mit Kartoffelbrei und Karotten." Die Kellnerin überhörte sie. „Möchtest du Ketchup oder Senf auf deinem Hotdog?", fragte sie den Jungen. „Ketchup."

„In einer Minute bekommst du ihn", sagte die Bedienung und ging zur Küche. Alle schwiegen fassungslos, als sie weg war. Schließlich bricht der Junge das Schweigen und ruft: „Mama, sie hat mich wirklich gesehen!"

Zusammenfassung HERZ-ASS

Nicht so mein Tag heute!

Die Zahlen 79/21 stehen symbolisch für die Anteile an einer Situation, die Sie aus Ihrer Sicht heraus als positiv oder negativ bewerten.

Ihr Umgang, Ihre Einstellung zu den 21 % entscheiden darüber, ob Sie die 79 % genießen können.

Achten Sie einmal darauf, in den meisten Situationen des Lebens trifft das 79/21-Prinzip zu.

Der Typ sieht aber unsympathisch aus!

Wenn Sie einen guten Tag, nette Kunden und selbst eine gute Stimmung haben wollen, sehen Sie sich das an den Kunden an, was Ihnen gefällt.

Wir alle leben in einer Welt, die uns über Bilder beeinflusst und die wir sehr stark über das Sehen aufnehmen.

Wie spricht der mich denn an?

Das „Dankeschön" des Kunden, die positive Reaktion, ist das Ergebnis Ihres Handelns.

Es macht Sinn, jede Gelegenheit zu einer positiven Rückmeldung von den Kunden und Kollegen zu nutzen, das schenkt Energie pur!

Setzen Sie dazu das Mittel der Vor-Überlegung (Gute Absicht!/Persönlicher Angriff?) und Ihre sprachlichen Mittel ein.

Ich hab' doch auch nur zwei Hände!

Wählen Sie die richtigen „Werkzeuge"!

- Ruhe bewahren!
- „Ich habe dich gesehen."
- Offen sagen, wie es ist.

Je mehr Informationen Ihre Kunden haben, desto weniger sind sie auf eigene Vermutungen angewiesen.

Der wichtigste Nutzen ist der für Ihren ganz persönlicher Energiehaushalt, nach dem Motto: Wer gut drauf ist, kommt gut an!

Hier sind Sie wieder gefragt!

Wählen Sie aus dieser Lektion die drei Anregungen aus, die für Sie persönlich die wichtigsten sind. Schreiben Sie kurz auf, was genau Ihnen daran gefällt und wie Sie die drei Anregungen für sich nutzen können.

Das Duell

Ein Mongolenfürst und ein anderer, ihm feindlich gesinnter Herrscher trafen sich in der Nacht vor der Schlacht zum Duell. Sie wurden begleitet von einem weisen Ratgeber, den sie beide akzeptiert hatten.

Zunächst bekämpften sie sich auf das Heftigste mit Worten. Als es dann aber ernst werden sollte und sie zu den Waffen griffen, forderte der „heilige Mann" sie auf, stattdessen den Zweikampf mit Worten fortzuführen.

Die beiden waren einverstanden. Wenig begeistert allerdings waren sie, als ihnen der Meister die Bedingungen nannte. Sieger sollte nämlich der sein, der den anderen am überzeugendsten lobte. Plötzlich waren die Kontrahenten gezwungen, einander mit ganz anderen Augen anzusehen. Zum erstenmal waren sie in der Situation, sich Gedanken über die positiven Seiten des Feindes zu machen, und es öffnete sich ein Weg, der zum Frieden führte.

2 HERZ-KÖNIG
– Ihr „Draht" zum Kunden

Die permanente Freundlichkeitsmaschine

Sie treffen Ihre eigene Wahl.

1. Ein Märchen

Es war einmal ein Kaufhaus, in dem waren alle immer nett und freundlich zueinander. Alle Mitarbeiter waren ständig gut gelaunt und lächelten von einem Ohr zum anderen. Auch die Kunden hüpften alle fröhlich und guter Laune durch das Kaufhaus, machten allen Verkäufern, Verkäuferinnen und den guten Geistern an den Kassen Komplimente und freuten sich ohne Ende über die tollen Sachen, von denen sie so viel kauften, wie sie nur tragen konnten.

Freundlichkeit ist für jeden etwas anderes. Die Hauptsache ist, sie ist echt.

Ein schönes Märchen, aber eben weit entfernt von der Realität. Der wahre Kern steckt da, wo wir uns eine freundliche Stimmung wünschen, wohl wissend, dass Verkaufen und Kaufen abhängig ist von den Beziehungen zwischen den Beteiligten. Die Wälzer mit den Tricks und Techniken, mit denen die ausgebufften Verkäufer den Eskimos die Kühlschränke verkauften, verstauben in den Regalen. Die Bücher über guten Service gehören seit einigen Jahren zu den Bestsellern. Übereinstimmend wird gesagt, dass die Kunden vor allem Freundlichkeit erwarten. Fachwissen setzen alle Kunden als selbstverständlich voraus, Freundlichkeit wirkt immer noch angenehm überraschend.

2. Freundlichkeit ist immer anders

Einig ist man sich auch darüber, dass Freundlichkeit mit Freundschaft und Freundschaft mit Ehrlichkeit zu tun hat. Auch in der besonderen Form der Beziehung während eines Kaufs, die nur von kurzer Dauer ist, spielt Ehrlichkeit als Voraussetzung für Vertrauen eine Rolle. Die meisten Menschen bringen Freundlichkeit unmittelbar mit Lächeln in Verbindung. Das ist insoweit richtig, als es ein eindeutiges Signal ist. Wenn es allerdings nicht von innen kommt und ehrlich gemeint ist, geht der Schuss nach hinten los. Das Gegenüber empfindet es als unecht, als aufgesetzt und lehnt es innerlich ab.

3. Leben Sie Ihre persönliche Freundlichkeit

Lächeln kann so verschieden sein wie die menschlichen Gesichtszüge. Nicht bei jedem Menschen muss es ein breites Lächeln sein, damit man das Empfinden hat, er ist mir freundlich gesonnen. Manchmal ist es nur der Augenausdruck oder ein inneres Lächeln, das kaum sichtbar die Mundwinkel hebt, das Gesicht glättet und den Blick öffnet. Wählen Sie Ihre persönliche Art von Freundlichkeit, die zu Ihnen passt und mit der Sie sich wohlfühlen. Eins ist sicher, einem strahlenden Lächeln ist nur schwer zu widerstehen, es wirkt ansteckend – wenn es echt ist!

Aufgabe:
Schreiben Sie in Stichworten auf, wie Sie selbst und Ihre Lieblingskollegin „Freundlichkeit" zum Ausdruck bringen.

Für Sie geht es nicht darum, wie ein Roboter, wie eine permanente Freundlichkeitsmaschine zu funktionieren. Was Ihre Stärke als Gestalter/in in Verkaufsbeziehungen ist, das ist Ihre Persönlichkeit, Ihre Normalität. Ihre Kunden haben ein sicheres Gespür dafür, wenn Sie ehrlich und unverfälscht sind.

So wenig, wie Sie als Mutter oder als Vater in der Lage sind, eine ewig wohlgelaunte Erziehungsmaschine zu sein, so wenig sind Sie als Verkäufer/in in der Lage, eine permanente Freundlichkeitsmaschine zu verkörpern. Ihre Kinder und Kunden mögen Sie wegen Ihrer Echtheit und Unverwechselbarkeit.

4. „Fehler" gehören zum Leben dazu!

Ein weit verbreiteter Irrtum ist es, dass man keine Fehler oder Schwächen zeigen oder zugeben darf. Aus Ihrer persönlichen Erfahrung wissen Sie es besser: Wer ist sympathischer, jemand, der einen Fehler offen zugibt, oder jemand, der immer alles richtig macht oder jedenfalls so tut? Dass man über Fehler sehr unterschiedlich nachdenken kann und damit umgehen kann, darauf dürfen Sie sich in einem späteren Kapitel freuen. Hier erwähnen wir es, weil es so wichtig für Ihre persönliche Echtheit und Ehrlichkeit ist, auch Fehler und Schwächen zugeben zu können.

Aufgabe:
Wie wirkt ein Mensch auf Sie, der keine Fehler und Schwächen zugibt?

5. Paulas Tagtraum

Paula neigt manchmal zu Tagträumen. Sie hat einen, der ihr sehr zu denken gibt. Sie ist bereit, ihn uns zu erzählen:

„Also ich schließe kurz die Augen und stelle mir vor, wie unser Haus aussähe völlig ohne Verkäufer. Hier und da steht eine Maschine, vor der eine ratlose Gruppe von Kunden steht, die schütteln nach einer Weile den Kopf und gehen. Es ist gespenstisch leer, die Waren vergammeln, verstauben, alles ist trostlos und öde, je länger mein Traum dauert."

Recht hat sie, das wäre trostlos und öde, ein Haus ohne Verkäufer und Verkäuferinnen, niemand an der Kasse. Ohne Sie, um die es in diesem Lernprogramm geht, gäbe es auch kein Geschäft.

> **Aufgabe:**
> Halten Sie kurz fest, was Ihnen in diesem Kapitel als nützlich erscheint und welche Überlegungen Ihnen gefallen.

Guter Service und das Ergebnis

Flughafen Düsseldorf. Ich wollte mit meiner Familie nach London fliegen und stelle mich am Schalter ordentlich hinten an die Schlange an. Am Check-in-Schalter sitzt eine nette junge Dame. Kurz bevor ich an der Reihe bin, treffen sich für einen Moment unsere Blicke. Sie nickt mir kurz zu. Darauf trete ich an den Schalter. Mit einem freundlichen „Guten Morgen, vielen Dank“, nimmt sie die Flugscheine, schaut kurz darauf und dann wieder zu mir. „Mein Name ist Sandra Allison. Frau Grüters, Sie fliegen zu viert nach London? Wie schön, eine tolle Stadt. Ich habe gerade erfahren, dass das Wetter trocken und sonnig ist und auch am Wochenende so bleiben soll.“ In der kleinen Pause schaut sie auf den Monitor, nimmt vier Bordkarten vom Stapel, reicht sie mir und sagt: „Ihr Abflug ist von B 14, ganz geradeaus und dann rechts. Einen guten Flug für Sie alle und danke, dass Sie unsere Airline gewählt haben!“ Ich bedanke mich auch und schwebe auf einer kleinen rosa Freundlichkeits-Wolke gut gelaunt zu meiner Familie und zur Abflughalle. Jetzt freue ich mich so richtig auf den Flug. Auch das Bordpersonal ist sehr freundlich; wir kommen pünktlich an. Ich glaube, selbst wenn das nicht so gewesen wäre, das hätten wir lächelnd ertragen.

Wer nicht lächeln kann, sollte keinen Laden aufmachen.

Der Moment X

Der Moment der Neuorientierung schafft neue Chancen.

1. Paula und Paul

Paula trifft ihren Kollegen und Freund Paul: „Mensch Paul, war das heute wieder ein Tag! Es ist ja klasse, wenn viel zu tun ist, dann verfliegt die Zeit nur so. Aber manchmal habe ich das Gefühl, immer nur ein und denselben Kunden zu bedienen, der sieht nur anders aus. Und wenn der eine pampig war, kriegt der nächste gleich sein Fett mit ab. Irgendwas stimmt doch da nicht!“

Kluge Frau, die Paula! Sie hat den Nagel auf den Kopf getroffen: Es ist nicht nur unfair, den nächsten Kunden spüren zu lassen, was einem am Vorgänger nicht gefiel. Es fährt auch Ihre Energiekurve in den Keller, wenn Sie alle Ihre Kunden nach einem Miesepeter nur noch durch die Miesepeter-Brille

Sie (er)finden Ihr persönliches Signal für den Moment X.

betrachten. Und wenn Sie keinen Unterschied zwischen den einzelnen Kontakten machen, sind Sie in der 21-%-Falle, dann gibt es gar keine positiven Verkaufssituationen mehr.

2. Geklaut bei der Sportpsychologie

Dabei ist die Lösung ganz einfach. Zugegeben, wir haben bei den Spitzensportlern ein wenig geklaut. Denn selbst einem der weltbesten Basketballspieler, Michael Jordan gelang nicht jeder Wurf, selbst Boris Becker schlug schon mal 'nen todsicheren Ball ins Aus. Wie machte der das eigentlich, sich dann voll wieder auf den nächsten so zu konzentrieren, dass der sitzt, vielleicht sogar ein Ass ist?

Er hat es uns verraten – er setzte seine „mentalen" Fähigkeiten ein, mit anderen Worten, er setzte seinen Verstand strategisch ein: Der Aus-Ball gehört abgehakt, dafür gibt es eine typische Handbewegung, z. B. die mit der flachen Hand auf die bespannte Fläche des Schlägers. Der Effekt: gekoppelt mit dem (gedachten) Satz: „Auf den nächsten Ball (Kunden) kommt es an!" sorgt es dafür, dass der Kopf dafür auch wieder frei ist.

3. Was heißt das für Sie?

Was ist also zu tun? Der Moment X steht für den winzigen Moment, in dem wir den einen Kunden „abhaken", um uns dem nächsten zuzuwenden.
Der nette Kunde, der auf den Miesepeter folgt, profitiert unmittelbar davon.

Vor allem aber profitieren Sie selbst, Sie schleppen eine eher negative Begegnung nicht weiter, Sie wenden sich frisch dem nächsten „Gast" zu. Erfinden Sie Ihr persönliches Signal für den Moment X!

Zum Beispiel eine Handbewegung wie „Fingerschnipsen" oder ein Blick auf Ihren Fünfstern. Ach so, den kennen Sie ja noch gar nicht. Eine tolle Sache. Aber Sie müssen noch ein paar Kapitel Geduld haben.

Aufgabe:
Was könnte Ihr Signal für den Moment X sein?

4. Neuorientierung

Der Moment X ist der Moment der Neuorientierung. Dieses einfache kleine Mittel kann Ihnen in vielen Situationen eine wertvolle Hilfe sein. Sie haben allerdings auch hier wieder alles selbst in der Hand, Sie selbst entscheiden, ob Sie so einen Moment brauchen und wann Sie ihn einsetzen. Und wenn es mal wieder ein Tag wie kein anderer ist, dann können Sie darauf zurückgreifen, damit Sie auch dem einhundertelften Kunden frisch ins Gesicht sehen

können, mit Ihrem Lächeln, Ihrer netten persönlichen Art, die Kunden als Gäste willkommen zu heißen.

5. Halt – noch ein wichtiger Zusatz

Es kann durchaus sein, dass Ihr Moment X einmal etwas länger sein muss, dass Sie denken: „Wenn ich jetzt nicht zwei Minuten verschwinden kann, geht es nicht weiter!". Sagen Sie es ruhig Ihren Kunden. Nehmen wir an, Paula hätte dieses Kapitel schon durchgelesen, dann könnte folgende Situation entstehen:

Augenpause – eine Sekunde wegschauen – neue Infos fürs Gehirn – sich neu sortieren.

„Paul, um 16.30 Uhr hatte ich gerade wieder einen Ansturm bewältigt und wir haben wirklich gut verkauft heute. Nur, ich merkte, ich brauche einen Moment X. Da habe ich einfach die Kundin, die sich die 5 Taschen noch genauer ansehen wollte, angesprochen: ‚Sie schauen sich erst noch um? Ich bin in wenigen Minuten wieder für Sie da und helfe Ihnen gern weiter.'
Ich habe meine Kollegin informiert, bin mit Schwung ins Handlager, habe mich ein paarmal kräftig gestreckt, tief durchgeatmet, meine Moment-X-Bewegung gemacht und schnell wieder zurück. Schon von weitem habe ich die vorher informierte Kundin mit den Augen begrüßt und weiter gings mit frischem Schwung."

Aufgabe:
Wenn es Ihnen auch schon mal so geht, was taten Sie bisher?
Bitte (mindestens) noch eine zusätzliche neue Idee.

Die stumpfe Säge

Ein Spaziergänger läuft durch den Wald und trifft auf einen Mann, der fieberhaft daran arbeitet, einen Baum umzusägen.
„Was machen Sie da?" fragt er ihn.
„Das sehen Sie doch", antwortet er ungeduldig. „Ich säge diesen Baum ab."
„Sie sehen erschöpft aus! Wie lange sind Sie denn schon zugange?"
„Über fünf Stunden", sagt er, „und ich bin völlig k. o.! Dies ist eine harte Arbeit."
„Warum machen Sie dann nicht ein paar Minuten Pause und schärfen die Säge? Ich bin sicher, dass es dann viel schneller ginge."
„Ich habe keine Zeit, die Säge zu schärfen", ruft der Mann genervt. „Ich bin zu sehr mit dem Sägen beschäftigt."

Man muss ein Ende machen, will man anfangen.

Kontakt ist alles, alles ist Kontakt

Die Kunst, schnell Kontakt herzustellen.

1. Ihre wichtige Fähigkeit

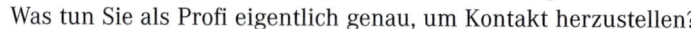

Ähnliches
verbindet,
Unterschiede
schaffen
Distanz.

In Ihrem Beruf sind Sie es gewohnt, in Sekundenschnelle Kontakt mit völlig fremden Menschen herzustellen. Diese Fähigkeit ist für jemanden, der als
Gärtner im Stadtpark arbeitet, eher nicht so wichtig.
Was tun Sie als Profi eigentlich genau, um Kontakt herzustellen?

Aufgabe:
Wie schaffe ich schnell Kontakt? Nennen Sie mehrere Möglichkeiten.

2. Ohne gesunde Distanz läuft nichts!

Durch unmittelbare körperliche Nähe müsste sich guter Kontakt wie von
selbst herstellen, oder? Weit gefehlt! Um einen Erst-Kontakt herzustellen,
und um den geht es hier, gilt es erst mal, die Grenze der Intimzone, die
bei den meisten Menschen so auf Armeslänge enfernt ist, zu respektieren.
Nähe lässt sich nicht einfach durch körperliche Nähe bestimmen. Damit hat
es eine ganz besondere Bewandtnis. Was viel wirksamer ist und viel eher
akzeptiert wird, ist zunächst Ähnlichkeit. Das ist eine Vorstufe zur körperlichen Nähe, sozusagen die Voraussetzung.
*Mit einer ähnlichen Körperhaltung tun wir das, was zwei Freunde, die intensiv
miteinander reden, sowieso (insgeheim – unbewusst) tun – sie sitzen ähnlich,
bewegen sich ähnlich im gleichen Rhytmus, haben ein ähnliches Sprechtempo.*
Am besten können Sie dieses Phänomen bei Liebespaaren beobachten.

3. Ähnliches verbindet

Was genau gilt es jetzt aufeinander abzustimmen mit den Kunden, zu denen
ich Kontakt herstellen will? Vor allem zwei Faktoren: die Körperhaltung und
das Bewegungstempo.
Wenn sich Ihnen jemand mit eher langsamen, bedächtigen Bewegungen nähert, stellen Sie Distanz her durch schnelle, temperamentvolle Bewegungen
Ihrerseits. Nähe entsteht, wenn Sie sich auch eher langsam und bedächtig
nähern. Steht der Kunde schon der Ware zugewandt, nehmen Sie eine ähnliche Haltung ein. Steht er Ihnen zugewandt da, tun Sie es ihm gleich.

Aufgabe:
Wählen Sie in Gedanken doch einmal einen oder zwei Kollegen oder
Freunde aus, von denen Sie sagen würden, dass Sie zu ihnen einen guten
Kontakt haben. Worüber sprechen Sie, was unternehmen Sie, welche An-
sichten tauschen Sie aus? Was entdecken Sie an Übereinstimmungen und
Ähnlichkeiten?

4. Kontakt und Sympathie

Kontakt und Sympathie gehen oft miteinander einher. Und interessanterweise entsteht Sympathie, wie kluge Wissenschaftler herausfanden, zu 90 % über Körpersprache, bis zu 7 % über den stimmlichen Ausdruck und nur zu 3 % über den sprachlichen Inhalt.

$$\text{Sympathie} = \begin{cases} 90\ \% = \text{Körpersprache} \\ 7\ \% = \text{Stimme} \\ 3\ \% = \text{sprachlicher Inhalt} \end{cases}$$

Der erste Eindruck entscheidet, der letzte bleibt.

Wenn Sie eine ähnliche Körpersprache einsetzen, wie Ihr Kunde sie hat, haben Sie ein sehr wirksames Mittel gefunden, um guten Kontakt herzustellen. Das heißt, Sie können sich ähnlich hinstellen, mit ähnlichen Handbewegungen agieren usw.

Man kann mit der Zunge lügen, aber nicht mit den Augen.

Aufgabe:
Eine Beobachtungs-Übung:
Wenn Sie einen Kunden auf Anhieb sympathisch finden, achten Sie mal darauf, ob Sie Ähnlichkeiten zu Ihrer Körpersprache entdecken!

Übrigens: Gar nicht so einfach, denn unsere unbewusste Wahrnehmung ist da viel genauer und treffsicherer. Und das entzieht sich eben im normalen Leben unserer genauen Beobachtung, läuft automatisch und unbewusst ab.

Paula hat sich über dieses Kontakt-Kapitel besonders intensiv Gedanken gemacht. Sie fragt Paul: „Was passiert eigentlich, wenn ich etwas anders tue, als ich eigentlich von innen heraus will? Wenn ich also zum Beispiel keine Lust mehr auf Kunden habe. Merkt man mir das auch dann an, wenn ich immer alles genau richtig mache, Blickkontakt und Körpersprache und so?" Paul hat da so seine Erfahrungen: „Weißt du, Paula, ich hab da einen Kollegen. Der behauptet: alles Übungssache. Bei dem ist mir aufgefallen, dass der sich zwar supergut unter Kontrolle hat, aber am Abend immer total geschlaucht ist. Ich glaube, das ist furchtbar anstrengend, die innere Einstellung zu verbergen – ich glaube, das kostet genauso viel Energie, wie daran zu arbeiten. Dabei gewinne ich nichts. Da überlege ich mir doch lieber, ob ich die richtige Einstellung habe, ob sie nützlich ist, damit ich meine Ziele erreiche und meinen Job gut mache. Wenn ich glaube, dass die meisten Kunden blöd sind, und mich nur nerven, hab' ich doch den falschen Job!"

Der weise Mann an der Straße von Jericho nach Jerusalem

In alten Zeiten lebte in einem einsamen Haus an der Karawanenstraße von Jericho nach Jerusalem ein alter Mann, der für seine klugen Ratschläge bekannt war. Eines Tages fragte ihn ein junger Kaufmann, der auf dem Weg nach Jerusalem war und dort sein Glück machen wollte: „Du, Alter, sag mir, wie sind die Menschen in Jerusalem?" Der Alte schaute ihn an und fragte dann „Wie sind denn die Menschen in der Stadt, aus der du kommst?" „Oh, hör mir auf damit, die sind missgünstig, habgierig und lassen an keinem auch nur ein gutes Haar." Der Alte schwieg eine Weile und antwortete dann: „Junger Freund, du wirst auf ebensolche Menschen in Jerusalem treffen."

Einige Wochen vergingen, viele Karawanen zogen vorbei, und eines Tages kam wieder ein junger Reisender auf dem Weg von Jericho nach Jerusalem zu dem Alten und fragte ihn: „Du, Alter, sag mir, wie sind die Menschen in Jerusalem?" Der Alte fragte zurück: „Wie sind denn die Menschen in der Stadt, aus der du kommst?" „Weißt du, es war gar nicht so leicht, sie zu verlassen. Die Menschen dort sind freundlich, hilfsbereit und wir haben viele Freunde gefunden." Der Alte sagte: „Du wirst in Jerusalem ebenso viele Freunde finden."

Am Anfang war das Wort

Die Wirkung der pfiffigen Kundenbegrüßung.

Abwechslung und Überraschungen bereichern das Leben.

1. Was leistet Sprache?

Lohnt es sich überhaupt noch, über Sprache zu reden, wenn Sympathie nur zu 3 % über den Inhalt, der Rest über Körpersprache und Stimme hergestellt werden?

Jedes Ding hat zwei Seiten. Können Sie sich vorstellen, zu Beginn eines Kundenkontaktes ganz auf Worte zu verzichten? Manchmal geht das gut, da brauchen Sie einen Kunden nur mit einem freundichen Nicken anzuschauen, schon ist der Kontakt da. Nur: Den Pfeil der Worte sollten Sie auf jeden Fall auch im Köcher haben.

Denn damit wenden Sie sich direkt ans Bewusstsein, damit öffnen Sie Türen und wir leben immerhin in einer Kultur, die zur Verständigung das Wort braucht.

2. So'ne und solche Start-Formulierungen

Auf manche Worte können Sie allerdings wirklich verzichten. So zum Beispiel auf „Kann ich Ihnen helfen?" Das ist so abgedroschen, dass Sie damit wahrscheinlich keinen Blumentopf mehr gewinnen können. Sozusagen die Minimal-Lösung. Welche pfiffigen Start-Formulierungen wählen Sie gerne?

> **Aufgabe:**
> Finden Sie pfiffige und persönliche Start-Formulierungen
> (mindestens drei).

3. Lieben Sie Überraschungen und Abwechslung?

Wenn Sie anspruchsvoll sind und die Abwechslung ebenso lieben wie viele Ihrer Kunden, dann machen Sie es einmal ganz anders. Schließlich pfeifen es die Spatzen von den Dächern: Die Kunden wollen nicht nur zufrieden sein, sie wollen begeistert werden. Sind Sie auch schon mal begeistert worden? Kann es sein, dass da auch ein Überraschungsmoment im Spiel war? Zum Beispiel im Urlaub, als Sie im Hotel nicht mit den Blumen im Zimmer gerechnet haben, oder im Restaurant, als mit der Rechnung noch ein Stückchen Schokolade als süßer Trost kam?

**Überraschen Sie Ihre Kunden mit sympathischen
Start-Formulierungen!**

Zum Beispiel: Zwei junge, hübsche Kundinnen sind offenbar bester Laune, nähern sich der Kasse und stehen ein bisschen suchend und ratlos vor Ihnen. Stellen Sie sich vor, Sie sagen: „Hallo, was kann ich zu Ihrer guten Laune beitragen?" Was glauben Sie, wie ist die Resonanz? Sicher positiv.

Oder: Ein Kunde geht schon eine Weile von Tisch zu Tisch. Er sieht schon ein bisschen unschlüssig und verzweifelt aus: „Einen schönen guten Morgen, bei so einem reichhaltigen Angebot hat man wirklich die Qual der Wahl. Ich unterstütze Sie gerne bei Ihrer Entscheidung."

> **Aufgabe:**
> Welche anderen pfiffigen Start-Formulierungen fallen Ihnen für die geschilderten Situationen noch ein?

4. Der Ton macht die Musik

Wenn wir wissen, dass der Inhalt nicht allein wichtig ist, dann heißt es doch, dass dem überraschend pfiffigen Inhalt noch was hinzuzufügen ist.
Was könnte das sein? Tragen Sie doch mal zusammen, was Ihrer Meinung nach unerlässlich ist, um die Botschaft so richtig rüberkommen zu lassen.

Ein witziger Einfall wirkt besser als ein hitziger Anfall.

> **Aufgabe:**
> Wie ergänzen Sie Ihre Start-Formulierungen, die Sie oben genannt haben, durch Körpersprache, Mimik etc.?

Gerade die Stimme ist ein wichtiger Stimmungsmacher. Die Formulierung kann noch so freundlich sein, unfreundlich herausgenuschelt oder gelangweilt als Floskel benutzt würde sie viel, wenn nicht alles von der positiven Wirkung wegnehmen. Manchmal kommen gerade durch den Tonfall völlig andere Botschaften an, als die Worte meinen. Das schafft eine Irritation, eine Störung in der Kommunikation. Achten Sie mal verstärkt auf Ihre Stimme, auch darauf, welche Stimmen Ihnen sympathisch sind.

Aufgabe:
Spielen Sie auch bei der Kundenbegrüßung mit Ihrer Stimme. Wählen Sie feine Abstufungen in der Tonlage, in der Sprechgeschwindigkeit, in der Lautstärke. Wie ist die Wirkung?

5. Das rechte Wort am rechten Ort

Wenn Sie sich darüber im Klaren sind, dass das rechte Wort zur rechten Zeit auch Wunder wirken kann, dann lohnt es sich zu überlegen, welchen Wert und welche Funktion hat denn eigentlich eine Start-Formulierung? Gehen Sie bei Ihren Überlegungen davon aus, dass der Kunde Ihr persönlicher Gast ist.

Aufgabe:
Formulieren Sie, was gute Start-Formulierungen bewirken:
a) aus Kundensicht b) aus Ihrer Sicht als Verkäufer/in

Die Stimme trägt das Wort wie der Wind ein Schiff.

Schwimmen gelernt
Nasrudin setzte einen Gelehrten über ein stürmisches Wasser. Als er etwas sagte, was grammatikalisch nicht ganz richtig war, fragte ihn der pedantische Gelehrte: „Haben Sie denn nie Grammatik studiert?" – „Nein." – „Dann war ja die Hälfte Ihres Lebens verschwendet!"
Wenige Minuten später drehte sich Nasrudin zu seinem Passagier um: „Haben Sie jemals schwimmen gelernt?" – „Nein, warum?" – „Dann war Ihr ganzes Leben verschwendet – wir sinken nämlich."

Zusammenfassung HERZ-KÖNIG

Die permanente Freundlichkeitsmaschine

Fachwissen setzen alle Kunden als selbstverständlich voraus, Freundlichkeit wirkt immer noch angenehm überraschend!

Eins ist sicher, einem strahlenden Lächeln ist nur schwer zu widerstehen, es wirkt ansteckend – wenn es echt ist!

So wenig, wie eine Mutter oder ein Vater in der Lage sind, eine ewig wohlgelaunte Erziehungsmaschine zu sein, so wenig sind Sie in der Lage, eine permanente Freundlichkeitsmaschine zu verkörpern.

Sie erhalten Möglichkeiten zur Verhaltenserweiterung, die Sie wählen oder abwählen können. Die Entscheidung, was Sie davon realisieren wollen, liegt völlig bei Ihnen.

Der Moment X

Der Moment X ist der Moment der Neuorientierung. Dieses einfache kleine Mittel kann Ihnen in vielen Situationen eine wertvolle Hilfe sein.

Sie profitieren davon, auch dem einhundertelften Kunden wieder frisch begegnen zu können.

Sie profitieren davon, eine eher negative Begegnung nicht mitzuschleppen und sich frisch dem nächsten „Gast" zuwenden zu können.

Erfinden Sie Ihr persönliches Zeichen für den Moment X.

Kontakt ist alles, alles ist Kontakt

Ähnliches verbindet, Unterschiede schaffen Distanz.

Wenn Sie eine ähnliche Körpersprache einsetzen, wie sie Ihr Kunde hat, haben Sie ein wirksames Mittel, um guten Kontakt herzustellen.

Das Wichtigste zuletzt: Zur Körpersprache gehören auch der Blickkontakt und die Mimik.

Am Anfang war das Wort

Wir leben in einer Kultur, die zur Verständigung das Wort braucht.

Wenn Sie anspruchsvoll sind und die Abwechslung lieben, machen Sie es einmal ganz anders: Überraschen Sie Ihre Kunden mit sympathischen Start-Formulierungen.

Gerade die Stimme ist ein wichtiger „Stimmungsmacher". Die Formulierung kann noch so freundlich sein, unfreundlich genuschelt nimmt der Ton viel von der positiven Wirkung.

Hier sind Sie wieder gefragt!

Wählen Sie aus dieser Lektion die drei Anregungen aus, die für Sie persönlich die wichtigsten sind. Schreiben Sie kurz auf, was genau Ihnen daran gefällt und wie Sie die drei Anregungen für sich nutzen können.

Es liegt in deiner Hand

Es war einmal ein König, der grollte einem weisen Alten, weil ihn das Volk grenzenlos verehrte und bei jeder Gelegenheit um seinen Rat fragte. So manche Nacht saß er deshalb wach und grübelte, wie er den weisen Mann vor dem ganzen Volk in Verlegenheit bringen könnte, um damit seinen Ruf zu schädigen.

Endlich kam ihm eine Idee. Er rief sein ganzes Gefolge zusammen und ließ den weisen Mann zu sich kommen. Als der vor ihm stand, sagte der König zu ihm:

„Oh Weisester aller Sterblichen, ich will dir eine Frage stellen: Zwischen meinen Händen gefangen ist ein winziger kleiner Vogel. Sag mir, ist er tot oder lebendig?" Der weise Mann durchschaute sofort die List des Königs. Er wusste, würde er „lebendig" sagen, würde der König die Hände zusammenpressen und das Tier töten. Wenn er aber „tot" sagen würde, würde er die Hand öffnen und den Vogel freilassen. In beiden Fällen wäre sein Ruf verloren. Der König bemerkte sein Überlegen und drängte: „Gib Antwort! Du weißt doch immer alles. Ist er tot oder lebendig?" Da antwortete der weise Mann langsam: „Es liegt ganz in deiner Hand, König. Es liegt ganz in deiner Hand!"

3 HERZ-DAME
– Ihre persönlichen Energiequellen

Die Sterne lügen nicht

Stellen Sie sich selbst die richtigen Fragen.

1. Der Verstand, der zuverlässigste Computer

Unser Verstand ist sonderbar, er arbeitet unerbittlich genau und hat immer eine Antwort parat. Fragen Sie mal jemanden, was Sie seiner Meinung nach gemeinsam haben mit einem – na, sagen wir mal „Eichhörnchen" (Sie können jedes andere beliebige Tier wählen, das Ihnen sympathisch ist, von A wie Ameise bis Z wie Zebra.).

Ihm wird was einfallen, das ist sicher. Ein Computer – angeblich so unglaublich umfassend informiert – wird Ihnen mit ziemlicher Sicherheit die Antwort „Error" geben. Es sei denn, Sie arbeiten gerade in einem Programm für das erste Semester Zoologie, dann werden Sie Informationen zu „Eichhörnchen an sich" erhalten, aber den Bezug zu Ihnen als Person wird der Computer nicht herstellen können.

Wie Sie sich kraftvoll unterstützen können.

2. Von der Frage zur Antwort

Fragen sind der erforderliche Impuls für Antworten. Mit Fragen haben wir uns als kleine Kinder die Welt erschlossen und manchmal auch die Erwachsenen zur Verzweiflung gebracht. Es ist ganz wunderbar, dass davon etwas erhalten geblieben ist bis in unser Erwachsenenalter. Ohne dass Sie bewusst darauf achten, findet in Ihrem Kopf ständig ein Frage-und-Antwort-Spiel statt. Die Fachleute sprechen von einem „inneren Dialog".

Der Verstand ist ständig aktiv und „denkt", auch wenn Sie gerade die Ergebnisse nicht aktiv nach außen kommunizieren oder auch gar nicht darauf achten, was und wie Sie denken.

Sie können diesen „Mechanismus" nutzen, um sich die „richtigen" Fragen zu stellen. Nochmal zur Erinnerung: „richtig" im Sinne von nützlich für Ihre persönliche Energie-Kurve. Es gibt Fragen, die bestens geeignet sind, Ihre Energie-Kurve negativ zu beeinflussen.

Man kann das Leben nur rückwärts verstehen, aber leben muss man es vorwärts.

3. Negative contra positive Frageketten

Ein Beispiel für eine negative Fragekette, besonders wirksam zu Tagesbeginn, damit der Tag in Richtung 21 % verläuft:

- Was gefällt mir jetzt gar nicht?
- Was wäre viel besser als das, was ich gerade habe?
- Was würde ich lieber tun als das, was jetzt ansteht?
- Wer kann alles sowieso besser als ich?
- Was wird heute wieder danebengehen?

Sie können sich auch mit Ihrer Fragekette in eine positive Gedankenwelt führen und Ihr Verstand wird die Vervollständigung und richtigen Antworten finden.

Aufgabe:
Erweitern Sie diese positive Fragekette: Was gefällt mir jetzt gerade gut? Wie kann ich das gute Gefühl noch verstärken?

4. Kraft-Symbol STERN

Und jetzt zu den eingangs erwähnten Sternen. Der Stern ist unser Vorschlag für Ihr Symbol, denn die vorhergehende Übung hat noch einen zweiten Teil. Damit nutzen Sie wieder eine Technik, die zum Beispiel Spitzensportler, die sich erfolgreich mental unterstützen wollen, anwenden. Und so geht's:

Nehmen Sie das Symbol des Sterns. Sterne haben seit jeher eine für uns Menschen positive Bedeutung. Die Form, die wir Ihnen vorschlagen, hat 5 Ecken. Jede Ecke ist der Platz für eine Antwort, insgesamt also 5 Antworten auf eine einzige Frage:

 Was gibt mir Kraft?

Sie können an Ihre Familie, an Ihr nettes, kollegiales Team, an das Lob des Kunden von gestern, an gute Freunde, an den letzten Urlaub – an alles mögliche denken. Schreiben Sie Ihre persönlichen Stichworte an jede Sternecke.

Prägen Sie sich Ihr Sternsymbol so gut ein, dass Sie ihn mit geschlossenen Augen sehen können – und Ihre Kraftquellen, die Sie damit verbunden haben. Bringen Sie ihn da an, wo er Ihnen oft begegnet: Auf ihrem Spiegel, auf dem Notizbuch, am Arbeitsplatz, im Spind ... **Der Stern ist Ihr Energie-Symbol.** Sie haben in der Hand, ob er glitzert und funkelt oder eher nur matt schimmert.

5. Wofür entscheiden Sie sich?

Und denken Sie daran: Sie entscheiden selbst, nämlich jeden Tag aufs Neue, ob Sie mit der 79-%-Fragekette den Tag beginnen oder die 21-%-Fragen am Morgen stellen! Sie werden Recht behalten!

Just do it!

Der bekannte Schallplattenstar Les Paul trifft als Kind einmal eine Gruppe Arbeiter. Bewundernd schaut er einem ergrauten Arbeiter zu, der in der Mittagspause auf einer alten Mundharmonika spielt. Der kleine Les denkt: „Wenn ich bloß auch solche Musik machen könnte."

Plötzlich reicht ihm der Arbeiter sein Instrument und sagt: „Na los, Junge, versuch's mal." Les antwortet: „Ich kann nicht spielen."

Da gibt ihm der alte Arbeiter den besten Rat, den er je bekommen hat: „Sag nie, du kannst etwas nicht, bevor du nicht bewiesen hast, dass du es nicht kannst."

Locker bleiben

Von der Zusammenarbeit zwischen Gedanken und Körper.

1. Eine weitere gute Nachricht

Verstand und Körpergefühl sind immer gemeinsam im Einsatz. Sie gehen wie Zwillinge, die in Ihrem Sinne nützlich sein wollen, Hand in Hand. Sie können wieder mal Paul und Paula beobachten:

Die beiden haben sich mit Freunden verabredet und einer davon hat eine interessante Erfahrung gemacht. „Das müsst ihr auf jeden Fall auch mal ausprobieren. Stellt euch mit hängenden Schultern, hängenden Armen, hängendem Kopf hin und sagt: Ich bin total begeistert." Paul merkte es sofort: „Das klappt nicht. In dieser Körperhaltung kann ich einfach nicht begeistert sein." „OK, dann stellt euch anders hin, mit erhobenen Armen, erhobenem Kopf, Brust raus, Schultern zurück und sagt: Ich bin so richtig deprimiert." Diesmal war Paula schneller: „Das passt auch nicht zusammen, das geht allenfalls umgekehrt, dann entsprechen die Worte der Körperhaltung. Komm, wir probieren es aus!"

Wie Sie über den Körper Energie tanken können.

Wenn du eine hilfreiche Hand suchst, suche sie zuerst am Ende deines rechten Armes.

2. Probieren Sie es selbst aus!

Eine ganz interessante Erfahrung, die Sie auf jeden Fall nachmachen sollten. Sie wissen aus Erfahrung, dass der Körper außen das zeigt, was der Verstand innen denkt. Wenn man gegen seine „inneren Überzeugungen handelt", muss man sich ganz schön anstrengen, ja, regelrecht verbiegen und anspannen.

Wofür kann es nützlich sein, zu wissen, welche Körperhaltung zu Gedanken wie „Ich fühle mich frisch und kraftvoll, bin gut drauf und voller Energie" oder was Sie auch immer wählen, passt? In Situationen, wo Sie sich innerlich stärken und unterstützen wollen, wenn Sie nach außen die entsprechende Wirkung erzielen möchten.

3. Umsetzung im beruflichen Alltag

Stellen Sie sich vor, Sie erzählen einem Kollegen von einer Begegnung mit einem alten Bekannten. Er stellt die Frage, wie der denn so drauf war? Und Sie antworten „Oh, der war total locker!" Wahrscheinlich drücken Sie damit einen Gesamteindruck von guter Laune, Sympathie, Echtheit usw. aus. Damit ist das genaue Gegenteil von Anspannung und Verkrampfung gemeint. Locker sein ist also durchaus erstrebenswert. *Und nur in diesem Zustand bekommen wir die Signale von außen vollständig mit, nur in diesem Zustand sind wir offen – für die Bedürfnisse unserer Kunden und auch für unsere eigenen.*

4. Wie schaffen Sie es, „locker" zu bleiben?

Normalerweise ist Ihre Aufmerksamkeit sehr stark nach außen auf die Kunden und die Produkte und Waren gerichtet. Manchmal stellen Sie erst fest, dass Ihre Füße schmerzen, wenn schon kleine Dampfwolken aus den Schuhen aufsteigen. Dann wird Ihnen schlagartig klar, dass Sie völlig verkrampft und angespannt sind.

Eine kleine, aber sehr wirkungsvolle Übung, die Ihre Aufmerksamkeit für die eigene Befindlichkeit schärft und Ihre Lockerheit fördert, ist die „Momentaufnahme":

5. Atmen nicht vergessen!

In manchen Momenten im Leben wird man überraschend vor eine Entscheidung gestellt. Das löst (im Körper) einen heftigen Adrenalinschub aus und bringt die Gedanken (den Verstand) zum unkontrollierten Kreisen. In solchen Momenten nehmen Sie bitte einen Schluck SAKE! Hier das Rezept:

S – Stopp
A – Atmen (Bauch)
K – Konzentrieren
E – Entscheiden

Halten Sie einen kleinen Moment inne, atmen Sie bewusst tief in den Bauch rein, konzentrieren Sie sich und entscheiden Sie dann, erst dann, was Sie tun.

Eine richtige Zauberformel, wenn es eine wirklich kritische Situation gibt, zum Beispiel bei einer unberechtigten Reklamation oder ähnlichen Herausforderungen. Es soll ja auch schon vorgekommen sein, dass Kunden Sie gleich im ersten Moment mit einem Schwall von Vorwürfen überschütten, bevor Sie überhaupt dazu kommen, den Mund aufzumachen.

Die Botschaft: **Nutzen Sie die „nützlichen Zwillinge" Körper und Verstand. Sie arbeiten vorzüglich zusammen – in Ihrem Sinne!**

Dreifach genäht hält besser

Nasrudin fühlte sich nicht besonders wohl und rief nach einem Arzt. „Ich verschreibe dir ein Abführmittel", sagte der Arzt nach zwei Minuten Diagnose. „Ich hätte gerne eine zweite Meinung", sagte Nasrudin. „Wir müssen wohl operieren, trag es wie ein Mann, Nasrudin", sagte der zweite Arzt. „Ruf noch einen Doktor", sagte der Meister. „Das einzige, was hier hilft, ist eine intensive Massage", meinte der dritte Arzt. „Ah, jetzt sehe ich schon klarer", sagte der Meister. „Ein Drittel Operation, ein Drittel einer Dosis Abführmittel und dazu ein Drittel einer guten Massage. Das wird mich sicherlich wieder auf die Beine bringen."

Die Gesundheit ist wie das Salz, man bemerkt es nur, wenn es fehlt.

Fünf Finger sind eine Kraft-Faust

Mentales Training, bei den Spitzensportlern geklaut.

Wie Sie Ihr
Hochgefühl
mit einer
Bewegung
verankern.

1. Spiel – Satz – Sieg!

Zu Beginn eine Quizfrage: Wer ist bei uns bekannt dafür, als Sportler gleichwertig den Körpereinsatz und die mentalen Kräfte zu schätzen? Richtig! Boris Becker. Die Tennisfans unter Ihnen kennen sie, die Gegner fürchteten sie, die Becker-Faust! Wenn Boris Becker die für ihn typische Geste machte, dann wussten seine Gegener: Er hat alles mobilisiert, jetzt kämpft er mit allen Mitteln! Und nicht selten hat er das Blatt gewendet und das Ergebnis hieß: Spiel – Satz – Sieg – Becker!

2. Die Strategie der Spitzensportler

Welche Strategie nutzen Spitzensportler in entscheidenden Momenten? **In guten Situationen zapfen sie ihre positiven Gedanken und Gefühle ab und koppeln dieses Hochgefühl mit einer Bewegung.** Diese Bewegung wird dann zum Schlüssel für den neuerlichen Zugang zu dem Hochgefühl, das sich damit auch ohne den Originalreiz abrufen lässt.

„Hochgefühl" aufgrund des Originalreizes ist nicht nur eine spürbare Reaktion im Körper, sondern die Folge einer hormonellen Reaktion im Gehirn. Die mit dem Originalreiz (Hochgefühl in guter Situation) gekoppelte Bewegung wird dann zum Auslöser für die Hormonausschüttung, die das „Hochgefühl" auslöst.

3. Ihre Kraftquelle

Richten Sie sich Ihre eigene Kraftquelle ein, erfinden Sie Ihre eigene Kraft-Faust oder welche Bewegung Sie auch immer wählen, um darauf je nach Bedarf zurückgreifen zu können.

Aufgabe:

Und so geht's:

1. Nehmen Sie sich etwas Zeit und sorgen Sie dafür, dass Sie ungestört sind. Legen Sie Stift und Papier für Stichworte zurecht.
2. Erinnern Sie sich an fünf konkrete Situationen, in denen Sie gute Momente spürten. Vielleicht nehmen Sie den Stern zu Hilfe. Erinnern Sie sich so intensiv, dass Sie auch das Hochgefühl wieder spüren. Notieren Sie für jede Situation je ein Stichwort (fünf Stichworte).
3. Wählen Sie die drei intensivsten Erinnerungen aus (drei Stichworte). Lassen Sie die Bilder wieder vor Ihrem inneren Auge lebendig werden und finden Sie im richtigen Moment, wenn Sie das Hochgefühl spüren, ein Handbewegung, die dazu passt.

4. Die Bewegung kann die Faust sein, es kann genauso gut eine kleine Bewegung sein, z. B. dass Sie auf eine bestimmte Weise einen unsichtbaren Ring, Ihren Zauberring, an einem bestimmten Finger drehen oder einfach Daumen und Zeigefinger fest gegeneinander drücken.

5. Sie sollten die Bewegung spüren. Testen Sie, ob sich nach einigen Proben das Gefühl einstellt, auch ohne detailliert in die Erinnerung einzutauchen. Sie können sich zusätzlich mit einem Wort unterstützen, das ihr „Hochgefühl" zum Ausdruck bringt.

Wir sind das, was wir uns zu sein vorstellen.

4. Wofür ist Ihre Kraftquelle nützlich?

Haben Sie schon während des Lesens eigene Ideen gehabt, bei welchen Situationen Sie Ihre ganz persönliche Kraftquelle anzapfen können?
Bitte konzentrieren Sie sich noch einige Minuten darauf und ergänzen Sie die Liste mit Ihren eigenen Ideen:

Wer einen Stein ins Wasser wirft, verändert das Meer.

Aufgabe:
In welchen Situationen können Sie Ihre Kraftquelle anzapfen?
a) Vor dem nächsten Zahnarzt-Besuch
b) Am Samstag gegen 12.30 Uhr, wenn vor Ihrer Kasse wieder eine Schlange von mindestens 10 Kunden wartet.
c) ...
d) ...
e) ...

5. Ein Versprechen einlösen

Die Abschlussübung ist sehr wichtig. Sie geben sich damit selbst ein Versprechen.

Aufgabe:
Wann genau ist die nächste konkrete Situation, in der Sie Ihre Kraftquelle anzapfen? Sorgen Sie dafür, dass Ihre Bewegung Ihnen dann völlig vertraut ist. Damit haben Sie sich selbst ein Versprechen gegeben. Lösen Sie es ein!

Wie neidische Götter den Menschen ungewollt etwas Gutes taten

In alten Zeiten, als die Götter auf diesem Planeten weilten, saßen dereinst drei wichtige Götter mit Sorgenfalten auf der Stirn zusammen. Der erste sagte: „Was mir wirklich Sorgen macht, ist die zunehmende Klugheit der Menschen. Ihre größte Fähigkeit ist, dass sie ständig dazulernen. Das ist ihr größter und kostbarster Schatz, denn das haben sie allen anderen Lebewesen voraus. Irgendwann werden sie auch uns auf die Schliche kommen. Lasst uns doch diesen Schatz vor ihnen verstecken, da wo sie ihn niemals finden können, zum Beispiel auf dem höchsten Gipfel des höchsten Berges. Da kommen sie nie hin."

Ein zweiter meinte dazu: „Da bin ich mir nicht so sicher. Gerade weil sie ständig dazulernen, werden sie auch irgendwann die hohen Berge erklimmen können. Sicherer sind die Schätze der Menschen in den tiefsten Tiefen der Meere: dahin zu kommen ist schier unmöglich."

„Auch daran zweifle ich", meinte der dritte. „Wie wäre es denn, wenn wir eine List anwenden würden und den Schatz da verstecken, wo sie nie draufkommen werden – nämlich in ihnen selbst!"

Alle Götter fanden, dass das eine großartige Idee sei, und so kam es, dass die größten Schätze der Menschen, ihre Herzensfähigkeiten und die Fähigkeit, von allen Wesen auf der Erde am besten lernen zu können, von jeher in ihnen selbst verborgen liegen und nur von ihnen selbst entdeckt werden.

Energie-Barometer

Vom Umgang mit Stress.

Wie Sie die Energie sinnvoll umleiten können.

1. Kennen Sie Stress?

Wer kennt ihn nicht? Er scheint zu unserem Leben dazuzugehören. Sehr interessant dabei ist, dass für die meisten Menschen ganz unterschiedliche Dinge solche Stressgefühle wie feuchte Hände, weiche Knie, roter Kopf, Hummeln im Bauch auslösen. Auch das ist eine Stress-Situation, nur halt eine, die wir toll finden. Wer wollte das schon unterdrücken?

Es gibt mehr als einen Grund, von Stress-Symptomen als „Wachstumssignalen" zu sprechen.

So stehen wir manchmal vor einer besonderen Herausforderung, spüren das Kribbeln und möchten am liebsten im Boden versinken oder davonlaufen. Aber davon später – dabei geht es dann nämlich um die positive Nutzung der beim Stress entstehenden Energie.

2. Dauerstress – nein danke!

Am ungemütlichsten ist der Dauerstress. Das führt oft zu Symptomen wie Kopfweh, schmerzhaften Verspannungen und richtig unangenehmen körperlichen Beschwerden. Er entsteht, wenn wir das, was uns nervt, unterdrücken oder zu ignorieren versuchen. Das klappt so gut wie nie, denn **Stress unterdrücken ist so, als wolle man einen prall mit Luft gefüllten Wasserball unter die Wasseroberfläche drücken.** Die Energie, die Sie benötigen, um den Stress zu unterdrücken, steht Ihnen nicht mehr zur Verfügung und raubt Ihnen Kraft. Damit steigt automatisch Ihr Stress-Barometer. Damit dieser Teufelskreis ein Ende hat, muss die Luft raus – aus dem Wasserball und aus dem Stress.

Aufgabe:
Was ist eine für Sie typische Stress-Situation? Finden Sie ein Beispiel und beschreiben Sie es kurz mit Stichworten.

3. Ventil finden statt unterdrücken!

Das bedeutet, dass wir zunächst mal den Wasserball-Stress genau überprüfen, wo überhaupt das Ventil sitzt. Das tun wir am besten, indem wir des Öfteren drum herum gehen (oder schwimmen), denn dabei kommen wir in körperliche Bewegung. **Körperliche Bewegung ist auf jeden Fall die einfachste und natürlichste Form, ihn loszuwerden – den Stress.**

Kennen Sie das? Ihr hoffnungsvoller Sprößling hat Ihren Adrenalinspiegel mal wieder so richtig hochgefahren und Sie könnten glatt an die Decke gehen. Dazu haben Sie im Moment keine Zeit. Sie stürmen stattdessen wutentbrannt zur Türe raus, zum Fitness-Studio oder zur Aerobic-Gruppe. Wie geht es Ihnen danach? Wetten, dass der Stress wie fortgeblasen ist? Also:

Körperliche Bewegung verschaffen, die baut Stress ab!

(Ist das nicht Ihre Kollegin, die nette Rothaarige an der Kasse, die manchmal ins Lager geht und kurz aber heftig schreit?)

Wenn du die Situation nicht ändern kannst, ändere deine Einstellung.

4. Und noch etwas Wichtiges:

Entscheiden Sie selbst, wann der richtige Zeitpunkt ist, sich mit einem Problem zu beschäftigen, und lassen Sie sich nicht davon beherrschen. Sagen Sie sich innerlich einen Satz wie: „Dieses Problem kann ich jetzt nicht lösen. Ich nehme mir fest vor, zu gegebener Zeit darüber nachzudenken und zu einer Lösung zu kommen." Damit haben Sie die Energie elegant umgelenkt. Das ist eine bessere Lösung als ständiger, aber vergeblicher Druck.

Wer den Rücken kehrt, hat ihn frei.

5. Worauf haben Sie Einfluss?

Es gibt Situationen, die bringen Sie auf die Palme, z. B. wenn zum dritten Mal hintereinander das Abteilungstelefon klingelt und jemand sich verwählt hat. Ihre Kollegin lässt das völlig kalt. Sie bleibt die Ruhe selbst. Wie macht die das? Paula ist auch so ein Typ. Kürzlich hat sie Paul davon erzählt, wie sie mit dem morgendlichen Stress im Stau umgeht.

„Weißt du Paul, immer wieder fällt mir auf, dass es gerade morgens im Stau auch so besonders nette Typen gibt, die wirklich riskante Manöver machen, um eine Autolänge vorzurücken. Die hüpfen von Spur zu Spur wie ein Karnickel auf der Flucht und halten dabei den Verkehrsfluss auf. Wie hab' ich mich früher über die geärgert. Dann habe ich meine Einstellung geändert: Ich frage mich, worauf ich Einfluss habe. Kann ich die Leute ändern? Was ich ändern kann, ist meine Einstellung dazu. Ich weiß, dass morgens dichter Verkehr und meistens Stau ist. Wenn ich selber das Auto nehme, werde ich ihn verstärken. Ich gehöre also mit dazu. Außerdem fahre ich rechtzeitig genug los und höre genüsslich den flotten Radiosender. Und manchmal gibts sogar noch 'nen anregenden Flirt mit dem netten Typ auf der Nachbarspur.“

So ist das also. Vielleicht hat auch Ihre gelassene Kollegin eine gute Idee, wie sie mit Stress umgeht. Vielleicht hat sie ja auch ganz einfach die richtige Einstellung. Fragen Sie sie doch mal!

Aufgabe:
Fragen Sie Ihre Kollegen danach, wie Sie mit typischen Stress-Situationen umgehen. Die eigene Einstellung prüfen und notfalls ändern!

Der Dombauer

An einer großen Baustelle kam einmal ein Spaziergänger vorbei und fragte drei Arbeiter: „Was macht ihr hier?“ Der erste gab zur Antwort: „Ich klopfe Steine.“ „Ich verdiene hier mein Geld“, antwortete der zweite. Und der dritte? Der überlegte kurz und bekannte voller Stolz in der Stimme: „Ich helfe mit, an einem Dom zu bauen.“

Zusammenfassung HERZ-DAME

Die Sterne lügen nicht

Unser Verstand ist sonderbar, er arbeitet unerbittlich genau und hat immer eine Antwort parat.

Fragen sind der erforderliche Impuls für Antworten.

Prägen Sie sich Ihr Sternsymbol so gut ein, dass Sie ihn mit geschlossenen Augen sehen können – und Ihre Kraftquellen, die Sie damit verbunden haben.

Der Stern ist Ihr Energie-Symbol. Sie haben es in der Hand, ob er glitzert und funkelt oder nur matt schimmert.

Locker bleiben

Wenn wir locker sind, bekommen wir die Signale von außen mit, wir sind offen – für die Bedürfnisse der Kunden und unsere eigenen.

SAKE – eine richtige Zauberformel, wenn es eine wirklich kritische Situation gibt.

Nutzen Sie die „nützlichen Zwillinge" Körper und Verstand. Sie arbeiten vorzüglich zusammen – in Ihrem Sinne!

Fünf Finger sind eine Kraft-Faust

Welche Strategien nutzen Spitzensportler in entscheidenden Momenten? In guten Situationen zapfen sie ihre positiven Gedanken und Gefühle an und koppeln dieses Hochgefühl mit einer Bewegung.

Richten Sie sich Ihre eigene Kraftquelle ein, um darauf je nach Bedarf zurückgreifen zu können.

Genießen Sie die Energiequelle „Kunde" nach dem Motto: Tue Gutes und rede darüber!

Energie-Barometer

Es gibt mehr als einen Grund, von Stress-Symptomen als „Wachstumssignalen" zu sprechen.

Stress unterdrücken ist so, als wolle man einen prall mit Luft gefüllten Wasserball unter die Wasseroberfläche drücken.

Körperliche Bewegung ist auf jeden Fall die einfachste und natürlichste Form, Stress loszuwerden.

Entscheiden Sie selbst, wann der richtige Zeitpunkt ist, sich mit einem Problem zu beschäftigen, und lassen Sie sich nicht davon beherrschen.

Hier sind Sie wieder gefragt!

Wählen Sie aus dieser Lektion die drei Anregungen aus, die für Sie persönlich die wichtigsten sind. Schreiben Sie kurz auf, was genau Ihnen daran gefällt und wie Sie die drei Anregungen für sich nutzen können.

Das Wunderkästchen

Es war einmal eine Bauersfrau, die in ihrem Haus nur Unglück hatte und zusehen musste, wie ihr Vermögen immer weniger wurde und ihr Anwesen immer mehr verlotterte. Da ging sie in den Wald hinaus zu einem alten Einsiedler und erzählte ihm von ihrem Kummer. Sie sagte: „Die Zeiten sind schlecht, kannst du mir denn nicht helfen?"

Der weise Mann gab ihr ein kleines verschlossenes Kästchen und sprach zu ihr: „Du musst dieses Kästchen dreimal am Tag und dreimal in der Nacht im ganzen Haus herumtragen, in der Küche, im Keller, im Stall und in jedem Winkel, dann wird es schon besser gehen. Bringe mir aber in einem Jahr das Kästchen wieder zurück."

Die Frau befolgte den Rat des Einsiedlers ganz genau und trug das Kästchen fleißig umher. Dabei entdeckte und sah sie vieles, was ihr vorher unbekannt gewesen war. Als ein Jahr um war, brachte sie dem Einsiedler das Kästchen zurück und sagte: „Hab Dank, guter Mann, dein Kästchen hat mir sehr geholfen. Bei mir ist der Wohlstand wieder eingezogen, und mein Haus ist gut bestellt. Doch sag an, was ist denn drin in deinem Zauberkästchen, das solche Wunder vollbringen kann?"

Da lächelte der alte Einsiedler und sagte: „Das Kästchen ist leer, das Wunder hast du selber vollbracht, weil du dich noch mehr um dein Haus gekümmert hast als zuvor und überall nach dem Rechten gesehen hast!"

4 HERZ-BUBE
– Ihre Kundenansprache

Meine Brille – deine Brille
Kundenwünsche und -erwartungen.

1. Wir alle sind (auch) Kunden

Was für ein Glück, dass Sie nicht nur Verkäufer/in sind, sondern auch noch Kunde! Ob Sie beim Bäcker um die Ecke die Brötchen holen oder im Rathaus Ihres Wohnortes einen neuen Reisepass beantragen, bei all diesen Gelegenheiten tragen Sie die Kundenbrille.

Was sieht Ihr Kunde aus dieser Perspektive? Was fühlt er in dieser Rolle? *Wenn es stimmt, dass der erste Eindruck der beste ist, wie ist der erste Eindruck des Kunden beim Betreten Ihres Hauses?*

> **Aufgabe:**
> Gehen Sie ein paar Schritte vor den Eingangsbereich Ihrer Filiale, Etage oder Abteilung. Setzen Sie die Kundenbrille auf und gehen Sie ins Haus. Das, was Sie jetzt sehen, nehmen auch Ihre Kunden als Erstes wahr! Bitte beschreiben Sie es.

2. Perspektive wechseln!

Gehen Ihnen als Kunde auch manchmal ähnliche Fragen durch den Kopf wie in den folgenden Beispielen:

▌ Kümmert sich hier keiner um mich?
▌ Sind die Verkäufer mit sich selbst beschäftigt?
▌ Woran merke ich, dass ich willkommen bin?
▌ Bin ich einer von vielen oder werde ich persönlich begrüßt?
▌ Nimmt jemand von den Verkäufern Blickkontakt mit mir auf?
　 usw.

Es ist richtig, dass die Erwartungen unterschiedlich sind. Dem einen ist die sofortige Ansprache sehr wichtig, der andere liebt es, sich erst mal in aller Ruhe ungestört umsehen zu können. Meistens ist uns selbst nicht bewusst, was wir mögen oder was uns stört. Manchmal gehen wir mit einem unbestimmten Gefühl des Unbehagens aus einem Laden, manchmal sind wir nach einem Kauf richtig guter Laune. Und dieses unbewusste Gefühl lenkt dann unsere Füße beim nächsten Mal. Befragungen ergaben, dass die meisten Kunden durchaus Verständnis dafür haben, dass Verkäufer auch Ware einräumen und sortieren müssen. Dann allerdings wünschen die Kun-

Bewusst durch die Kundenbrille sehen bringt wertvolle Informationen.

Der Köder muss dem Fisch schmecken, nicht dem Angler.

den sich freudige Bereitschaft bei der Bitte um Hilfe. Häufig erleben sie das Gegenteil. Sie merken deutlich, dass der Verkäufer lieber seine Arbeit zu Ende gemacht hätte, anstatt sich um den Kunden zu kümmern. Welche Verhaltensweisen fallen Ihnen in Ihrer Rolle als Kunde/Kundin bei den Verkäufern oder Beratern besonders auf? Welche finden Sie angenehm, was ärgert Sie?

Aufgabe:

Achten Sie bewusst darauf, was Ihnen angenehm auffällt bzw. was Sie ärgert, wenn Sie selber Kunde sind. Was stellen Sie fest?

3. Kundenerwartungen

Versetzen Sie sich doch einmal in die Gedankenwelt Ihrer Kunden: Bitte setzen Sie die Sammlung um einige Beispiele fort.

Kundengedanken	Kundenerwartung	Mein Einfluss
Eigentlich brauch ich gar nichts!	Nicht angesprochen werden	Blickkontakt
Ob die haben, was ich brauche?	Auswahl	Kontakt, Ansprache
Hauptsache fix	Schnelle Wahl	Gleiche Körpersprache

4. Was bieten Sie? – Verkäuferbrille tragen!

Welche Stärken Ihres Hauses und Ihrer Persönlichkeit können Sie bei den unterschiedlichen Kundenerwartungen ins Feld führen? Um diese Frage beantworten zu können, müssen Sie wieder Ihre Verkäuferbrille aufsetzen. Das ist die Ihnen vertrautere Perspektive. Sie haben als Verkäufer die Fähigkeit, Kundenerwartungen zu erkennen, indem Sie auf die Körpersprache Ihrer Kunden achten.

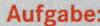

Jemand, der genau weiß, was er will und wo er es findet, wird sich zielstrebig darauf zu bewegen. Ein Kunde, der mit viel Zeit genüsslich bummelt, wird sich eher langsam durch das Haus bewegen. Ein anderer, der etwas sucht, wird sich umschauen, ob er die Ware bzw. einen Verkäufer findet, der ihm weiterhilft.

Aufgabe:

a) Welche Stärken Ihrer Filiale oder Abteilung tragen dazu bei, die Erwartungen Ihrer Kunden zu erfüllen? (z. B. Kunden können in Ruhe bei uns stöbern, Hilfe bei Bedarf, vielfältiges Angebot)

b) Was bringen Sie persönlich ein, um die Erwartungen Ihrer Kunden zu erfüllen? (z. B. Fachkenntnis, Sortimentskenntnis etc.)

Natürlich ist es ganz wichtig, sich gedanklich in die Welt der Kunden zu versetzen. Es gibt noch eine Ergänzung, auf die wir später noch zurückkommen. Fragen Sie Ihre Kunden, denn die wissen am besten, was sie sich wünschen.

Schlaue Dörfler

Ein Bauer kam eines Tages zum Bürgermeister und sagte: „Dein Stier hat meine Kuh auf die Hörner genommen. Habe ich Anspruch auf Schadenersatz?"
„Nein", sagte der Bürgermeister sofort, „der Stier ist nicht für seine Handlungen verantwortlich."
„Ah, Verzeihung", sagte der schlaue Dörfler. „Ich habe es ganz verdreht dargestellt. Was ich meinte, ist, dass deine Kuh von meinem Stier aufgespießt wurde. Aber die Situation ist ja die gleiche."
„Da bin ich nicht so sicher", sagte der Bürgermeister, „ich werde lieber mal in meinen Gesetzbüchern nachsehen, ob es einen Präzedenzfall dafür gibt."

Worte, die klingen

Worte schaffen Atmosphäre.

1. Paul und Paula

Paul ist für sechs Wochen zur Kur. Paula hat versprochen, ihm viele Briefe zu schreiben, damit er auf dem Laufenden ist. Und vor allem hat Paul fest darauf bestanden, dass sie an jedem Wochenende mit Freunden ausgehen soll und den Sommer genießen soll, anstatt alleine Trübsal zu blasen. Paula will an einem der kommenden Wochenenden Freunde in ihren kleinen Garten einladen und hat dafür eine Einladung geschrieben, die sie Paul schickt.

Wie
Sie positive
Worte
wählen
können.

Text I
Liebe Freunde,
am Samstag, den 13. August lade ich Euch zur Gartenparty ein. Ab 20.00 Uhr möchte ich bei trockenem Wetter mit Euch essen und trinken, reden und Musik hören. Wie Ihr wisst, ist Paul zur Kur. Bitte bringt jeweils ein bis zwei Eurer bevorzugten CDs mit.   *Eure Paula*

Am Abend ruft Paul postwendend bei Paula an. „Was ist los, Paula, geht es dir nicht gut?" Paula fällt aus allen Wolken. „Wie kommst du denn darauf?" „War natürlich ein Scherz. Aber deine Einladung klingt so nüchtern und ohne Schwung. Das würde ich ganz anders schreiben."
„Paul, das wäre klasse. Das Schreiben ist nicht mein Ding und du schreibst so schöne Briefe, da kannst du bestimmt auch gut Einladungen formulieren. Nur schnell muss es gehn."

„Versprochen, Paula, wenn du mir versprichst, mich nicht zu vergessen und mir ganz ausführlich zu berichten, wie es war. Bis bald und schönes Wochenende."

Paula erhält den Text prompt von Paul zurück:

Text II
Liebe Freunde,
*am Samstag, dem 13. Augst werdet Ihr **etwas Tolles erleben,** worauf Ihr Euch jetzt schon freuen könnt. Ich lade Euch zu einer **Super-Gartenparty** ein, das **schönste Wochenendwetter** bei mindestens 23 Grad ist schon bestellt! Stellt Euch vor, ein **lauer Sommerabend,** meine berühmte Pfirsichbowle, kühles Bier, feurige Pizza, herrliche **kulinarische Köstlichkeiten,** wir werden über Gott und die Welt reden, den neuesten Klatsch erfahren, vielleicht sogar **unter glitzernden Sternen** tanzen – wenn auch ohne Paul! Ihr könnt **Eure schönsten Lieblingssongs** beisteuern und **gute Laune** ist Eure Eintrittskarte.*

Eure Paula

Aufgabe:
Bevor Sie weiterlesen – schreiben Sie bitte in Stichworten spontan auf, wie die beiden Texte auf Sie wirken:

Wie wirken diese beiden Texte auf Sie? Sie haben sicher gleich den Unterschied gemerkt. Der zweite Text ist regelrecht „geschmückt" mit kraftvollen Worten. Abgesehen von der anregenden Beschreibung des Abends bringen Worte wie toll, schön, gut, freuen, super gute Stimmung rüber. Das ist im Gespräch noch viel einfacher und wirksamer als in der schriftlichen Form.

2. Worte mit Charakter – „kein Problem" contra „gerne"

Worte haben einen bestimmten Charakter und üben großen Einfluss aus. **Auch die Worte, die Sie mit Kunden wechseln, nehmen Einfluss.** Besonders bei Verkäufern und anderen Dienstleistern hört man ganz oft die Floskel „kein Problem". Das ist insofern floskelhaft, als es wahrscheinlich ohne großes Nachdenken verwandt wird. Ein cleverer, gut geschulter Verkäufer wird es anders machen und stattdessen das Wort „gerne" verwenden. Schärfen Sie Ihr Ohr und probieren Sie aus, wie anders die Wirkung des Zauberworts „gerne" ist.

Der Ton macht die Musik.

3. Der rosa Elefant

Dieser Unterschied entsteht auch dadurch, dass Worte wie „kein" oder „nicht" für unseren Verstand einen Umweg bedeuten. Dazu eine kleine „mentale" (also gedankliche) Übung. Bitte denken Sie jetzt einmal für 30 Sekunden nicht an einen kleinen, rosa Elefanten mit grünen Hausschuhen.

Wetten, dass Sie genau daran gedacht haben, wenigstens blitzte er kurz vor Ihrem inneren Auge auf. Genauso ist es mit „kein Problem".

Um zu registrieren, dass es kein Problem gibt, müssen wir erst mal denken, dass es eines gibt. Besser: Nehmen Sie den direkten Weg, sagen Sie das Zauberwort „gerne"!

4. Negativ aufladende contra positiv aufladende Worte

Stellen Sie sich vor, kurz nach Ladenöffnung kommt ein Kunde in Ihren Bereich. Draußen ist ein richtiges Hundewetter. Der Kunde hat einen tropfenden, knallroten Regenschirm in der Hand.

Begrüßung Nr. 1: „Ein schreckliches Wetter. Dass Sie sich da durchwagen?! Vorsicht, Ihr roter Schirm tropft."

Begrüßung Nr. 2: „Was für ein Wetter! Schön, dass Sie trotzdem gekommen sind. Ihr Schirm hat eine tolle Farbe – wollen Sie ihn mir geben, ich stelle ihn solange hier in die Ecke und Sie können in Ruhe einkaufen."

Aufgabe:
Entscheiden Sie sich für eine der beiden Begrüßungsformen und finden Sie die positiv klingenden Worte heraus.

Verlorene Zähne oder:
Wie man etwas unterschiedlich zum Ausdruck bringen kann

Ein Sultan hatte geträumt, er verliere alle Zähne. Gleich am nächsten Morgen fragte er einen Traumdeuter nach dem Sinn des Traumes. „Ach, welch ein Unglück, Herr!", rief dieser aus. „Alle deine Verwandten werden vor dir das Zeitliche segnen." Der Sultan war sehr betroffen und gleichzeitig sehr erzürnt: „Wie kannst du es wagen, mir eine solche Nachricht zu bringen? Ab ins Gefängnis mir dir – da sollst du 50 Stockschläge erhalten!"

In der darauf folgenden Nacht hatte er jedoch den gleichen Traum wieder. Er befahl einen anderen Traumdeuter zu sich und fragte ihn nach der Bedeutung des Traumes. „O du glücklicher Herr. Du wirst alle deine Angehörigen überleben." Das erfreute den Sultan natürlich sehr und er sagte: „Ich danke dir, mein Freund. Gehe sogleich mit meinem Schatzmeister und lasse dir 50 Golddukaten auszahlen."

Auf dem Weg sagte der Schatzmeister zu ihm: „Ich verstehe das nicht. Du hast dem Sultan das Gleiche gesagt wie der Traumdeuter gestern. Warum bekommt er aber 50 Stockschläge und du 50 Golddukaten?" Mit schlauem Lächeln erwiderte der kluge Traumdeuter darauf: „Merke dir, man kann vieles sagen – es kommt nur darauf an, wie man es sagt!"

Die Ja-Straße

Die Kraft des „Ja".

Die Welt
des Kunden
ansprechen.

1. Klein aber mächtig, zwei Buchstaben

Womit verbinden Sie persönlich das kleine Wörtchen „Ja"? Kommt Ihnen so etwas wie Zustimmung, Begeisterung, Bestätigung in den Sinn, denken Sie vielleicht sogar an strahlende Kinderaugen bei der Frage: Hast du Lust auf ein Eis? und die Antwort „Ja"?! Damit sind Sie mitten im Thema.

**Das „Ja" hat eine besondere, eigene Kraft, die Kraft
der positiven Entscheidung.**

2. Warum Ja-Stimmung erzeugen?

Warum macht es Sinn, in Ja-Stimmung zu kommen oder jemanden in Ja-Stimmung zu versetzen? Bei kauffreudigen Kunden liegt es auf der Hand, bei zögernden Kunden auch. Dabei setzen Sie eines voraus, sowohl Ihre Kunden als auch Sie selbst haben das Recht der Entscheidung entweder zum „Ja" oder zum „Nein". Das ist so banal wie richtig.

3. Grundstimmung „Nein"?

Ein kluger Mensch hat kürzlich über die Grundstimmung der Menschen in unserer Zeit gesprochen. Er machte sich Sorgen darum, dass wir alle und insbesondere die Jugendlichen und jungen Erwachsenen in einer Stimmung der Verneinung und Kritik leben. Recht hat er. Nichts gegen ein festes „Nein", eine eigene Meinung beim Erwachsenwerden, eine standhafte Position der Abwehr. Aber als Grundhaltung?

Als ein Team von Wissenschaftlern sich in den 80er Jahren damit befasste, was kleinen Kindern im Sandkasten, also im Alter zwischen ein und vier Jahren von den Müttern oder Vätern gesagt wird, machten Sie folgende überraschende Entdeckung;

Eine Mutter oder ein Vater sagt neunmal

„Nein, verboten, bloss nicht, gib acht, lass das"
bevor sie einmal
„Ja, toll, fein gemacht, weiter so"

sagen. Was wird das wohl bewirken bei kleinen Kindern? In welche Richtung werden sie geleitet? Natürlich spielen auch noch viele andere Faktoren für die spätere Ausrichtung im Leben eine Rolle. Sie haben Glück gehabt, wenn Sie oft „Tu das"- anstelle von „Lass das"-Botschaften gehört haben.

4. Die richtige Dosis

Wenn ein Edelstein bearbeitet wird, benutzt man zunächst grobe Werkzeuge, um ihn freizulegen. Dann werden für den eigentlichen Schliff immer feinere Werkzeuge eingesetzt. So auch in der Gesprächsführung. Das Werkzeug, mit dem Sie das „Ja" hervorholen, ist ein feines Werkzeug, das dosiert eingesetzt werden muss. Dazu bedarf es der Fähigkeit der Routine. Die Routine im Umgang mit Kunden macht Sie frei von komplizierten Überlegungen, was Sie tun und sagen können. Sie führen das Gespräch routiniert und können Ihre Aufmerksamkeit darauf richten, was für den Kunden angenehm ist. Wenn Sie genau das ansprechen, was er denkt und meint, wird er Ihnen bestätigend mit „Ja" antworten.

5. Die Ja-Straße

Welche Vorteile hat es, den Kunden eine Frage zu stellen, die deren Gedanken zum „Ja" führt? **Sie sprechen exakt die Welt des Kunden an, wenn Sie ihm etwas sagen, worauf es als Antwort nur ein „Ja" geben kann.** Denken Sie an die Situation mit dem frühen Kunden bei Regenwetter – genau, der mit dem roten Schirm.

Der beste Weg, andere an uns zu interessieren, ist der, an ihnen interessiert zu sein.

❚ Das regnet ja wieder in Strömen!
❚ Sie haben einen nassen Schirm!
❚ Sie sind ja ganz nass geworden!

Testen Sie es und Sie werden erreichen, dass Ihre Kunden sich verstanden und angenommen fühlen.

Aufgabe:
Welche typischen Bemerkungen, auf die Ihre Kunden ein „Ja" antworten, fallen Ihnen ein?

6. Ihre persönliche Grundstimmung

Menschen mit einer positiven Ausstrahlung sind Menschen, die sich von Widrigkeiten nicht umwerfen lassen. Ja, oftmals machen Sie aus einer Krise eine Chance! Solche Menschen nehmen die Dinge des Lebens an. Sie sagen „Ja" auch dazu, was zunächst als schwierig oder belastend wirkt. Ein inneres „Nein" zu sagen und doch vermeintlich das tun zu müssen, dem man nicht entgehen kann, ist ein Energiefresser allererster Güte. Dieses Thema werden Sie später noch näher kennen lernen.

Die Geschichte mit dem Hammer oder:
Wie sehr unsere Einstellung unser Tun beeinflusst

Ein Mann will ein Bild aufhängen. Den Nagel hat er, nicht aber den Hammer. Der Nachbar hat einen. Also beschließt unser Mann, hinüberzugehen und ihn sich auszuborgen. Doch da kommt ihm ein Zweifel: Was, wenn der Nachbar mir den Hammer nicht borgen will? Gestern schon grüßte er mich so flüchtig. Vielleicht war er in Eile. Aber vielleicht war die Eile nur vorgeschützt und er hat etwas gegen mich. Und was? Ich habe ihm doch gar nichts getan, der bildet sich da etwas ein. Wenn jemand von mir ein Werkzeug borgen wollte, ICH gäbe es ihm sofort. Und warum er nicht? Wie kann man einem Mitmenschen einen so einfachen Gefallen abschlagen? Leute wie dieser Kerl vergiften einem das Leben. Und dann bildet er sich auch noch ein, ich sei auf ihn angewiesen. Bloß weil er einen Hammer hat. Jetzt reicht's mir wirklich. Und so stürmt er hinüber, läutet, der Nachbar öffnet, doch bevor er „Guten Tag" sagen kann, schreit ihn unser Mann an: „Behalten Sie Ihren Hammer, Sie Rüpel!"

Nach Paul Watzlawick

Wer nur einen Hammer besitzt, für den sind alle anderen Probleme Nägel.

Körpersignale lesen

Welche Botschaften sendet die Körperhaltung?

1. „Schubladen" für Körperhaltung

Gebeugte Hagere sind geizig, kleine Dicke gemütlich, große Menschen mit breiten Schultern sind verlässlich. Wir alle kennen solche Klischees. Damit wird behauptet, dass es feststehende Zusammenhänge zwischen der Erscheinung und dem Auftreten eines Menschen einerseits und seinem Wesen andererseits gibt. Die meisten dieser groben Einteilungen sind bei näherem Hinsehen Unfug. Es ist eine Art Schubladendenken. Um eine Bewertung abzugeben, muss viel mehr als ein deutliches körperliches Merkmal beachtet werden.

Die körperliche Erscheinung allein hat wenig mit der Persönlichkeit zu tun. Andererseits drückt die Art, wie jemand sich bewegt, viele Aspekte seines inneren Wesens aus.

Wie können Sie noch besser die Körpersprache verstehen und einsetzen?

2. Verstand und Körper

In jedem Gespräch ergänzen Sie Ihre Worte durch Dutzende von Körper- und Handbewegungen. Das gilt auch für die gedachten Worte, das, was Ihnen durch den Kopf geht. Hinzu kommt noch das Mienenspiel, Gesten und Augenbewegungen.

Gedanken und Bewegungen gehen immer miteinander einher und sind voneinander abhängig. Wenn Sie sich eilig durch die Stadt bewegen und

Körpersprache ist die einzige Sprache, die alle sprechen, aber nur wenige verstehen.

denken: „Hoffentlich schaffe ich es noch, pünktlich beim Zahnarzt anzukommen" haben Sie eine andere Haltung als beim entspannten Bummel.

3. Der Körper ist ein Spiegel der Gedanken

Körperhaltung und Gesichtsausdruck spiegeln Ihr Denken und Ihre Stimmung wider und senden Signale. Wie oft sehen wir Menschen, die uns vertraut sind, an der Nasenspitze an, was sie denken, ohne dass ein Wort gesprochen wurde. Wenn Sie einen vertrauten Menschen fragen, was er davon hält, heute mit Ihnen ins Kino zu gehen, genügt ein Blick in sein Gesicht. Unbewusst speichern wir alle wichtigen Informationen ab, die wir zu dieser Einschätzung brauchen. Sehen wir einen Menschen sehr oft, prägt sich auch seine Körperhaltung ein. Sehen wir eine typische Haltung sehr häufig, erkennen wir sie in Sekundenschnelle und ordnen sie einem bestimmten Verhalten zu.

Sie erkennen an der Körpersprache Ihrer Kunden, ob Ihre Hilfe erwünscht ist oder schon ein Kaufentschluss gefasst wurde.

Ob jemand Wert darauf legt, angesprochen zu werden oder noch in Ruhe auswählen möchte. Umgekehrt wird auch ein Schuh daraus. Wenn Sie möchten, dass der Kunde an Ihrer Körperhaltung erkennt, dass Sie ihn gerne beraten und bedienen möchten, wie ist Ihre Haltung?

> **Aufgabe:**
> Wie signalisieren Sie dem Kunden, dass Sie ihn gerne beraten und bedienen möchten? Beschreiben Sie Ihre Körperhaltung oder bitten Sie einen Kollegen, die geeignete Haltung einzunehmen.

4. Geheimsprache Körper

Neben sehr eindeutigen Signalen gibt es auch **Botschaften, die wir unbewusst aussenden und unbewusst empfangen.** Wenn Sie beim Anblick einer Kundin denken: „Nicht die schon wieder!", ist Ihre Körperhaltung von diesem Denken beeinflusst. Zum Glück steht es Ihnen nicht auf der Stirn geschrieben, aber unbewusst kommen die Signale bei Ihrer Kundin an. Selbst wenn sie ihr verborgen bleiben, viel wichtiger ist die Wirkung auf Sie selbst. Sie sorgen damit unbewusst dafür, dass der Kundenkontakt schwierig bis erfolglos wird. Nun wird es Ihnen beim besten Willen nicht immer gelingen, positiv über alle Kunden zu denken. Wenn Sie allerdings wissen, dass Sie mit positiven Gedanken Ihren Körper, Ihre Gesten und Ihre Ausstrahlung positiv steuern können, können Sie jederzeit selbst entscheiden, ob Sie dies tun wollen. Wie wäre es mit einem Nachsatz, etwa so: „Nicht die schon wieder – mal sehn, ob ich Ihr ein Lächeln entlocken kann."

Hinter jeder Ecke warten neue Richtungen.

Aufgabe:
Welche Gedanken können Ihre innere und äußere Haltung bei einem Kundenkontakt günstig beeinflussen?

5. Nähe bis auf Armeslänge

Gerade in Ihrem Beruf kommen Sie Ihren Kunden sehr nahe. Ob körperlich beim Anprobieren von Kleidungsstücken oder ob bei mitteilsamen Kunden, die Ihnen viel mehr erzählen, als Sie für den rein geschäftlichen Kontakt brauchen. Sie benötigen also ein feines Gefühl für die richtige Dosierung von Nähe und Vertrautheit einerseits und Distanz andererseits. Jemand, den Sie kennen, wird Ihnen näher rücken, als jemand, der Ihnen unbekannt ist. Das sind oft nur wenige Zentimeter Unterschied, die sehr entscheidend sein können für unser Wohlbefinden. Im Allgemeinen achten wir darauf, dass wir von fremden Menschen mindestens eine Armlänge Abstand haben. Sie können es testen, wenn Sie diese Intimzone auch nur um wenige Zentimeter verringern, weicht der Kunde ein wenig zurück. Deshalb bitten Sie um Erlaubnis, wenn Sie den Kunden anfassen müssen, z. B. um die Kragenweite auszumessen.

Aufgabe:
Achten Sie in einer ruhigen Minute einmal darauf, wie die Distanz zwischen Kollegen und Kunden zu Beginn eines Verkaufsgespräches ist und wie sie sich verschieben kann.

Die frierenden Stachelschweine

Als ein unerwartet strenger Winter ins Land gezogen war und die meisten Tiere sich zum Winterschlaf zurückzogen, suchte sich auch eine Gesellschaft von Stachelschweinen eine wärmende Höhle. Sie verschlossen den Eingang und drängten sich dicht aneinander, um sich gegen die Kälte zu schützen. Doch nach einiger Zeit machten sie eine ärgerliche Feststellung: In der Enge der Behausung verletzten sie sich gegenseitig mit ihren Stacheln und mussten die angenehme Temperatur mit Schmerzen bezahlen. Auf den Rat des Ältesten hin suchten sie sich eine größere Höhle. Diese bot genügend Platz, um die Stacheln auszubreiten, hatte aber den Nachteil, dass die einzelnen Tiere jetzt die nachbarliche Wärme entbehren mussten. Sie froren ganz erbärmlich. Man war gezwungen, eine neuerliche Versammlung abzuhalten, in der Folgendes beschlossen wurde: Jedes Mitglied der Stachelschweingesellschaft solle so weit von seinem Nachbarn entfernt sein, dass es den andern nicht verletze, aber doch wiederum gerade so nahe, dass es auch in den Genuss der Wärmeausstrahlung seines Artgenossen komme. Dieses Übereinkommen funktionierte, und der soziale Friede war wiederhergestellt.

Nach Arthur Schopenhauer

Zusammenfassung HERZ-BUBE

Meine Brille – deine Brille

Wenn es stimmt, dass der erste Eindruck der beste ist, wie ist der erste Eindruck des Kunden beim Betreten Ihres Hauses?

Welche Verhaltensweisen fallen Ihnen in Ihrer Rolle als Kunde/Kundin bei den Verkäufern oder Beratern besonders auf?

Fragen Sie Ihre Kunden, denn die wissen am besten, was sie sich wünschen.

Worte, die klingen

Worte haben einen bestimmten Charakter und üben großen Einfluss aus. Auch die Worte, die Sie mit Kunden wechseln, nehmen Einfluss.

„Kein Problem!" Um zu registrieren, dass es kein Problem gibt, müssen wir erst mal denken, dass es eines gibt. Besser: Nehmen Sie den direkten Weg, sagen Sie das Zauberwort „gerne"!

Verwenden Sie „Worte, die klingen" in einem Kundengespräch.

Die Ja-Straße

Das „Ja" hat eine besondere, eigene Kraft, die Kraft der positiven Entscheidung.

Das Werkzeug, mit dem Sie das „Ja" hervorholen, ist ein feines Werkzeug, das dosiert eingesetzt werden muss.

Sie sprechen exakt die Welt des Kunden an, wenn Sie ihm etwas sagen, worauf es als Antwort nur ein „Ja" geben kann.

Körpersignale lesen

Die körperliche Erscheinung allein hat wenig mit der Persönlichkeit zu tun. Andererseits drückt die Art, wie jemand sich bewegt, viele Aspekte seines inneren Wesens aus.

Sie erkennen an der Körpersprache Ihrer Kunden, ob Ihre Hilfe erwünscht ist oder schon ein Kaufentschluss gefasst wurde.

Wenn Sie möchten, dass der Kunde an Ihrer Körperhaltung erkennt, dass Sie ihn gerne beraten und bedienen möchten, wie ist Ihre Haltung?

Neben sehr eindeutigen Signalen gibt es auch Botschaften, die wir unbewusst aussenden und unbewusst empfangen.

Sie benötigen ein feines Gefühl für die richtige Dosierung von Nähe und Vertrautheit einerseits und Distanz andererseits.

Hier sind Sie wieder gefragt!

Wählen Sie aus dieser Lektion die drei Anregungen aus, die für Sie persönlich die wichtigsten sind. Schreiben Sie kurz auf, was genau Ihnen daran gefällt und wie Sie die drei Anregungen für sich nutzen können.

Der Samenverkäufer

Ein junger Mann betrat einen Laden. Hinter der Theke stand ein älterer Mann.

„Was verkaufen Sie, mein Herr?", fragte der Junge.

„Alles, was Sie wollen!", antwortete der Alte.

„Na, wenn dem so ist, dann hätte ich gerne den Weltfrieden, die Beseitigung der Armut, das Ende der Rassentrennung, die Gleichberechtigung zwischen Mann und Frau ..."

Da fiel ihm der Alte freundlich ins Wort:

„Entschuldigen Sie, junger Mann, ich habe mich wohl falsch ausgedrückt: Wir verkaufen Ihnen keine Früchte, wir sind eine Samenhandlung!"

Teil 2

Zuhören und Verstehen

Im ersten Teil, mit der Spielkarte ♥ als Symbol, ging es um unsere Gefühle und Beziehungen zu anderen Menschen.

Dieser Teil, für den als Symbol die Spielkarte ♠ steht, handelt vom **Zuhören und Verstehen.** Einander zuhören können und verstanden zu werden macht den Wert von Gefühlen zwischenmenschlicher Beziehungen aus.

Müssen wir das noch lernen?

Haben wir nicht schon als Kinder das Sprechen gelernt und es immer und immer wieder geübt? Sicher, aber wann haben wir das Zuhören geübt, und woher haben wir die Gewissheit, auch richtig zu verstehen, was wir hören?

Wenn Menschen eine gute Beziehung zu Freunden oder Partnern beschreiben, benutzen sie Sätze wie: „Wir verstehen uns blind!" oder „Sie hat immer ein offenes Ohr für mich!", „Wir sprechen eine Sprache!"

Umgekehrt klagen sie: „Der hört ja nie zu!" oder „Die hört nur, was sie hören will!" Und viele zwischenmenschliche Probleme erleben Menschen als Folge von Missverständnissen.

Wer die Anregungen in diesem Buch aufnimmt, wird besser „Zuhören und Verstehen" können und mehr Freude am Umgang mit anderen Menschen haben. Das gilt für Kontakte in der Familie, mit Partnern, Freunden und Kollegen, aber vor allem mit Ihren Kunden.

5 PIK-ASS
– Ihr Kunde braucht Sie

Immer, wenn ...
Der „blinde Fleck" schränkt umfassende Wahrnehmung ein.

1. Das Experiment – der blinde Fleck
„Wie wir Situationen erleben, ist unsere eigene Erfindung."
Um diese zugegebenermaßen freche Behauptung belegen zu können, sind Sie als Erstes zu einem kleinen Experiment eingeladen:

Nehmen Sie das Buch in eine Hand. Halten Sie sich mit der anderen Hand ein Auge zu. Schauen Sie dann genau auf das Kreuz in der Mitte. Bewegen Sie das Buch langsam vorwärts oder rückwärts, bis einer der Punkte verschwindet. Wenn Sie das andere Auge verschließen, verschwindet der andere Punkt. Sie haben Ihren blinden Fleck endeckt.

Etwas Ähnliches kann auch beim Autofahren passieren. Wenn sich ein Fahrzeug in einem bestimmten Winkel schräg hinter uns befindet, sehen wir es nicht, auch wenn wir den Spiegel benutzen. Dann verändert sich der Winkel und plötzlich taucht neben uns ein Fahrzeug auf. Durch die besondere Beschaffenheit des menschlichen Auges haben Sie es vorher nicht gesehen, obwohl es da war. Das Auto war für einen winzigen Moment ausgeblendet. Bei dem Experiment zu Anfang dieses Kapitels wurde bei einer bestimmten Perspektive durch den „blinden Fleck" der Punkt unsichtbar.

2. Der „blinde Fleck" im Alltag
Der „blinde Fleck" ist nicht nur beim Sehen, sondern auch im übertragenen Sinne beim Erleben von Situationen möglich. Darüber entscheidet unsere persönliche „Sichtweise". Manchmal blenden wir etwas im wahrsten Sinne des Wortes aus, was uns persönlich nicht wichtig ist. Kennen Sie das? Sie machen mit einem Freund oder einer Freundin einen Schaufensterbummel. Beim anschließenden Kaffee unterhalten Sie sich darüber. Manches, was für Ihre Begleitung ganz auffällig war, haben Sie überhaupt nicht bemerkt. So kann es auch mit der neuen Haarfarbe einer Kollegin oder der neuen Warenanordnung in einem Regal Ihrer Abteilung sein, wenn Sie aus dem Urlaub zurückkommen. So kann es auch mit Kunden und deren Verhalten sein.

3. Wiedersehen mit Paul und Paula
„Paul, du kannst dir nicht vorstellen, wie ich mich geärgert habe. Zum dritten Mal in dieser Woche habe ich in der Schuhabteilung ausgeholfen. Und zum

dritten Mal hätte ich fast vor Wut geheult!" „Und worüber hast du dich so geärgert, Paula?"

„Die Schuhabteilung ist schrecklich. Immer sind da die Kunden so unfreundlich zu mir! Jedesmal, wenn ich dort aushelfe, gerate ich an solche Kunden. Der eine hat ganz herablassend gesagt: ‚Na ja, im Augenblick kann man von Ihnen nicht mehr erwarten'. Und die beiden anderen haben sich so ähnlich ausgedrückt. Ich kann doch auch nichts dafür, dass ich nur aushelfe und mich mit den verschiedenen Formen noch nicht so gut auskenne."

Paul merkt schon, so kann er seine Paula nicht beruhigen. Schließlich kennt er nur zu gut Kunden, denen man es beim besten Willen nicht recht machen kann. Aber er weiß, dass die Anzahl dieser Kunden sehr gering ist. Leider ärgert man sich ausgerechnet über diese paar Leute schwarz, anstatt sich über die vielen anderen positiven Kundenkontakte zu freuen! Aber das weiß auch Paula. Es muss also noch etwas anderes im Spiel sein ...

4. Verständnis für Paulas Frust

Geht es Ihnen auch so, dass Sie viel Verständnis für Paulas Frust aufbringen? Da nützen keine guten Ratschläge wie etwa „Nimm es nicht so erst, das war doch alles nicht so gemeint!". Dann fühlt man sich erst recht missverstanden. Vielleicht werden wir die genaue Ursache für Paulas Frust nie erfahren. Vielleicht trägt ja die erste negative Erfahrung in dieser Abteilung daran Schuld und dann braucht nur noch sowas wie eine innere Stimme dazuzukommen, die Paula seit ihrer Kindheit immer wieder sagt: Wenn der erste Anlauf nicht klappt, wird sowieso nichts Gutes draus. Schon sind wir auf ein erlerntes, festes Denkmuster gestoßen. Dass Paula zu einer anderen Sichtweise kommt, schließt ihr persönlicher „blinder Fleck" aus. Was kann da helfen?

**Ohne einen Wechsel der persönlichen Perspektive
wird sich wenig ändern.**

Paula wird sogar neue Bestätigungen dafür finden, dass die innere Stimme Recht hat. Nehmen wir einmal an, dass ein Kollege Paulas Kunden und Kummer mitbekam und erstaunt sagt: „So habe ich den Kunden aber nicht verstanden. Seine Bemerkung klang für mich eher verständnis- als vorwurfsvoll, weil wir gerade so viel zu tun hatten!" Beide haben das Gleiche erlebt. Wie kommt es zu so unterschiedlichen Wahrnehmungen?

5. Nur die Kamera ist „objektiv"!

Die Falle lauert immer da, wo Sie nicht an Ihren blinden Fleck, an die Einschränkung Ihrer Wahrnehmung denken. Auf der einen Seite ist da der Ablauf einer Situation. Das könnten wir mit einer Video-Kamera filmen.

Das wäre „objektiv". Andererseits nehmen wir den Ablauf jedoch völlig unterschiedlich wahr und geben ihm eine individuelle, eben subjektive Bedeutung. Dabei blenden wir wie beim „blinden Fleck" Elemente aus, die zwar da sind, die wir aber nicht aufnehmen. In Paulas Fall könnte das die Mimik des Kunden oder sein Tonfall gewesen sein. Hinzu kommt dann noch Paulas „innere Stimme". Der Kollege kommt zu einer völlig anderen Einschätzung, denn er wiederum hat seinen eigenen „blinden Fleck"!

Aufgabe:
Überlegen Sie, ob Sie Situationen kennen, in denen Sie auch einen „blinden Fleck" haben. Denken Sie zum Beispiel an Gespräche, bei denen Ihr Partner plötzlich die Wände hochgeht, und Sie zunächst gar nicht wissen, warum. Wenn Sie mögen, diskutieren Sie mit Kollegen vor dem Hintergrund dieses Kapitels über die „freche Behauptung" am Anfang: „Wie wir Situationen erleben, ist unsere eigene Erfindung."

Mond im Eimer

Ein junge Frau ging nach Einbruch der Dämmerung zum Brunnen, um Wasser zu holen. Sie füllte den Eimer und sah plötzlich, wie der Vollmond sich in einem der Wassereimer spiegelte, die sie trug. Der Mond nahm unterschiedliche Formen an, war mal dem einen, mal dem anderen Rand des Eimers näher. Sie war bezaubert von der Beweglichkeit der silbernen Scheibe und betrachtete voller Freude das Spiegelbild auf der Oberfläche des Wassers in ihrem Eimer. Plötzlich rissen die Schnüre, die den Holzeimer zusammenhielten, und er fiel auseinander. Das Wasser schoss heraus, das Spiegelbild des Mondes verschwand. Da verstand sie den Unterschied zwischen Original und Nachahmung.

Mittendrin – im Fahrwasser

Wie Sie mit besonders eiligen Kunden umgehen.

1. Start in einen „tollen Tag"

Ein Tag wie kein anderer! Schon am frühen Morgen kann man es spüren, wenn man um die Zeit schon eine Antenne dafür hat: Das wird ein Tag! Die Ampeln scheinen ein klein wenig schneller als sonst auf Rot umzuspringen, der Schaffner im Bus fährt besonders schwungvoll an, der Geräuschpegel ist ein bisschen höher als normal und wenn man dann im Geschäft ankommt, geht es auch gleich los mit den ersten Kunden, man kommt gar nicht dazu, die Ware in Ruhe einzuräumen und so geht es weiter.

2. Ein besonderer Tag für besondere Kunden?

So ein Tag ist wie geschaffen für einen besonderen Kundentyp – Sie kennen ihn. Und vielleicht mögen Sie ihn sogar ganz gern, denn eins ist garantiert, ein paar davon über den Tag verteilt und es ist nie langweilig – der eilige Kunde, der Hektiker. Er erwartet natürlich, dass Sie ihn sofort bedienen. Seine Bewegungen sind schnell. Er ergreift die Initiative und unterbricht Ihr Verkaufsgespräch, das Sie gerade mit einem anderen Kunden führen. Ein Hektiker steht immer unter Dampf und es kann sein, dass ganz schnell der Deckel hochfliegt. Das kriegen dann alle in seiner Nähe ab, d.h., er wird Ihnen seine Meinung unmissverständlich mitteilen, wenn – ja, wenn Sie mitspielen!

3. Wer bestimmt das Spiel?

Wer sich nicht selbst beweist, dass es auch anders geht, wird seine Fesseln nicht los.

Jetzt sind Sie gefordert. Denn eines steht fest: **Hektik kann sich immer mehr verstärken und außer Kontrolle geraten – es sei denn, Sie greifen energisch ein.**

Hektiker, sagt man, erkennen gleich gesinnte Menschen auf Anhieb und es kann sich ein flotter Schlag-auf-Schlag-Verkaufsdialog entspinnen, der häufig nicht zum Erfolg führt. Hektiker erkennen aber auch, wenn man Ihnen etwas entgegensetzt, d.h., wenn man ihr Muster unterbricht. Es ist ja nicht so, dass es generell schlecht ist, etwas schnell zu tun, schnell zu sprechen, schnell zu reagieren. Aber Hektik setzt da noch einen drauf. Das ist nicht nur Schnelligkeit, das ist auch ständiger Richtungswechsel.

4. Die zwei Seiten der Medaille „Hektik"

Andererseits könnten Schnelligkeit und die Fähigkeit zum ständigen Richtungswechsel auch ganz nützlich sein. Wer beispielsweise auf vielen Hochzeiten gleichzeitig tanzt, hat dadurch Vorteile: Wie der Kellner in dem kleinen Bistro um die Ecke, der die Bestellungen aufnimmt, das Bier zapft, die Tische eindeckt, kassiert und noch viele andere Kleinigkeiten nebenher erledigt.

Ein Hektiker im negativen Sinn ist derjenige, der mit seiner Rückseite alles wieder umreißt, was er mit den Händen aufgebaut hat, weil er sich zu oft und zu „hektisch" um die eigene Achse dreht.

Hektik ist ein Muster, ein Fahrwasser, in das man leicht geraten kann, wenn man von seinem Naturell her dazu neigt.

5. Nützliche Muster und die Kehrseite

Von Mustern sprechen wir dann, wenn ein Verhalten automatisch abläuft. Das ist nützlich, um Routinetätigkeiten schnell und zügig durchführen zu können. Stellen Sie sich vor, Sie müssten sich jedesmal aufs Neue entscheiden, mit welchem Bein Sie zuerst aufs Fahrrad steigen oder ob Sie vor oder nach dem Duschen die Zähne putzen. Das ist zum Glück Routine, darüber brauchen Sie nicht mehr nachzudenken.

Die (negative) Kehrseite ist, dass Muster Sie auch unflexibel machen können. Wie stark dies sein kann, zeigt ein kleines Beispiel. Nehmen Sie einen Stift zur Hand und vervollständigen Sie möglichst schnell die folgenden Sätze:

- Eine reife Tomate hat die Farbe Rot.
- Der Vampir liebt Blut und das ist ...
- Klatschmohn ist eine Sommerblume und die ist ...
- Wenn man wütend ist, sieht man ...
- Verliebte schenken sich Rosen und die sind ...
- Sie gehen über die Kreuzung, und die Ampel ist ...

Kann es sein, dass da einmal zu viel „Rot" steht oder Sie zumindest beim letzten Satz den Impuls hatten, „Rot" zu schreiben? Eins ist sicher: ein „Hektiker" hätte dies getan. Er handelt so spontan und ist dabei so unter Druck, dass er kaum eine andere Wahl hat.

> **Aufgabe:**
> Wenn Sie glauben, dass die Sache mit dem „Rot" eher Zufall war, probieren Sie es mal mit Ihren Kindern, Ihrem Partner oder mit Freunden aus.

6. Der hektische Kunde

Solange ein hektischer Mensch das alles nur zu seinem eigenen Nachteil tut, mag dagegen wenig einzuwenden sein. Wenn er aber zu Ihren Kunden zählt und Sie und Ihre Abteilung in eine Wirbelstimmung bringt, gebieten Sie Einhalt.

Sagen Sie beispielsweise: „Ich verstehe, dass Sie jetzt sofort wissen wollen, wo die Lederhandschuhe aus dem Angebot sind. Ich bin sofort für Sie da, sobald ich diesen Kunden bedient habe." Als Verkäufer sind Sie echt gefordert, wenn Sie einen oder mehrere Kunden von dieser Art vor sich haben. Da gibt es nur eines: **Muster unterbrechen und ruhig und bestimmt Einhalt gebieten** – siehe oben.

Später

Es lebte dereinst ein Mann, der war ein sehr tätiger Mann und konnte es nicht übers Herz bringen, auch nur eine Minute seines kostbaren Lebens ungenutzt zu lassen. Wenn er in der Stadt war, so plante er, ans Meer zu reisen. War er dort, beschloss er einen Ausflug in das beschauliche Nachbardorf mit der berühmten Aussicht. War er dann dort, so fragte er jeden nach dem kürzesten und schnellsten Rückweg. Wenn er im Gasthof einen Hammelbraten verzehrte, überlegte er, während er den schweren Wein hastig hinuntergoss, dass doch bei dieser Hitze ein Krug Wasser wohl besser gewesen wäre. So hatte er niemals etwas genossen, sondern immer nur ein Nächstes vorbereitet. Und als er auf dem Sterbebette lag, wunderte er sich sehr, wie leer und wie zwecklos ihm sein vergangenes Leben vorkam.

Alles, was mein Leben wertvoll macht, geschieht in der Zeit, in der ich mich nicht beeile.

Weiß schon alles

Wie Sie auch „schwierigen" Kunden, die scheinbar schon alles wissen, gerecht werden.

„Paula, ich brauche deinen Rat. Du kennst mich am besten und weißt, dass ich wirklich gern Verkäufer bin. Aber manchmal … Gestern war es fast so weit. Was sollte ich machen? Ich finde, dass ich nicht warten muss, bis mich jemand zur Weißglut gebracht hat." So erlebt Paula ihren vernünftigen Paul ganz selten. Sie ist eine kluge Frau und sagt: *„Nein, natürlich nicht Paul. Erzähl mir mal genau, was passiert ist"* *„Also gut. Ich beginne ganz normal das Gespräch, frage den Kunden, wie viel Druck die Espressomaschine haben soll, wie er sie einsetzen möchte usw. Dann geht es los:*
‚Ich weiß genau, was ich will. Zeigen Sie mir alle Espressomaschinen, ich sage Ihnen dann schon ob ich eine kaufen will.' Hast du sowas schon mal erlebt, Paula?"

1. Ein Blick ins Buch der Sehnsüchte
Jetzt sieht Paula schon klarer. Und Sie sicher auch. Ja, das könnten Sie auch schon mal erlebt haben. Bevor Sie weiterlesen:

> **Aufgabe:**
> Bitte erinnern Sie sich an das Kapitel im 1. Teil, in dem es um die „gute Absicht" ging. Das Verhalten des oben beschriebenen Kunden von Paul bleibt zunächst völlig unberücksichtigt. Bitte überlegen Sie: Was will der Kunde möglicherweise für sich (insgeheim – unbewusst) erreichen? Welche „Sehnsucht" steckt in ihm, die er sich gerne erfüllen möchte?

Wenn Sie etwa so geantwortet haben: „möchte sein eigenes Wissen darstellen, stellt für sich Distanz sicher, will überlegen erscheinen, will klarstellen, dass er das Sagen hat, möchte für sein Wissen gelobt werden" oder so ähnlich, liegen Sie genau richtig.

Es gibt Menschen, denen es sehr wichtig ist, dass die anderen wissen, wie klug sie sind und dass man ihnen nichts vormachen kann.

Übertragen Sie einmal das gleiche Verhalten auf ein Kind im ersten oder zweiten Schuljahr: Was will es zum Beispiel bei seinem Lehrer erreichen, wenn es übereifrig immer wieder sagt, was es schon alles weiß? Es möchte Anerkennung und Lob.

2. Was Hänschen nicht lernt …

Manchmal holt uns eine Sehnsucht ein, die wir in jungen Jahren hatten. **Ein Mensch, der nicht genug Anerkennung bekommen hat, neigt dazu, sie sich zu „holen" – zum Beispiel durch Besser-Wisserei** oder durch ständiges Einmischen nach dem Motto „Jetzt können Sie mal von mir hören, was Sie ja eigentlich wissen müssen!" oder auch: „Ich will Ihnen nur helfen!"
Und was dann folgt, ist ein Schwall von Erklärungen und Belehrungen. Wenn Sie solche Menschen kennen, wissen Sie, wie verlockend es ist, ihnen zu widersprechen. Dabei haben sie in vielen Dingen sicher Recht, ihr Wissen ist groß und ihre Erklärungen sind umfassend. Unter Umständen sogar so umfassend, dass es Ihnen schon zu viel des Guten ist.

Aufgabe:
Was stört Sie bei so einem Verhalten?

Bitte geben Sie uns wieder Gelegenheit, Ihre Antwort zu erahnen. Das ist gar nicht so schwer. Wenn Sie belehrt werden, ohne dass Sie darum gebeten haben und dies wie von oben herab erfolgt, dann heißt die versteckte Botschaft: „Du bist dumm. Ich bin viel klüger als du." Und verständlicherweise spüren wir dann den Impuls, zu widersprechen, entwickeln wir inneren Widerstand.

3. Abstand halten?!

Da können Sie Paul sicher gut verstehen. Eben diese versteckte Botschaft möchte er zurückweisen oder zurechtrücken. Andererseits will er auch den Kunden zufrieden stellen. Als guter Verkäufer möchte er wissen, wie die Erwartungen des Kunden sind, und da sind seine Widerstände nur im Weg. Es gibt also gleich mehrere Herausforderungen:
- Wie kann ich mich von meinen eigenen störenden Gefühlen und Impulsen lösen?
- Wie werde ich den Kundenerwartungen gerecht?

Die Beschäftigung mit Ihren eigenen Gefühlen kann das verhindern. Was Sie brauchen, ist für einen kurzen Moment Abstand. Den können Sie sich ganz konkret verschaffen, indem Sie sich für einen kurzen Moment enfernen. Sie können den Kunden einen Moment um Geduld bitten, um zum Beispiel eine Mitteilung an einen Kollegen weiterzugeben.

Das Verständnis reicht oft viel weiter als der Verstand.
Marie von Ebner-Eschenbach

Oder – und das passiert „mental" (in Gedanken) und unsichtbar, nur in Ihrem eigenen Kopf – Sie nutzen für einen kleinen Augeblich den „Kamerablick".

Stellen Sie sich vor, Sie könnten die ganze Szene wie mit dem Kameraobjektiv von der Zimmerecke oben rechts betrachten. Sie können aus dieser Perspektive alles gut überblicken, weil Sie Abstand haben, auch von Ihren Widerständen.

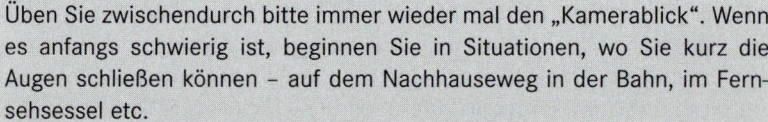

Aufgabe:
Üben Sie zwischendurch bitte immer wieder mal den „Kamerablick". Wenn es anfangs schwierig ist, beginnen Sie in Situationen, wo Sie kurz die Augen schließen können – auf dem Nachhauseweg in der Bahn, im Fernsehsessel etc.
Üben Sie im zweiten Schritt in Situationen beim Anprobieren oder wenn der Kunde sich in Ruhe etwas ansieht.

Mit dem Wind, den man selbst macht, lassen sich keine Segel füllen.
Karl Heinrich Waggerl

Vom Schüler, der alles wusste

Ein Schüler, der Beste in der Klasse und nie um eine Antwort verlegen, fehlte frühmorgens im Unterricht. Der Lehrer war verwundert, das war doch noch nie vorgekommen. Ein Blick aus dem Fenster: Aha, da kam er, eine Viertelstunde zu spät. Ein bisschen schadenfroh wartete der Lehrer schon gespannt auf seine Ausrede, die dieser strebsame Schüler wohl haben würde. Einfach verschlafen war bei dem nicht drin. „Na, warum bist du zu spät?" „Es war so glatt, Herr Lehrer: Jedesmal, wenn ich einen Schritt vorwärts machte, rutschte ich zwei Schritte zurück", antwortete der Junge. Der Lehrer denkt: „Jetzt hab' ich ihn", und fragt: „Ach nee, und wie bist du dann hergekommen?" „Ganz einfach, ich hab' mich umgedreht und bin nach Hause gegangen!"

Im weiten Rahmen erscheinen Figuren klein, der enge Rahmen scheint sie zu vergrößern.

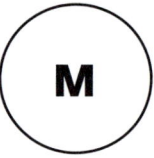

Sie sind bestens informiert

Von der guten Absicht des „Vielredners".

„Paul, kennst du die besten Therapieformen bei Rheuma? Oder alle alternativen Methoden zur Behandlung von Keuchhusten? Nein? Aber ich! Heute waren Frau Meier und Herr Schmidt-Wemper bei mir. Du weißt schon, meine netten Kletten. Entschuldige, aber so nenne ich sie manchmal. Bei aller Liebe, das ist zu viel, beide an einem Tag! Herr Schmidt-Wemper ist mein Rheuma-Spezialist. Frau Meier wollte gar nicht mehr aufhören, mir von den Keuchhustenproblemen ihrer Enkelin zu erzählen. Dabei wohnt die Tochter in Hamburg, immerhin 400 km weiter nördlich. Sie tut mir schon ein wenig leid, die alte Dame, sie sieht ihre Familie so selten und lebt hier doch ziemlich einsam. Ihre Freundinnen sind bis auf zwei schon alle verstorben. Du siehst, ich bin bestens informiert."

1. Mehrfach-Anforderungen

Ja, es stimmt! Sie müssen im Verkauf vielen Anforderungen gerecht werden. Sie sind für Menschen wie Frau Meier fast ein Seelendoktor. Aus eigener Erfahrung wissen Sie, dass Ihre Kunden manchmal ganz schön egoistisch ihren „Seelenmüll" bei Ihnen abladen. Sie wissen, da ist jemand, der ihnen so schnell nicht entkommt und ihnen zuhört. Dahinter steckt neben dem Bedürfnis nach einem Gesprächspartner vor allem die Bitte nach Anerkennung und Zuwendung.

Manchmal hört der Vielredner auch Ihnen mal gut zu. Dann nutzen Sie dies, um ihm umgehend für seine Aufmerksamkeit ein kleines Kompliment zu machen. „Danke, Sie sind ein guter Zuhörer." Das könnte ihn dazu anregen, es öfters zu tun, denn damit haben Sie seinen Wunsch nach Anerkennung erfüllt.

Es ist besser, Deiche zu bauen, als zu hoffen, dass die Flut endlich Vernunft annimmt.

2. Namen nutzen zur Unterbrechung

Was aber tun Sie, wenn er/sie gar nicht aufhören will, vom Hundertsten ins Tausendste kommt und Sie keine direkte Gelegenheit haben, sich kurz zu entziehen? Im besten Falle ergeht es Ihnen wie Paula, die ihre beiden „netten Kletten" sogar namentlich kennt. **Den Namen können Sie immer nutzen, um jemanden in seinem Redefluss zu unterbrechen.**

Das können Sie bei Radio- oder Fernsehmoderatoren beobachten. Wenn die den Redefluss eines wortgewandten Politikers bei einem Interview unterbrechen wollen, sprechen sie ihn namentlich an. Der Name sorgt für einen kleinen Stocker, den der Moderator nutzt, um seinerseits etwas zu sagen. Wenn Sie den Namen Ihrer Kunden verwenden, schlagen Sie zwei Fliegen mit einer Klappe: Sie unterbrechen den „Vielredner" und sprechen ihn persönlich an.

3. Die goldene Drei

Bei Vielrednern, deren Redefluss Sie unterbrechen wollen, gilt die Regel: Einhalt gebieten, energisch, aber freundlich Einhalt gebieten. Unterbrechen Sie dreimal mit interessierten Rückfragen. Bei dem Beispiel mit Frau Meier nehmen wir an, dass sie Ihnen erzählt, dass der Husten anfallartig auftritt. Sie fragen zum Beispiel: „Auch nachts?" Damit signalisieren Sie Anteilnahme und Ihr Verstehenwollen. Dann das zweite Mal ähnlich – eine Rückfrage zum Inhalt: „Kommt das häufig vor?" Beim dritten Mal ist die Botschaft eine andere, wenn Sie in etwa sagen: „Schade, dass ich heute so wenig Zeit habe, denn in 15 Minuten habe ich einen Termin beim Chef. Erzählen Sie mir schnell noch das Wichtigste, denn ich muss vorher die neue Ware einsortieren." Sie bestimmen mit der dritten Unterbrechung freundlich den zeitlichen Ablauf. Das wird akzeptiert, weil Sie vorher echtes Interesse gezeigt haben. Bitte beachten Sie, dass „höflich sein" alleine nicht reicht! Ihr Gesprächspartner pflegt besonders die Beziehungsebene und fühlt sich verletzt, wenn das nicht respektiert wird. Auch hier gibt es kein allgemeingültiges Rezept, das sich immer erfolgreich anwenden lässt. Wenn Sie es jedoch mit der passenden Mimik und Gestik begleiten (übereinstimmend mit Ihrem Denken über die Situation!), ist es sehr hilfreich.

Freundlichkeit ist eine Sprache, die Taube hören und Blinde lesen können.
Mark Twain

4. Sachebene – Beziehungsebene

Im Normalfall teilt Ihnen Ihr Kunde sein konkretes sachliches Anliegen mit. Er gibt Ihnen damit Informationen auf der „Sachebene". Darüber hinaus ist Ihr Wissen um die unterschiedlichen Ebenen eines Kundenkontaktes von unschätzbarem Vorteil, auch für Sie persönlich. Fachleute auf diesem Gebiet haben herausgefunden, dass der Eindruck, den die Kunden im Gespräch unbewusst über die Beziehung zu Ihnen gewinnen (Beziehungsebene) noch viel wichtiger ist als die Sachebene. Außerdem macht ein „Verkaufen mit Beziehungspflege" einfach mehr Spaß! Bei einer Umfrage unter Spitzenverkäufern aus verschiedenen Ländern tauchten als Ausdruck für die „innere Einstellung" häufig Formulierungen auf wie: Meine Freunde, die Kunden! Das Schönste ist für mich, wenn aus Kunden Freunde werden! Am meisten liegt mir an wirklich freundschaftlichen Gesprächen usw. Selbst wenn Sie so weit nicht gehen würden, können Sie in der nächsten Aufgabe für sich prüfen, welches Körnchen Wahrheit für Sie darin steckt.

Aufgabe:
Sie werden viele „sachliche" Gründe haben, Ihren Beruf auszuüben. Was reizt Sie darüber hinaus auf der „Beziehungsebene"?

5. Halsschmerzen

Nehmen wir einmal an, Sie kaufen Halstabletten in der Apotheke. Die Bedienung fragt, ob es für Sie selbst ist, und Sie erzählen, dass Ihre Tochter leichte Halsschmerzen hat. Es entspinnt sich folgender Dialog:
„Wie alt ist Ihre Tochter?" „Fünfzehn Jahre. Sie geht in die 9. Klasse und *schreibt gerade wichtige Arbeiten, da will sie nicht fehlen.*" „Dann empfehle ich Ihnen diese koffeinhaltige Lutschtablette, das lindert und *regt gleichzeitig ein bisschen an.*" *„Gute Idee, die nehme ich dann."* „Ja, gerne, das macht 12,80 Euro. Brauchen Sie eine Quittung?" „Ja, das ist immer besser." „Bitte sehr – *schönen Tag und gute Besserung für Ihre Tochter.*"

> **Aufgabe:**
> Bezieht sich der kursiv gesetzte Textteil auf die Sach- oder auf die Beziehungsebene?

Aufbau des Herzens

In einer alten orientalischen Geschichte wird erzählt, dass ein Meister seinen Schülern immer sagte, die Herzen der Menschen zu erreichen sei das Wesentliche im Leben. Er erklärte den Aufbau des Herzens so: „Das Herz des Menschen besteht aus drei Teilen: Ein Teil gleicht einem Berg, den nichts bewegen kann. Ein Teil gleicht einem Baum, der fest verwurzelt ist und dessen Krone ab und zu der Wind bewegt. Und ein Teil gleicht einer Feder, die sich vom Wind in jede Richtung treiben lässt. Gib dem Herzen etwas für den festen Bestand, etwas, was es sanft bewegt, und etwas, was der Windrichtung folgen kann."

Lernen ist wie Rudern gegen den Strom: sobald man aufhört, treibt man zurück.
Benjamin Britten

Zusammenfassung PIK-ASS

Immer wenn ...

Beim Erleben von Situationen entscheidet unsere persönliche Sichtweise. Manchmal blenden wir im wahrsten Sinne des Wortes aus, was uns persönlich nicht wichtig ist.

Ohne einen Wechsel der persönlichen Perspektive wird sich wenig ändern.

Mittendrin – im Fahrwasser

Hektik kann sich immer mehr verstärken und außer Kontrolle geraten – es sei denn, Sie greifen energisch ein.

Hektik ist ein Muster, ein Fahrwasser, in das man leicht geraten kann, wenn man von seinem Naturell dazu neigt.

Von Mustern sprechen wir dann, wenn ein Verhalten automatisch abläuft. Das ist nützlich, um Routinetätigkeiten schnell und zügig durchführen zu können.

Die (negative) Kehrseite ist, dass Muster Sie auch unflexibel machen können.

Weiß schon alles

Es gibt Menschen, denen es sehr wichtig ist, dass die anderen wissen, wie klug sie sind und dass man ihnen nichts vormachen kann.

Ein Mensch, der nicht genug Anerkennung bekommen hat, neigt dazu, sie sich zu holen – zum Beispiel durch Besser-Wisserei.

Wie kann ich mich von meinen eigenen störenden Gefühlen und Impulsen lösen? Wie werde ich den Kundenerwartungen gerecht?

Was Sie brauchen, ist für einen kurzen Moment Abstand. Stellen Sie sich vor, Sie könnten die ganze Szene wie mit dem Kameraobjektiv von der Zimmerecke oben rechts betrachten. Sie können aus dieser Perspektive alles gut überblicken, weil Sie Abstand haben, auch von Ihren Widerständen.

Sie sind bestens informiert

Sie müssen im Verkauf vielen Anforderungen gerecht werden.
Sie sind für manche Menschen fast ein „Seelendoktor".

Den Namen können Sie immer nutzen, um jemanden in seinem Redefluss zu unterbrechen.

Bei Vielrednern, deren Redefluss Sie unterbrechen wollen, gilt die Regel: Einhalt gebieten, energisch, aber freundlich Einhalt gebieten.

Hier sind Sie wieder gefragt!

Wählen Sie aus dieser Lektion die drei Anregungen aus, die für Sie persönlich die wichtigsten sind. Schreiben Sie kurz auf, was genau Ihnen daran gefällt und wie Sie die drei Anregungen für sich nutzen können.

Der kluge Meister

Zu einem über die Grenzen des Landes hinaus bekannten Meister im Ringkampf kam dereinst ein Schüler. Jahrelang übte er ausdauernd mit größtem Eifer nach den Anweisungen seines Lehrers. Eines Tages fragte er: „Meister, gibt es irgendetwas, was du mir noch beibringen könntest?" „Du hast alles gelernt, was ich dich hätte lehren können", sprach der Meister. Diese Worte machten den jungen Kämpfer stolz, er zog hinaus und verkündete, er sei der beste und könne sogar seinen berühmten Meister im Ring besiegen. Tausende kamen zu dem Kampf. Lange Zeit war der Kampf ausgewogen, mal war der eine, mal der andere besser. Plötzlich schulterte der Meister mit einem Griff seinen Schüler und hatte den Sieg in der Tasche. „Das verstehe ich nicht", keuchte der Besiegte, „ich habe doch alles von dir gelernt, wie kommt es, dass du mich mit einem Griff überwältigst, den ich nicht kenne?" Darauf der Meister: „Du hast ja Recht, junger Freund. Alle Griffe habe ich dich gelehrt, bis auf einen, den habe ich mir für den heutigen Tag aufbewahrt."

Vielleicht hätte der Meister aber auch so antworten können:
„Du hast ja Recht, junger Freund. Aber auch ich lerne noch dazu und habe mein Können in der Zwischenzeit um diesen Griff erweitert."

6 PIK-KÖNIG
– Was sich Ihr Kunde wünscht

Gewusst wie, wann, wofür ...

Kunden erwarten Nutzen.

1. Die Kundenwünsche verändern sich ständig

Noch nie zuvor waren Sie gefordert, so eingehend über den Kunden Bescheid zu wissen. Seine Erwartungen und Kaufwünsche ändern sich schnell, oftmals viel schneller als die Produkte. Seine Treue ist schwer zu gewinnen und leicht zu verlieren. Und nicht nur, dass er sich schon im Januar Frühlingsgefühle und bunte Primelchen wünscht, nein, „neue" Wünsche wie Schneerosen und Minihortensien „blühen" gleichzeitig mit den alten Erwartungen auf.

2. Ein Auto auf den Leib geschneidert

In einem Buch über Automobilentwicklung wird erzählt, wie ein japanischer Hersteller sich auf ein neues Produkt für eine spezielle Zielgruppe vorbereitet hat. Die Leute im Entwicklungsteam planten nicht nur alle Schritte vom Reißbrett bis zum Ausstellungsraum, sondern lebten im wahrsten Sinne des Wortes eine Zeitlang mit den Menschen, für die das Auto genau passen sollte. Ein halbes Jahr lang gingen sie mit den typischen Kunden essen, Ski fahren, zur Arbeit, ins Kino, in die Disco. Zum Schluss wussten sie ganz genau, was die typischen Vertreter der Zielgruppe haben wollten und welchen Nutzen sie sich von einem Auto versprachen – genau so sollte das neue Auto sein. Es wurde ein voller Erfolg.

3. Nutzenerwartungen der Kunden

Wer gewinnen will, denke an den Vorteil anderer.
Hans Hass

Viele Nutzenerwartungen sind dem Kunden bewusst und bei ihm konkret vorhanden. Manche kennt er nur unterschwellig, wenn er nach einer Ware oder einer Dienstleistung Ausschau hält. Ob bewusst oder unterschwellig vorhanden, der persönliche Nutzen ist es, der einen Kunden interessiert und zum Kauf veranlasst. Das muss kein rein sachlicher Nutzen wie Zeitersparnis oder Ähnliches sein, sondern es kann auch um Anerkennung, Abenteuer, Unterhaltung oder Ähnliches gehen. Das ist emotionaler Nutzen, der die Gefühle besonders anspricht.

Das bedeutet, dass im Verkaufsgespräch der persönliche Nutzen für den Kunden das Wichtigste ist.

Alles, was Sie über die Erwartungen des Kunden wissen müssen, teilt er Ihnen mit – vorausgesetzt, Sie interessieren sich dafür und fragen ihn danach.

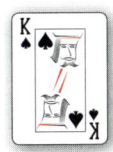

Wenn Sie mögen, nehmen Sie mal ein altes Klassenfoto zur Hand. Wen sucht Ihr Auge zuerst? Sie selbst – und dann erst die anderen! So handelt auch Ihr Kunde (und Sie selbst, wenn Sie in der Kundenrolle sind). Nicht zuletzt deshalb kommt es darauf an, die Leistungen Ihrer Waren in die Nutzensprache Ihres Kunden zu übersetzen.

> **Aufgabe:**
> Erster Schritt: Welche Merkmale haben die Waren, die Sie in Ihrer Abteilung verkaufen?
> Zweiter Schritt: Welcher Nutzen ergibt sich daraus für den Kunden?

4. Nutzenargumente für Serviceleistungen

Wenn Sie so verfahren, können Sie jeder warenbezogenen Leistung einen Nutzen für den Kunden gegenüberstellen. Mag sein, dass Ihnen das auf Anhieb gar nicht so leicht fällt, aber die Mühe lohnt sich. Sie nehmen damit einen Wechsel zur Kundenperspektive vor und nach einigen „Trockenübungen" geht es ganz leicht. Dasselbe Prinzip können Sie auch für die Serviceleistungen Ihres Hauses anwenden: Es macht sehr viel Sinn, intensiv über den Kundennutzen nachzudenken. In Teil 3 werden wir darauf intensiver eingehen.

> **Aufgabe:**
> Welche Serviceleistungen gibt es a) in Ihrer Filiale b) in Ihrer Abteilung?
> Übersetzen Sie sie in die Nutzensprache Ihres Kunden.
> Fragen Sie sich jeweils: Und was hat der Kunde davon? Z. B. Verpackungsservice (erspart dem Kunden Zeit und Mühe), Zustelldienst (erspart dem Kunden die Schlepperei) usw.

5. Wenn man so darüber nachdenkt …

sind die Zeiten, in denen die Vorteile der Waren so offensichtlich und bedeutsam waren, dass ein guter Verkäufer sie nur richtig herausstellen musste, endgültig vorbei. Das meiste bekommt man woanders in gleicher oder ähnlicher Form. Firmenimage, Serviceleistungen, Sympathieträger im Verkauf, um nur einige zu nennen, wirken wie „Verstärker". Dadurch ist Ihr Leben als Verkäufer und Berater viel interessanter und anspruchsvoller geworden. Heutzutage brauchen Sie neben den Warenkenntnissen auch bis in die Psychologie und Gesprächsführung hineinreichendes Wissen. Dieses Wissen erwerben Sie durch Fachbücher, Fortbildung oder auch durch ein Lernprogramm wie dieses hier. Wenn Sie dieses theoretische Wissen in der Praxis prüfen und anwenden, wird es lebendig und nützt Ihnen und Ihren Kunden.

Aufgabe:

Wenn Sie mögen, finden Sie eine Gelegenheit, um mit einem Kollegen oder Partner Verkaufsgespräche zu trainieren. Lassen Sie denjenigen, der in der Kundenrolle ist, immer wieder bei den unterschiedlichsten Angeboten fragen: „Und was habe ich davon?"

Das Ende des Brotes

Nach fünfzig gemeinsamen Ehejahren feierte das alte Ehepaar. Beim gemeinsamen Frühstück dachte die Frau: „Seit so vielen Jahren nehme ich immer auf meinen Mann Rücksicht und gebe ihm immer das knusprige Ende des Brotes. Was habe ich davon? Heute will ich mir endlich selbst diese Delikatesse gönnen." Sie schnitt das frische Brot und gab ihrem Mann entgegen seiner Erwartung eine Scheibe, die nur an ihrem Rand von der knusprigen Kruste umgeben war. Der reagierte zu ihrer Überraschung hocherfreut, küsste sie zärtlich und sagte: „Mein Liebling, du bereitest mir die größte Freude des Tages. Über 50 Jahre habe ich das Ende des Brotes gegessen, weil ich dachte, du magst es nicht. Und jetzt hast du erraten, dass ich viel lieber die Scheiben esse. Dafür danke ich dir!"

Überschätze nicht, was du hast, sondern habe, was der Kunde schätzt.

Unser Kunde – ein „echter Typ"!

Kundentypen kennen hilft, Verhalten zu verstehen.

1. Die „Neu-Zeit" im Einkaufsverhalten

In letzter Zeit haben Ihre Kunden das Einkaufsverhalten stark verändert. Einkaufen ist im zunehmenden Maße auch Freizeitbeschäftigung. Die Ansprüche der Kunden steigen und die „Vorlieben" der Kunden wechseln schnell. Vielleicht haben Sie, vor allem wenn Sie zu den „alten Hasen" im Verkauf gehören, darüber schon mal mit Kollegen gesprochen und sich gemeinsam gefragt, womit das wohl zu tun haben könnte, dass vieles ganz anders als „früher" ist. Die Kunden wollen vor allem keinesfalls bedrängt oder grob beeinflusst werden. Der Wunsch, Entscheidungen unabhängig und frei treffen zu können, ist vorrangig.

Kunden wollen mit guten Gefühlen wieder nach Hause gehen, auch wenn sie nichts gekauft haben. Das ist in einem großen Kaufhaus viel leichter möglich als in einem Spezialgeschäft. Das birgt die Chance, auch mit diesem guten Gefühl wiederkommen (wieder und wieder kommen) zu können.

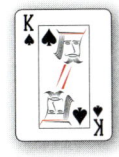

Aufgabe:
Hier möchten wir ein Gespräch zwischen erfahrenen Verkäufern und solchen, die noch nicht so lange dabei sind, anregen.
Thema: Was ist Ihrer persönlichen Erfahrung nach im Verhalten der Kunden anders geworden? Sprechen Sie mit entsprechenden Kollegen!

2. Gleiches Recht für alle – Gleicher Nutzen für alle?

Nicht alle Kunden suchen den gleichen Nutzen. Sie sprechen, im übertragenen Sinne ausgedrückt, jeweils unterschiedliche Sprachen. Diese Nutzensprachen sind abhängig von den spezifischen Kundeninteressen. Es gibt z. B. den sachlich/technisch-orientierten oder den preisorientierten Kunden. Andere stellen Status und Ansehen, Qualität oder bestimmte Marken in den Vordergrund. So unterschiedlich die Nutzensprachen auch sind, sie sind zum Glück alle verständlich, wenn Sie aufmerksam zuhören, denn sie ähneln sich. Es sind keine richtigen „Fremdsprachen", sondern nur „Dialekte".
Es ist uns als Kunde angenehm, wenn unsere Nutzenerwartungen gut verstanden werden. Sie als Verkäufer können dies im Verkaufsgespräch nutzen.

3. Die Welt ist bunt: Grüne, blaue, rote Kunden

Verkaufspsychologen versuchen, Ordnung in den Kunden-Typen-Wirrwarr zu bringen. Eine grobe Orientierung bietet die Einteilung nach 3 „Typen", dem grünen, blauen, roten Kundentyp.
Danach ergeben sich die folgenden Unterscheidungen, die jedoch nicht der Weisheit letzter Schluss sind. Manche Kunden haben von jedem etwas, machen größere Anschaffungen nach dem „grünen Modell", bei Kleidung sind sie eher „rot" und bei technischen Geräten neigen sie zum „blauen Typ".

Die „grünen Kunden" brauchen Zeit bei Kaufentscheidungen und kommen häufig auf Empfehlung. Sie schätzen Erfahrungen und Referenzen und sind skeptisch gegenüber Neuem und Unerprobtem. Sie suchen den Verkäuferkontakt erst, wenn sie bereits in etwa eine Vorentscheidung getroffen haben. Sie sind meist treue Kunden und kommen aus Tradition immer wieder. Sie können als Verkäufer dem „grünen Kunden" einen Gefallen tun, wenn Sie ihm zur Kaufentscheidung einen kleinen „Schubs" geben nach dem Motto: „Gönnen Sie es sich ruhig, Sie werden viel Freude daran haben." „Grüne Kunden" suchen als Nutzen vor allem Bestätigung von anderen, um die Sicherheit einer guten Entscheidung zu erhöhen.

Wir sind alle Blätter an einem Baum. Keines gleicht dem anderen. Doch alle sind wichtig für das Ganze.

Die „blauen Kunden" interessieren sich für Einzelheiten, Anleitungen und detaillierte Prospekte. Sie verlangen Beweise, Referenzen, Testergebnisse. Für diesen Typ ist sachliche Klarheit vorrangig vor persönlichem Kontakt und er hat eine Neigung zu scharfen, auch ironischen Formulierungen. Sie schätzen Perfektion, auch Details müssen stimmen. Diese Kunden sind vor allem interessiert an neuen Ideen und Entwicklungen. Sie wollen sich einen Kaufentscheid kurz vorher nochmal überlegen. Bleiben Sie zu den „blauen Kunden" auf Distanz (auch körperlich) und sehr sachlich und zurückhaltend. Sprechen Sie vor diesen Kunden ruhig auch eventuelle Kaufrisiken an. Den Nutzen findet der „blaue Kunde" im Abwägen der sachlichen, überprüfbaren Beweise. Sie sollten ihm genügend Spielraum für die Kaufentscheidung lassen.

Die „roten Kunden" wollen sofort einen groben Überblick („Was kostet das Ganze?"), suchen das Neueste und Beste und praktische Hinweise. Sie entscheiden sich gerne spontan, wollen etwas sofort besitzen und ändern ihre Entscheidung auch gerne mal. Besonders attraktiv finden sie es, zu den Ersten zu gehören, die „so etwas" haben, denn sie lieben Neuheiten und Statussymbole sind ihnen wichtig. Sie mögen, was nach außen auffällt, und probieren es gerne spielerisch aus. Einen „roten Kunden" sollten Sie nicht mit Einzelheiten langweilen. Zeigen Sie keine „Pläne", sondern machen Sie greifbare und handfeste Vorschläge. In der Abschlussphase können Sie ihn konkret nach der Kaufabsicht fragen. Wenn er es sich überlegt, kauft er häufig gar nicht, weil er den Nutzen in der günstigen momentanen Gelegenheit sieht.

Aufgabe:
Ordnen Sie bei der folgenden Liste das Verhalten den jeweiligen Kundentypen (s. o.) zu.
- Der Kunde wünscht als Erstes den Gesamtpreis der Stereoanlage zu wissen.
- Die Kundin fragt nach der „Stiftung-Warentest-Einstufung" für den Staubsauger.
- Der Kunde sagt, dass sein Freund Herr Meier auch immer bei Ihnen kauft.
- Die Kundin möchte den Prospekt erst mal in Ruhe zuhause anschauen.
- Der Kunde will wissen, ob das Gerät sofort lieferbar ist.
- Der Kunde will wissen, ob Sie mit der Creme persönliche Erfahrungen haben.
Bitte setzen Sie die Liste um einige eigene Beispiele fort!

Lebertran

Ein Mann begann, seinem Hund große Mengen Lebertran zu ge-
ben, weil man ihm gesagt hatte, das Zeug sei gut für Hunde. Je-
den Tag pflegte er den Kopf des widerstrebenden Tieres zwischen
seinen Knien festzuhalten, seine Schnauze gewaltsam zu öffnen und ihm die
Flüssigkeit mit einem Löffel einzuflößen.

Eines Tages riss sich der Hund los. Zum größten Erstaunen seines Herrn be-
gann er jedoch, den Löffel abzulecken. So kam der Mann darauf, dass der
Hund nichts gegen den Lebertran hatte, sondern nur gegen die Art der Verab-
reichung.

Gute Verkäufer wissen,
dass sie nicht alles
wissen: sie lassen
den Kunden wissen,
dass er etwas weiß.

Meine Welt – deine Welt – unsere Welt

Auflösung eines Sprachrätsels: Die Landkarte ist nicht das Gebiet!

„*Paul, ich sehe das überhaupt nicht ein. Wenn mir eines den Blick auf einen*
schönen Urlaub trübt, dann die Aussicht, zwei Wochen am Strand zu liegen
und nichts als Wasser vor mir zu sehen." „*Gut, Paula. Nur, ich habe das Gefühl,*
dass es nicht das ist, was dich wirklich bedrückt. Kann es sein, dass du dich
deshalb unter Druck fühlst, weil wir die Entscheidung jetzt, in den nächsten
Stunden treffen sollen? Glaub mir, das kann ich gut nachempfinden und ich
habe längst begriffen, dass wir da einen Ausweg finden müssen und du noch
Zeit brauchst, um dir auch von den anderen Freizeitmöglichkeiten auf Kreta
einen Überblick zu verschaffen."

„*Paul, mir fällt ein Stein vom Herzen. Jetzt sieht die Welt schon wieder anders*
aus. Die Vorstellung, mir das noch zwei Tage überlegen zu können, erleichtert
mich sehr. Dann sehe ich wirklich klarer, ob ich in diesem Jahr Urlaub auf ei-
ner griechischen Insel machen will, anstatt mich beim Wandern in den Bergen
zu erholen."

1. Landkarten

Paul und Paula haben zunächst in diesem Gespräch zwei unterschiedliche
Arten der Sprache gewählt. Im Laufe des Kapitels werden Sie diese Un-
terschiede erkennen können. Der amerikanische Sprachforscher Alfred
Korzybski hat in den 40er Jahren des letzten Jahrhunderts schon treffend
festgestellt: „Sprache ist wie eine Landkarte, aber nie das Gelände selbst!".
Was hat er damit gemeint?

▮ Im Gespräch können Sie nie 100 Prozent einer Botschaft rüberbringen.

▮ Was Sie mit Worten zum Ausdruck bringen, beschreibt immer nur Ihre
persönliche Sichtweise.

Damit ist es nur ein Teil dessen, was wir im Allgemeinen „Wirklichkeit" nennen. Jeder von uns wählt eine bestimmte Art, sich mit Worten auszudrücken. Wir entwickeln im Laufe unseres Lebens so etwas wie eine persönliche Vorliebe. Wenn wir Glück haben, ist das die gleiche Vorliebe, die auch unser Gesprächspartner bevorzugt. Hat er eine andere Vorliebe, wird es schon schwieriger mit der Verständigung. Wie mit unterschiedlichen Landkarten. Hat einer eine Wanderkarte, auf der jeder Feldweg eingezeichnet ist, der andere eine Autokarte mit ganz anderem Maßstab, ist die Verständigung über den Standort nicht unmöglich, aber viel schwieriger.

2. Persönliche Vorlieben beim Erinnern und Sprechen

Kluge Köpfe haben vor etlichen Jahren etwas Interessantes herausgefunden, was Sie jetzt im Gespräch von Paul und Paula wiederfinden und jederzeit in Ihren eigenen Gesprächen überprüfen können: **Die persönliche Vorliebe bezieht sich darauf, mit welchem Sinnesorgan wir die uns umgebende Welt am liebsten wahrnehmen.** Sehen wir uns am liebsten etwas an oder verlassen wir uns meistens auf unser „Gefühl?" An was erinnern wir uns zuerst, wenn wir einen bestimmten Raum beschreiben: wie es darin aussieht, oder welche Empfindung wir in dem Raum haben? Gibt es in unserer Erinnerung vielleicht Klänge, die wir in dem Raum hörten, oder einen bestimmten Geruch, der uns als Erstes in den Sinn kommt?

Beim „Erinnern" haben wir Gewohnheiten und Vorlieben entwickelt. Und das kommt dann auch in unserer Sprache zum Ausdruck. Das heißt, der Augen-Mensch verwendet oft *Begriffe des Sehens* (sieht gut/schlecht aus, Perspektive, Augenblick, Übersicht usw.), der Gefühls-Mensch spricht hauptsächlich *in Begriffen des Fühlens* (gutes/schlechtes Gefühl haben, spüren, empfinden, begreifen usw.), der Hör-Mensch *in Wortes des Hörens* (klingt gut, muss da noch mal in mich hineinhorchen).

Aufgabe:
a) Finden Sie in dem obigen Gespräch zwischen Paul und Paula heraus, wer von den beiden der Augen-Mensch, wer der Gefühls-Mensch ist.
b) Welche Begriffe verwendet der Augen-Mensch?
c) Welche Begriffe verwendet der Gefühls-Mensch?

3. Klassen-Foto-Prinzip – bitte anwenden

Der spannendste Mensch für Sie sind Sie selbst, das haben Sie am Klassen-Foto-Test bemerkt. Haben Sie schon herausgefunden, zu welcher Sorte Sie selbst gehören? Sind Sie ein Augen-Mensch oder eher ein Gefühls-Mensch? Oder eher ein Ohren-Mensch? Da Sie zum Glück hoffentlich alle mit Augen und Ohren, Gefühlen und den übrigen Sinnen ausgestattet sind, verwenden Sie natürlich auch alle Sinne, d. h., Sie beschränken sich nicht auf Begriffe des Hörens oder Sehens, sondern haben lediglich bestimmte Vorlieben.

Aufgabe:

Bitte beschreiben Sie jemandem Ihren schönsten Urlaub. Bitten Sie ihn, darauf zu achten, ob Sie hauptsächlich Begriffe des Sehens, Fühlens oder Hörens verwendet haben.

(Das ist am Anfang nicht ganz einfach, vielleicht hilft es Ihnen, es vorher aufzuschreiben, dann können Sie es sich nachher zusammen ansehen und mit der „mündlichen Überlieferung" vergleichen.)

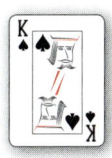

4. Ähnliche Vorlieben

Wenn es uns gelingt, die sprachliche Vorliebe eines Menschen zu erkennen, können wir leichter Zugang zu ihm finden. Es gibt auch im Gespräch zwischen Paul und Paula einen Satzteil, in dem sich Paul sprachlich auf Paulas bevorzugten Sinneskanal einstellt.

Wenn Sie diese Übereinstimmung im Kundengespräch signalisieren, erkennt der Kunde es unbewusst als „Ähnlichkeit". Ähnlichkeit ist etwas Vertrautes und schafft Vertrauen und damit gefühlsmäßige Nähe. Haben Sie herausgehört, dass jemand ein Augen-Mensch ist, zeigen Sie ihm etwas. Ist jemand ein Fühl-Mensch, geben Sie ihm Gelegenheit, etwas anzufassen, zu begreifen.

Ein guter Redner ist ein Mensch, der bewirkt, dass die Menschen mit den Ohren sehen können.
Arabisches Sprichwort

Der Elefant im Dunkeln

In einem kleinen Bergdorf war angekündigt, dass bald ein Elefant zu besichtigen sein würde. Als er ankam, war es tiefe Nacht. Doch das ganze Dorf war in Windeseile auf den Beinen und wollte das Tier sehen. Unglücklicherweise gab es in dem Raum, in dem das Tier untergebracht war, weder Licht noch ein Fenster, durch das der Mond hätte scheinen können. So versuchten die Menschen, seine Gestalt durch Tasten zu erfassen.

Da das Tier so groß war, konnte jeder nur einen Teil ergreifen und nach seinem Tasten beschreiben. Einer erklärte, dass der Elefant wie eine starke Säule sei, er hatte ein Bein erwischt. Der andere sagte, er sei ein spitz zulaufendes Tier, weil er einen der Stoßzähne ertastet hatte. Der dritte, der das Ohr des Tier erwischt hatte, meint, er sei einem Fächer nicht unähnlich. Der vierte war überzeugt, dass er wie eine dicke Schlange sei, weil er den Rüssel ertastet hatte.

„Federn" lassen

Vom Umgang mit der unterschiedlichen Bedeutung gleicher Worte.

1. Blick zurück: Meine Welt – deine Welt – unsere Welt

Wie unterschiedlich die Vorlieben der Menschen sind, sich sprachlich auszudrücken, haben Sie im vorigen Kapitel und vielleicht auch schon praktisch nachvollzogen. Wenn das nur die einzige Quelle des „Missverstehens" wäre! Egal, welchen Sinneskanal Sie bevorzugen, es gibt noch mehr Verständnis-Fallen. Die, von der hier die Rede sein wird, ist die „Interpretations-Falle."

2. Federn und Federn

Zum Beispiel: Ein Kunde fragt: „Haben Sie auch Federn?" Da er sich mit Ihnen in der Schreibwaren-Abteilung befindet und gerade einen Tintenfüller gekauft hat, gehen Sie davon aus, dass er Federn für Tintenfüller meint. Ganz anders könnte der Fall liegen, wenn er zu Ihnen kommt, ohne dass wir das Thema „Tintenfüller" bereits eingegrenzt haben, und die gleiche Frage stellt. Stellen Sie sich vor, sie antworten eifrig: „Selbstverständlich, ich zeige sie Ihnen gerne!" und zeigen ihm stolz ihre Tintenfüller-Federn-Kollektion. Der Kunde schaut verständnislos darauf, dann zu Ihnen und schüttelt den Kopf. „Nein, ich meine die bunten Federn, mit denen man Geschenke dekorieren kann." Wie reagiert Ihr Verstand? Im Augenblick der Frage des Kunden hat Ihr Verstand aus dem Bild-Archiv blitzschnell die Tintenfüller-Federn gezeigt und Sie haben „normal" interpretiert, dass diese gemeint sind. Schon sind Sie in eine „Interpretations-Falle" geraten.

Aufgabe:

Bitte decken Sie für die Aufgabe den nachfolgenden Text unter dem Aufgabenkasten ab: Wie hätten Sie in dem Beispiel „Federn" besser reagiert?

Wir lesen wieder einmal Ihre Lösungsgedanken. Vielleicht haben Sie geschrieben: „Welche Federn genau meinen Sie?" oder „Meinen Sie Schreibfedern?" oder so ähnlich.

3. Zauberworte „was genau" – „wie genau"

In dem ersten Lösungsvorschlag zu Ihrer Aufgabe taucht das wichtige Wörtchen „genau" auf. Wir meinen nicht das bestätigende „genau" nach einer Behauptung Ihres Gesprächspartners, die Sie teilen: „Heute ist bei uns der Teufel los!" „Genau!"

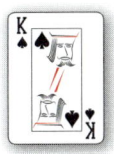

Nein, genau das nicht. Sondern das „Rückfrage-Genau", wie oben im Satz: „Welche Federn genau meinen Sie?" Sie können es auch noch mit „was" und „wie" kombinieren und haben sich damit noch mehr sprachliche Möglichkeiten erschlossen. Denn nicht nur Begriffe für Dinge und Produkte können missverstanden werden. Wenn ein Kunde zu Ihnen sagt, nachdem Sie schon reichlich Krawatten-Hemden-Kombinationen mit ihm gemeinsam begutachtet haben: „Das ist immer noch nicht das, was ich mir vorstelle." Dann erschließt Ihre Rückfrage: „Was genau stellen Sie sich denn vor?" die Gedankenwelt des Kunden. Oder: „Wie genau ist Ihre Vorstellung?" Sie wissen aus eigener Erfahrung, wie wichtig dieser Schlüssel zu den Kundenwünschen ist, um zufriedene, ja begeisterte Kunden zu gewinnen.

Wahrheit ist der Name, den wir unseren wechselnden Irrtümern geben.

Aufgabe:
Bitte stellen Sie einige typische Kundenfragen nach gesuchten Artikeln zusammen und verwenden Sie das „Rückfrage-Genau". Wenn Sie mögen, tun Sie es zu zweit.

4. Schutz vor der Interpretations-Falle

Damit haben Sie den Schutz vor der Interpretations-Falle. Sie schlagen zwei Fliegen mit einer Klappe. Die erste ist oben beschrieben, der Schutz vor Missverständnissen. Der zweite Vorteil ist schon angedeutet. Je genauer Sie wissen, was der Kunde denkt, sich wünscht, sich vorstellt, desto besser können Sie seine Wünsche erfüllen. Das kleine „wie genau", „was genau" verschafft Ihnen diese Informationen, ohne komplizierte Gesprächs- und Fragetechniken. Alles, was Sie brauchen, ist ein wenig Übung. Und da es in jedem Gespräch nützlich ist, möglichst „genau" Bescheid zu wissen, können Sie es jederzeit üben.

Aufgabe:
Bei welchen konkreten Gelegenheiten in den nächsten drei Tagen können Sie das „Rückfrage-Genau" üben?

5. Ein berechtigter Einwand

aus der Sicht Ihres Kunden könnte sein, dass er diese Frageform nicht gewohnt ist und sie eher als „Ausfragen" interpretiert. Auch hier haben Sie es ganz einfach: Bieten Sie dem Kunden einen Nutzen an! Zum Beispiel könnten Sie die Frage einleiten mit der Bemerkung: „Um Ihnen das Richtige zeigen zu können, wofür genau möchten Sie das Gerät einsetzen?"

Zwei Schwestern lieben Musik

An einem Sommerabend in einem kleinen Dorf im mittleren Westen Amerikas, da, wo die meisten Menschen glauben, dass die Welt noch in Ordnung ist, saßen zwei ältere Schwestern in ihren Schaukelstühlen auf der Veranda ihres Hauses. Während sie gemütlich schaukelten, lauschte die eine Schwester dem Chor, der in der nahen Kirche übte. Der Chor sang eines ihrer Lieblingslieder. Sie blickte in die Richtung der Kirche, sah, wie das Licht durch die bunten Glasfenster schimmerte und sagte zu ihrer Schwester: „Ist das nicht die schönste Musik, die es gibt?"

Ihre Schwester, die rechts neben ihr saß, schaute schon eine ganze Weile auf die Felder an der Seite des Hauses und horchte den Grillen, die in der Dämmerung zirpten. Selig lächelnd schaukelte sie weiter hin und her und antwortete verträumt: „Ja, das ist wirklich eine herrliche Musik. Man glaubt kaum, dass sie das machen, indem sie die Hinterbeine aneinander reiben."

Lehne es nicht ab, das Negative zur Kenntnis zu nehmen. Weigere dich lediglich, dich ihm zu unterwerfen.

Zusammenfassung PIK-KÖNIG

Gewusst wie, wann, wofür?

Noch nie zuvor waren Sie gefordert, so eingehend über den Kunden Bescheid zu wissen. Seine Erwartungen und Kaufwünsche ändern sich schnell, oftmals viel schneller als die Produkte.

Viele Nutzenerwartungen sind dem Kunden bewusst und bei ihm konkret vorhanden. Manche kennt er nur unterschwellig.

Das bedeutet, dass im Verkaufsgespräch der persönliche Nutzen für den Kunden das Wichtigste ist.

Heutzutage brauchen Sie neben der Warenkenntnis auch bis in die Psychologie und Gesprächsführung hineinreichendes Wissen. Dieses Wissen erwerben Sie durch Fachbücher, Fortbildung oder auch durch ein Lernprogramm wie dieses hier.

Unser Kunde – ein „echter Typ"!

Die Kunden wollen vor allem keinesfalls bedrängt oder grob beeinflusst werden. Der Wunsch, Entscheidungen unabhängig und frei treffen zu wollen, ist vorrangig.

Nicht alle Kunden suchen den gleichen Nutzen. Sie sprechen, im übertragenen Sinne, jeweils unterschiedliche Sprachen.

Eine grobe Orientierung bietet die Einteilung nach 3 „Typen", dem grünen, blauen, roten Kundentyp.

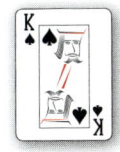

Meine Welt – deine Welt – unsere Welt

Im Gespräch können Sie nie hundert Prozent einer Botschaft rüberbringen.

Was Sie mit Worten zum Ausdruck bringen, beschreibt immer nur Ihre persönliche Sichtweise (anders ausgedrückt: Ihre persönliche Landkarte).

Die persönliche Vorliebe bezieht sich darauf, mit welchem Sinnesorgan wir die uns umgebende Welt am liebsten wahrnehmen.

Der Augen-Mensch verwendet vorwiegend Begriffe des Sehens, der Gefühls-Mensch spricht hauptsächlich in Begriffen des Fühlens, der Hör-Mensch in Worten des Hörens.

Wenn es uns gelingt, die Landkarte eines Menschen zu erkennen, können wir leichter Zugang zu ihm finden.

„Federn" lassen?

Je genauer Sie wissen, was der Kunde denkt, sich wünscht, sich vorstellt, desto besser können Sie seine Wünsche erfüllen. Das kleine „wie genau", „was genau" verschafft Ihnen diese Informationen, ohne komplizierte Gesprächs- und Fragetechniken.

Hier sind Sie wieder gefragt!

Wählen Sie aus dieser Lektion die drei Anregungen aus, die für Sie persönlich die wichtigsten sind. Schreiben Sie kurz auf, was genau Ihnen daran gefällt und wie Sie die drei Anregungen für sich nutzen können.

Drei gleiche Figuren

Um seine Berater auf ihre Klugheit und ihren Scharfsinn zu prüfen, hatte ein König dereinst drei goldene Figuren herstellen lassen. Sie hatten das gleiche Aussehen, waren aus dem gleichen Material, gleich schwer – eben eine wie die andere. Dennoch sollten die drei Figuren einen unterschiedlichen Wert haben. Diesen Unterschied galt es herauszufinden. Der König stellte die Aufgabe seinen königlichen Beratern. Die saßen beratend zusammen und gaben nach einer Woche zu, nicht den kleinsten Unterschied herausfinden zu können.

Der König wollte nicht nur die Aufgabe lösen, sondern auch Gerechtigkeit walten lassen. Vor kurzer Zeit hatte er den jüngsten seiner Berater für ein Jahr wegen eines falschen Ratschlages in den Kerker werfen lassen. Sollte er die Lösung finden, sei der Rest seiner Strafe erlassen. So geschah es. Nachdem der junge Wesir seinem Herrscher auf Knien für die Gnade gedankt hatte, sah er sich die Figuren ganz sorgfältig an. Dabei entdeckte er, dass alle drei in einem Ohr ein winziges Loch hatten. Er führte ein Stück Silberdraht hinein. Bei der ersten Figur kam er bis zum Mund, bei der zweiten bis zum Ohr und bei der dritten aus dem Nabel heraus. Nach kurzem Nachdenken sagte er: „Hoheit, ich glaube, des Rätsels Lösung liegt offen wie ein Buch vor uns. So wie jeder Mensch einzigartig ist, ist auch jede der Figuren einzig. Die erste ähnelt einem Menschen, dem man etwas im Vertrauen sagt und der es sofort weitererzählt. Die zweite ähnelt einem Menschen, dem das Gesagte zum einen Ohr hinein und zum anderen hinaus geht. Die dritte gleicht in vielem den Menschen, die etwas, was man ihnen anvertraut, für sich behalten und in ihrem Herzen bewegen. Mein König, nur danach kannst du den Wert bemessen." Der junge Wesir war fortan der engste Berater des Königs und blieb es bis zu seinem ruhmreichen Ende.

7 PIK-DAME
– Positive Signale für Sie und Ihren Kunden

Ich bin's!

Die wahren Schätze, deren Entdeckung sich immer lohnt.

„Paul, stell dir vor, was passiert ist! Zum ersten Mal! Ich bin wohl doch nicht so unscheinbar, dass sich keiner an mich erinnert!" „Aber Paula, das darf doch nicht dein Ernst sein. Wie kommst du nur darauf? Aber jetzt sag mal, was ist denn passiert? Du bist ja auf Wolke sieben!" „Stell dir vor, Paul, eine Kundin hat ausdrücklich nach mir gefragt und wie mir meine Kollegin sagte, ist sie extra noch mal wiedergekommen, nachdem ich meine Pause beendet hatte. Sie wollte von mir bedient werden und hat für ihre Tochter, die demnächst heiratet, die gesamte Bettwäsche bei mir gekauft!" „Paula, meinen herzlichen Glückwunsch! Siehst du, auch andere wissen deinen Charme zu schätzen! Das wird gefeiert, ich lade dich heute abend zu einem Glas Wein ins ‚Pepper' ein, einverstanden?"

1. Was hat Paula „verkauft"?
Die Bettwäsche? Klar, die wurde bezahlt und mitgenommen. Aber das war nicht alles. Was die Kundin ausdrücklich verlangt hat, unabhängig von der Ware, ist Paulas persönliche Beratung und Kaufunterstützung. Die Tatsache, dass sie dabei gezielt nach Paula gefragt hat, spricht dafür, dass Paula etwas Spezielles zu bieten hat. Paul hat es bereits auf den Punkt gebracht – Paula hat Charme.

2. Was verkaufen Sie?
Charme hat tausend Variationen und ist sehr individuell. Auch Sie haben Eigenschaften, die in der Zusammenarbeit auf andere Menschen sehr positiv wirken. Machen Sie es besser als Paula, die bisher offenbar nicht wusste, wie nett sie auf andere Menschen wirkt, und sich sogar für unscheinbar hielt. Die Angewohnheit, sich persönlich schlecht zu bewerten und einzuschätzen, ist viel häufiger zu finden als das Gegenteil, sich selbst zu überschätzen. Bei Umfragen ist einer der meistgenannten Gründe, weshalb jemand im Verkauf arbeitet, der Umgang mit Menschen. Lassen Sie es Ihre Kunden spüren, dass Sie sie mögen! Sie verkaufen zwar Waren, das Firmenimage und Serviceleistungen. Doch das ist nicht alles. Darüber hinaus „verkaufen"

Sie auch sich selbst, Ihre unverwechselbare Persönlichkeit. Legen Sie sie in die Waagschale!

3. Verkaufen kann doch jeder, oder?

Manchmal hört man Meinungen, die „Verkaufen" gering im Wert einstufen. Zum Glück wird man sich mehr und mehr darüber bewusst, wie wichtig gute Verkäufer sind.

„Sie erneuern täglich in tausenden Kundenkontakten das gute Bild unseres Unternehmens und sind daher unsere Botschafter."

So steht es z. B. in der Unternehmensverfassung eines großen Handelskonzerns schwarz auf weiß. Vor allem aber können Sie selbst dazu beitragen, dass die verstaubte Geringschätzung Ihres schönen Berufes endgültig der Vergangenheit angehört.

Seien Sie stolz auf Ihren Beruf und machen Sie Ihre Sache gut!

Nur wenn Sie selbst von Ihrem Wert überzeugt sind, werden Sie andere überzeugen können.

4. Selbstbild – Fremdbild

Man wird nie betrogen, man betrügt sich selbst.
Goethe

Wir tragen ein Bild von unserem eigenen Wert in uns – unser Selbstbild. Im positiven Fall ist es ein angenehmes, wertvolles Bild – wir mögen uns. Diese Überzeugung braucht ab und zu „Nahrung" von außen. Es tut uns gut, wenn auch die anderen Menschen uns mögen und schätzen. Manchmal gibt es große Abweichungen. Zwischen dem, was wir von uns selbst glauben, und dem, wie uns die lieben Mitmenschen sehen, kann ein großer Unterschied liegen. Die Psychologin Vera Birkenbihl beschreibt in einem ihrer Bücher den Fall eines erstklassigen jungen Kochs. Er kochte ausgezeichnet und das Restaurant hatte aufgrund seiner Kunst immer mehr Gäste, die oft zu Stammgästen wurden. Der Koch hatte aber auch einen strengen Vater, der ihn fast nie lobte und immer kritisierte. Deshalb war der Sohn mit sich selbst auch überaus kritisch. Das ließ ihn trotz der begeisterten Gäste nie so richtig froh werden. Seine guten Leistungen und sein Erfolg waren sein „blinder Fleck", er sah ihn nicht und glaubte nicht daran, bis er feststellte, dass seine Unsicherheit nur durch die ständige Kritik des Vaters entstanden war. Er lernte, seine guten Leistungen selbst zu schätzen. Von da an verän-

derte sich sein Leben und er konnte die Anerkennung genießen, die ihm seine Kochkunst einbrachte.

5. Wer beschäftigt sich eigentlich mit „Verkaufen"?

Das ist keineswegs als Scherzfrage gemeint. Die Antwort lautet eindeutig: Jeder! Fast jeder Mensch kommt nahezu täglich in irgendeine Situation, die mit Verkaufen zu tun hat. Vielleicht wird die Situation anders genannt oder nicht als solche erkannt. Im Kern jedoch geht es um Verkauf. Vielleicht haben Sie gerade Ihre Meinung zu einem gepflegten Erscheinungsbild Ihrem Sohn verkauft, der zur Abwechslung mal etwas anzieht, was sauber und ohne Löcher ist. Oder Sie haben Ihren Mann überzeugt, die Zeitung wegzulegen, damit Sie sich mit ihm über das unterhalten können, was Ihnen am Herzen liegt. Oder Ihre Tochter hat Ihnen verkauft, dass Sie ihr am Wochenende das elterliche Auto ausleihen.

Aufgabe:

Stellen Sie sich die Gretchenfrage:

Was hat der Kunde davon, wenn er bei mir einkauft?

(Erinnern Sie sich ruhig an Kundenkontakte, die sehr positiv waren).

Schreiben Sie in die Kästchen eine 1 für: immer, eine 2 für: meistens, eine 3 für: selten

❑ Ich bin fachlich kompetent.

❑ Ich bin immer so gut gelaunt.

❑ Ich komme bei Kunden gut an.

Krähe und Pfau

Im Park des Sultanspalastes ließ sich eine schwarze Krähe auf dem Zweig eines blühenden Baumes nieder. Auf dem Rasen stolzierte ein Pfau. Die Krähe krächzte: „Was ist das denn für ein merkwürdiger Vogel. Wie kann dem auch nur der Aufenthalt im Park gestattet werden, geschweige denn vor aller Augen auf dem Rasen herumstolzieren. Er schreitet so arrogant mit geschwellter Brust wie der Sultan persönlich mit seinen hässlichen Füßen. Und sein Gefieder. Was für ein grässliches Blau! So eine Farbe würde ich nie tragen. Ganz zu schweigen von seinem langen Schweif, den er hinter sich herschleift wie ein müder Fuchs." Der Pfau hatte natürlich alles gehört, schwieg eine Weile und sagte dann sanftmütig lächelnd: „Was du sagst, entspricht nicht der Wahrheit, alles nur Missverständnisse. Du sagst, ich bin arrogant, weil ich meinen Kopf so aufrecht trage, dass meine Brustfedern sich sträuben und ein Doppelkinn meinen Hals verunziert. In Wirklichkeit kenne ich meine Hässlichkeit und will meine faltigen Füße nicht sehen. Du siehst nur meine hässlichen Seiten. Die Menschen denken darüber ganz anders. Was du hässlich nennst, bewundern sie am meisten an mir."

Selbstvertrauen ist die Quelle des Vertrauens zu anderen.

Geheimnis „Begeisterung"

Überlegungen zum Thema „Selbstverpflichtung".

1. Halt – nicht so schnell!

Haben Sie eventuell mit Kollegen das vorige Kapitel über die positive Selbsteinschätzung besprochen? Es könnte sein, dass auch Meinungen auftauchten wie „Der eine hat es, der andere nicht!" oder: „So bin ich nun mal, wer mich so nicht akzeptiert, hat eben Pech!" Bevor Sie diese Urteile für sich festschreiben oder für andere Kollegen unterschreiben, halten Sie einen Moment inne. Leichtsinnigerweise neigen wir zu Schnellschüssen aus der Hüfte, wenn auch nur im entferntesten der Anspruch auftaucht, dass wir uns „verändern" sollen. Es geht bei allen Vorschlägen nicht um Ihren innersten Kern, der ist gut und bleibt unangetastet. *Es geht um neue Möglichkeiten, das Verhaltensspektrum zu erweitern und über gewisse Themen einmal anders nachzudenken. Kampf dem „blinden Fleck"!*

2. Seien Sie Ihr eigener Kunde!

Haben Sie Lust, für einige Momente Ihr eigener Kunde zu sein? Dann fragen Sie sich doch in der folgenden Aufgabe nach dem „Nutzen", den Sie von Ihrem beruflichen Engagement haben.

> **Aufgabe:**
> Bitte nehmen Sie sich ein paar Minuten Zeit und beantworten Sie für sich selbst die folgenden Fragen:
> a. Was habe ich davon, ein guter Verkäufer zu sein?
> b. Was nützt es mir, immer mehr über meinen Beruf zu lernen?

3. Motivation kann beflügeln

Haben Sie auch schon die Erfahrung gemacht, dass Ihnen manche Dinge besonders leicht von der Hand gehen? Vielleicht liegt es daran, dass sie Ihnen Spaß machen. Spaß an etwas zu haben, scheint uns Flügel zu verleihen und alle Müdigkeit vergessen zu lassen. Kennen Sie das Gefühl, am Ende eines langen Arbeitstages todmüde zu sein, plötzlich einen alten Freund zu treffen, und plötzlich ist alle Müdigkeit wie weggeflogen? Wo liegt das Geheimnis? Was motiviert uns? Was ist uns besonders wichtig? Mehr darüber lesen Sie im dritten Teil dieses Lernprogramms.

4. Eine schlechte und eine gute Nachricht ...

Es ist nichts Neues, dass Kunden nur zu begeistern sind, wenn man selber den Funken zum Überspringen liefert – eine Binsenweisheit, aber wahr. Wie versprochen wird Ihnen dieses Thema im dritten Teil präsentiert. Einen

Aspekt können Sie an dieser Stelle schon kennen lernen – das ist die gute Nachricht: Es gibt einen besonderen Schlüssel für die Motivation zu hervorragenden Leistungen. Die schlechte Nachricht ist, dass Sie eben diese Leistung auch selber erbringen müssen. Der Schlüssel ist die „Selbstverpflichtung". Es ist eine Zusammenfassung dessen, was sich dahinter verbirgt: Engagement, Begeisterung, Selbstverantwortung, Entschiedenheit, Erfüllung.

Nur Sie selbst entscheiden, ob Sie sich den genannten Werten verpflichtet fühlen. Wenn das der Fall ist, sind Sie kraftvoll und leistungsstark – fast automatisch.

Das können Sie überprüfen, indem Sie die nachfolgenden Fragen an einem Thema durchgehen, das Ihnen am Herzen liegt, vielleicht an Ihrem Lieblingshobby.

So viel zum theoretischen Hintergrund – der grau wie alle Theorie ist, wenn Sie es nicht auf Ihr praktisches Tun beziehen.

Es ist kein Ding so leicht, dass es nicht schwierig wird, wenn man es ungern tut.
Paulus Terentius

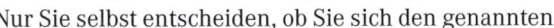

Aufgabe:
a) Ergänzen Sie für sich persönlich, bezogen auf Ihr Lieblingshobby:
b) Ergänzen Sie für sich persönlich, bezogen auf Ihren Beruf:
   1. Wofür engagiere ich mich?
   2. Was begeistert mich daran?
   3. Wofür fühle ich mich selbst verantwortlich?
   4. Wofür trete ich entschieden ein?
   5. Was schenkt mir daran Erfüllung?

5. Fazit: Herausforderung

Jeder einzelne Punkt ist für sich allein schon eine Herausforderung. Erst recht alle zusammen. Es kann sein, dass Ihnen manche Frage leicht vorkommt, andere sind eher mühsam zu beantworten! Bitte bedenken Sie, dass Sie selbst darüber entscheiden, wie weit Sie dabei gehen, ob Sie sich auf das Experiment einlassen. Es besteht darin, auch mal über Fragen nachzudenken, auf die es nicht sofort eine passende Antwort gibt. Und genau das ist auch nicht so wichtig. Lassen Sie sich Zeit. **Eine Selbstverpflichtung muss jeder Mensch mit sich selbst vereinbaren.** Und genau darin liegt die große Herausforderung. Nehmen Sie sie an? An anderer Stelle wurde schon zum Ausdruck gebracht, dass sich positive Ausstrahlung nicht auf Knopfdruck abrufen oder verordnen lässt. Denken Sie an das Kapitel über die Freundlichkeitsmaschine. Der Unterschied zwischen einem „vorgeschriebenen Verhalten" und spontaner, innerer Freundlichkeit und Zuvorkommenheit ist sofort spürbar und liegt in der Ehrlichkeit. Allerdings lässt sich durchaus erlernen, was zu einer positiven Ausstrahlung führt oder sie verstarkt.

Will man Schweres bewältigen, muss man es leicht angehen.

Die Tore schließen?

Einst lebte ein orientalischer König, dessen Weisheit, Klugheit und Reichtum im ganzen Land berühmt war. Eines Tages kam sein Wesir mit missmutigem Gesicht zu ihm: „Hoher Sultan, du bist der Weiseste, Größte und Mächtigste im Land. Doch was musste ich hören, als ich über Land zog? Viele lobten dich, einige deiner Untertanen aber sprachen schlecht über dich. Wie kannst du das zulassen?" Der Sultan lächelte sein berühmtes gütiges Lächeln und sprach: „Wie jedermann in meinem Reich weißt du, dass ich für jeden nur das Beste will. Sieben Länder sind mir untertan. Sieben Länder erlangten unter meiner Herrschaft Wohlstand und Fortschritt. In sieben Ländern liebt man mich wegen meiner Gerechtigkeit. Du hast Recht, ich kann viel. Ich kann die riesigen Tore meiner Stadt verschließen lassen, aber eines kann ich nicht: Ich kann meinen Untertanen nicht den Mund verschließen. Es kommt nicht darauf an, was einige Schlechtes über mich sagen, sondern ob die, die mich preisen, Taten in meinem Sinne folgen lassen."

Geschenk an mich

Lob und Komplimente haben Echo-Wirkung.

1. Geschenke sind etwas Wunderbares!

Machen Sie sich manchmal auch selbst ein Geschenk? So eine kleine Belohnung kann Ihre Stimmung jederzeit verbessern. Die Palette reicht vom Cafébesuch mit einer guten Freundin über die CD, die Ihnen so gut gefällt, bis ... – ach, eigentlich alles, was Ihnen gut tut. Ein kleines, aber feines „Geschenk" an die Kunden kann manchmal auch nicht schaden. Paula hat da so ihre Erfahrungen:

„Paul, weißt du, es ist doch merkwürdig. Manchmal genügen ein paar Worte und die Welt sieht anders aus!" „Was hast du denn nun schon wieder für eine tolle Entdeckung gemacht, liebe Paula? Bist du bei einer Wahrsagerin gewesen, die dir einen Lottogewinn prophezeit hat?" „Aber Paul, die Mühe kann ich mir sparen. Nein, so ganz alltägliche kleine Erlebnisse, wie ich zum Beispiel heute wieder eins hatte. Du weißt ja, manchmal bin ich aushilfsweise bei ‚Schuhe' eingesetzt, nicht gerade meine Lieblingsabteilung. Und heute hatte ich einen sehr netten jungen Mann zu bedienen, der mit seiner Mutter kam, die aus dem Ausland zu Besuch war. Sowas kann ganz schön problematisch werden, aber erstaunlicherweise lief alles bestens. Die beiden gingen ganz locker miteinander um und mir fiel auf, dass die Mutter bewundernd sagte: ‚Toll, wie genau du den Sitz prüfst. Viel eingehender, als ich das beim Schuhkauf tue.' Der Sohn war auch gut drauf und brummte: ‚Hab' ich aber von dir gelernt.' Zum Schluss fuhr es mir ganz spontan raus: ‚Sie haben wohl ein sehr nettes Verhältnis zu-

einander!' Und da sagt doch die Mutter: ‚Danke für das Kompliment. Und Sie haben uns sehr nett bedient.' Ich hab mich so gefreut und von da an hat es mir sogar in der Schuhabteilung angefangen zu gefallen!"

2. Geschenke mit Echo-Wirkung

So ein Echo tut gut. Das ist auch eine Art von Geschenk, das man sich selbst machen kann, nämlich jemand anderem etwas besonders Freundliches zu sagen, denn mit Sicherheit erhält man es zurück, manchmal doppelt und dreifach. So eine angenehme Bestätigung zu mögen ist zwar nicht ganz selbstlos, aber dafür ehrlich. Ein Lob bezieht sich in der Regel auf eine Leistung, ein Kompliment kann oft auch für das äußere Erscheinungsbild oder ein Verhalten angebracht sein.

Von einem guten Kompliment kann ich zwei Monate leben.
Mark Twain

3. Wenn Sie so darüber nachdenken …

Haben Sie schon einmal beobachtet, wie oft Ihnen etwas Positives zum Aussehen eines Kunden oder einer Kollegin durch den Kopf geht, das nie ausgesprochen wird? Häufig haben wir die Empfindung einer gewissen Peinlichkeit dabei und behalten es lieber für uns. Dabei geben die meisten Menschen, wenn man Sie darauf anspricht, zu, dass sie sehr gerne erfahren würden, was andere Menschen über sie denken und von ihnen halten. Was hält uns eigentlich davon ab, ein Lob oder ein Kompliment auszusprechen? Gehört es nicht auch zu den eingefahrenen Gewohnheiten, von denen man sich verabschieden könnte, jedenfalls ab und zu?

4. ODE – an die Freude

So ganz aus dem hohlen Bauch sollte auch ein Lob oder ein Kompliment nicht erfolgen. Ganz unabhängig davon, für wen es bestimmt ist, halten Sie sich bitte an die drei Bedingungen, die in der kleinen Eselsbrücke „ODE" zum Ausdruck kommen:

O wie offen
D wie dosiert
E wie ehrlich

**Wenn ein Lob oder Kompliment übertrieben ist,
geht der Schuss nach hinten los.**

Der Empfänger wird sich wahrscheinlich leicht, aber entschieden an die Stirn tippen, wenn Sie Glück haben, nur in Gedanken. So zum Beispiel, als cin Verkäufer einmal sagte: „Unsere schönste Krawatte für den schönsten Kunden des Tages!" Offen mag diese überzogene Bemerkung ja gewesen

Abwechslung und Überraschung bereichern das Leben.

sein, aber weder dosiert noch ehrlich, so wurde sie jedenfalls nicht vom Kunden empfunden.

5. Wieder eine kleine Prise Psychologie

Wie wirkt ein Lob oder ein Kompliment? Man könnte auch sagen, wie eine kleine Streicheleinheit. Damit rechnen wir unbewusst, wenn wir jemandem einen Gefallen getan haben. Selbst wenn wir es nicht zum Ausdruck bringen, sind wir ein bisschen enttäuscht, wenn sie ausbleibt. Dieses „Hoffen" auf ein Lob oder Dankeschön ist das menschliche Bedürfnis nach Streicheleinheiten, die wir alle mögen und brauchen.

Bekommen wir so eine Streicheleinheit unerwartet, wirkt sie ebenso herzerfrischend wie ein überraschendes kleines Geschenk.

6. Negativ contra Positiv

Es zählt zu den menschlichen Eigenarten, dass wir eher negative Erlebnisse weitergeben als positive Erfahrungen. Sie brauchen ein geschärftes Bewusstsein, um diese Gewohnheit zu Ihrem eigenen Vorteil umzukehren. Bemerken Sie die positiven Dinge und sagen Sie sie weiter, Sie werden umgehend belohnt. Damit schaffen Sie, auch getreu dem Motto 79/21, für sich selbst ein Stück Lebensfreude.

Diesmal eine Aufgabe, die nur in der praktischen Umsetzung Sinn macht:

Aufgabe:
Machen Sie dann, wenn Sie etwas Positives über jemanden denken, Nägel mit Köpfen!
Machen Sie ein Kompliment oder sprechen Sie ein Lob aus.
Wenn Sie mögen, entscheiden Sie, welche drei Personen dafür im Laufe der nächsten Tage am ehesten in Frage kommen.

Die unfreundlichen Lehrer

Ein Meister wurde von einem seiner Schüler gefragt, wie er es schaffe, immer so freundlich und gelassen im Umgang mit anderen Menschen zu sein und für jeden ein gutes Wort zu haben. „Wer hat es dich gelehrt und was muss ich beachten, wenn ich dir nacheifern will?", fragte der Schüler.

„Oh, mich hat nicht ein Lehrer unterrichtet, sondern viele haben mir die Freundlichkeit beigebracht und ich lerne immer noch. Denn meine Lehrer waren die Unhöflichen. Ich habe mir stets gemerkt, was mir am Benehmen anderer Menschen mir gegenüber missfallen hat – und dann habe ich es genau umgekehrt gemacht. So einfach ist das und doch so hilfreich."

Glück ist das Einzige, was mehr wird, wenn wir es teilen.

Batterie aufladen

Vom Umgang mit Energie, einen ganzen Tag lang!

„Paul, kennst du eigentlich den Blick im 5. Stock auf den tollen Kastanienbaum hinter der Mauer?" „Wovon sprichst du? Ich weiß überhaupt nicht, dass man im 5. Stock einen Blick hat, geschweige denn, wohin! Was tust du da – doch wohl nicht aus dem Fenster starren?" Paul ist ganz verdutzt. Was seine Paula alles bemerkt und sieht!

1. Erinnern Sie sich noch?

Sie haben Ihre Kraft-Faust, Ihren Fünf-Stern, bei Gelegenheit ist ein Schluck SAKE angebracht. Was können Sie noch tun, wenn Sie neue Kraft brauchen? Paula hat eine gute Möglichkeit gefunden, weil sie weiß, dass auf dem Weg zum Spind und von da aus zum Personalaufzug der Blick mit dem schönen Baum auf sie wartet.

An dieser Stelle erhalten Sie die Empfehlung, sich auch so eine kleine „Insel" zum Aufladen Ihrer persönlichen Batterie zu suchen. Vielleicht können Sie auf Anhieb sagen, welchen Blick Sie besonders genießen, wenn Sie durchs Haus gehen.

Gönnen Sie sich ganz bewusst ein paar ruhige Atemzüge, ein kurzes Innehalten.

Aufgabe:
Überlegen Sie einmal, was die drei Plätze in Ihrem Haus oder auf dem Weg zu Ihrer Arbeit sein könnten, die sich für Sie eignen, um Ihre persönliche Batterie aufzuladen.

2. Ein stilles Örtchen

... ist nicht immer das, was man sich zum Durchatmen wünscht. Aber ein stilles Eckchen, wo niemand Sie stören kann (warum eigentlich nicht die Toilette?), ist manchmal nützlich. Nämlich immer dann, wenn Sie einen genialen Trick anwenden, um sich selbst im Gute-Laune-Training zu üben: beim Lächeln. Gegen bestimmte Körperreaktionen können wir uns nun mal nicht wehren, z. B. wenn der Arzt bei einem Reaktionstest mit dem Hämmerchen auf Ihr Knie klopft – das Bein schnellt nach vorn, ob Sie wollen oder nicht. Wenn Sie die Mundwinkel 60 Sekunden heben, lösen Sie damit ein Signal an Ihr Gehirn aus: Freude ist angesagt, Freude-Hormone ausschütten.

3. Humor ist ...

... wenn man trotzdem lacht. Wie so oft hat der Volksmund recht. Trotzdem zu lachen heißt, auch dann den Humor zu behalten, wenn einem eigentlich gar nicht danach ist. Das macht vor allem Sinn, wenn Sie sich von dem Stress, der durch Ärger entsteht, befreien wollen. Leider ist nicht immer jemand in der Nähe, der Sie spontan zum Lachen bringt. Wenn es so wäre, würden Sie sich in kürzester Zeit den ganzen Stress aus dem Körper lachen. Die Erfahrung kennen Sie vielleicht von einem gelegentlichen Lachanfall, hinterher ist man wie „entleert" und toll erfrischt.

Wie können wir den Effekt selbst herbeiführen? Es geht mit dem beschriebenen Muskelreiz, der unser Gehirn auf Touren bringt und es zu entsprechenden Hormonausschüttungen veranlasst. Und diese Freude-Hormone siegen über Stress und Müdigkeit. Natürlich setzt es auch hier wieder Ihre Entscheidung voraus, genau das zu wollen. Sie selbst bestimmen den Moment, der Ihnen dazu geeignet erscheint. Sicher sind Sie neugierig, ob der Trick funktioniert, ob Sie sich auf diese Weise etwas Gutes tun können. Das sollten Sie bald herausfinden ... Wo auch immer!

4. Lächeln – unecht?

Nichts hält jünger als Lachfalten.

Ja! Deshalb im stillen Eckchen! Denn es kann durchaus sein, dass Sie nur so etwas wie eine Grimasse zustande bringen, weil Ihre Augen nicht mitlachen. Die Hauptsache ist jedoch das Anheben der Mundwinkel, die den Nervenreiz auslösen. Sie brauchen dafür ca. 60 Sekunden, so lange müssen Sie schon aushalten, damit die Botschaft in Ihrem Gehirn ankommt.

5. Der weite Blick

Eine andere Möglichkeit, sich zu entspannen, kennen Sie schon von der Empfehlung, mehrmals hintereinander tief und gut durchzuatmen. Sie können sich dabei unterstützen, indem Sie in die Ferne schauen. Wenn Sie etwas gezielt ansehen, das wie z. B. Ihre Kunden oder die Ware auf ungefähre Armlänge von Ihnen entfernt ist, tun Sie das genaue Gegenteil. So arbeiten Sie, wenn Sie zum Beispiel kassieren oder Ware umzeichnen. Sie wissen, dass der weite Blick immer dann gut ist, wenn Sie eine möglichst große Fläche überblicken wollen. Das ist aber nur die halbe Wahrheit.

Der weite Blick unterstützt Sie auch, wenn Sie sich eine kurze Entspannungszeit gönnen, denn auch im Auge sind Muskeln, die mal eine Pause brauchen können.

Sie nehmen automatisch eine wenn auch geringfügig veränderte Körperhaltung ein und nehmen den Kopf ein wenig höher. So sind Sie besser vorbereitet, um die bewussten, tiefen Atemzüge durchzuführen. Und auch hierfür gilt: Üben! Üben! Üben!

Der Mückenstich

Ein Meister ging einmal mit einem Schüler durch die Steppe, als auf einmal das nahe Brüllen eines Tigers erscholl. Eiligst kletterte der Schüler auf einen Baum und schlotterte dort vor Angst. Der Meister rollte seine kleine Matte unter dem Baum im Schatten aus und meditierte. Der Tiger kam, fauchte den Schüler auf dem Baum an und umstrich den meditierenden Meister, der die Augen geschlossen hielt und von alledem nichts zu bemerken schien. Dann legte er sich dem Meister gegenüber und ließ ihn nicht aus den Augen. Die ganze Nacht lang rührten sich Meister und Tiger nicht. Erst in der Morgendämmerung lief der Tiger davon. Als die Sonne aufgegangen war, beendete der Meister seine Meditation und setzte zusammen mit dem Schüler schweigend den Weg fort. Es war zwischen beiden vereinbart, dass erst, nachdem der Meister das Schweigen gebrochen hatte, eine Unterhaltung geführt werden durfte. Plötzlich schrie der Meister: „Autsch!" weil ihn eine Mücke gestochen hatte und der Schüler fragte alsbald: „Hoher Meister, bitte erklärt mir, wie das möglich ist. Gestern hat euch noch nicht mal ein wilder Tiger aus der Ruhe bringen können und heute schreit ihr wegen eines Mückenstich!" Der Meister erwiderte: „Das ist doch ganz offensichtlich, gestern war ich in der Versenkung und heute bin ich wieder hier!"

Immer dann, wenn Sie keine Zeit zu haben glauben, entspannen Sie sich.

Zusammenfassung PIK-DAME

Ich bin's!

Auch Sie haben Eigenschaften, die in der Zusammenarbeit auf andere Menschen sehr positiv wirken.

Sie verkaufen zwar Waren, das Firmenimage, Serviceleistungen. Darüber hinaus „verkaufen" Sie auch sich selbst, Ihre unverwechselbare Persönlichkeit.

„Jeden Tag aufs Neue prägen Sie in Ihren Kontakten zu den Kunden das gute Bild unseres Unternehmens. Sie sind unsere wichtigsten Botschafter."
So oder so ähnlich steht es vielleicht auch in Ihrer Unternehmensverfassung schwarz auf weiß.

Seien Sie stolz auf Ihren Beruf und machen Sie Ihre Sache gut!

Wir tragen ein Bild von unserem eigenen Wert in uns – unser Selbstbild. Im positiven Fall ist es ein angenehmes, wertvolles Bild – wir mögen uns.

Geheimnis „Begeisterung"

Es geht um neue Möglichkeiten, das Verhaltensspektrum zu erweitern und über gewisse Themen einmal anders nachzudenken. Kampf dem „blinden Fleck"!

Der Schlüssel dazu ist die „Selbstverpflichtung". Nur Sie selbst entscheiden, ob Sie sich den genannten Werten verpflichtet fühlen. Wenn das der Fall ist, sind Sie kraftvoll und leistungsstark – fast automatisch.

Positive Ausstrahlung lässt sich nicht auf Knopfdruck abrufen oder verordnen.

Eine Selbstverpflichtung muss jeder Mensch mit sich selbst vereinbaren.

Geschenk an mich

Ein Lob bezieht sich in der Regel auf eine Leistung, ein Kompliment kann oft auch für das äußere Erscheinungsbild oder ein Verhalten angebracht sein. Wenn ein Lob oder Kompliment übertrieben ist, geht der Schuss nach hinten los.

Bekommen wir eine Streicheleinheit unerwartet, wirkt sie ebenso herzerfrischend wie ein überraschendes kleines Geschenk.

Bemerken Sie die positiven Dinge und sagen Sie sie weiter, Sie werden umgehend belohnt.

Batterie aufladen

An dieser Stelle erhalten Sie die Empfehlung, sich eine kleine „Insel" zum Aufladen Ihrer persönlichen Batterie zu suchen.

Der „weite Blick" unterstützt Sie auch, wenn Sie sich eine kurze Entspannungszeit gönnen.

Hier sind Sie wieder gefragt!

Wählen Sie aus dieser Lektion die drei Anregungen aus, die für Sie persönlich die wichtigsten sind. Schreiben Sie kurz auf, was genau Ihnen daran gefällt und wie Sie die drei Anregungen für sich nutzen können.

Der Schatz des Wissens

Es war einmal ein geiziger Bauer, dessen Traktor nicht mehr laufen wollte. Alle Versuche des Bauern, seiner Knechte und seiner Nachbarn, den störrischen Traktor zu reparieren, schlugen fehl.

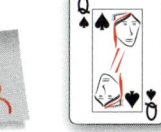

Schließlich bestellte der Bauer schweren Herzens einen Fachmann. Der schaute sich den Traktor an, hob die Motorhaube, betätigte den Anlasser wohl hundertmal und beobachtete alles ganz genau. Schließlich nahm er einen Hammer, tat einen einzigen Schlag an eine bestimmte Stelle und schon lief der Motor, als sei er nie kaputt gewesen, ohne Unterlass. Als der Fachmann dem Bauern die Rechnung gab, war der ganz empört und rief: „Was, so viel Geld für einen einzigen Hammerschlag?" „Mein lieber Mann", sagte der Fachmann, „für den Hammerschlag berechne ich nur ein Prozent. Die restlichen 99 sind für mein Wissen, wo der Hammerschlag hingehört."

8 PIK-BUBE
– Fragen Sie Ihren Kunden

Die Frage ist die Mutter des Zuhörens

Vom Wert des Zuhörens.

1. Was Menschen lieben

Wir lieben die Menschen, die frei heraus sagen, was sie denken, falls sie das gleiche denken wie wir.

Wir Menschen lieben das Gefühl, dass das, was wir sagen, für jemand anderen wichtig ist. Wenn Sie dieses Gefühl erzeugen wollen, müssen Sie gut zuhören können. Hartnäckig hält sich das Vorurteil, dass ein guter Verkäufer jemand ist, der viel redet. Das Gegenteil ist der Fall – ein guter Verkäufer kann gut zuhören! Nur wer gut zuhört, versteht seine Kunden und erfährt durch seine Fragen, was er wissen muss, um dem Kunden das zu bieten, was der sich wünscht. Fachleute, die hinter die Erfolgsgeheimnisse von Spitzenverkäufern kommen wollten, haben immer wieder betont, dass diese vor allem zwei wichtige Fähigkeiten haben: Fragen stellen und Zuhören können. Dabei hören sie nicht nur mit den Ohren zu, sondern auch mit den Augen und achten auf die Signale der Körpersprache.

Aufgabe:
Bitte erinnern Sie sich an eine Situation, als Sie selber Kunde waren und das Gefühl hatten, gut beraten worden zu sein. Was glauben Sie, hat Ihnen das gute Gefühl vermittelt?

2. Warum überhaupt Fragen?

Wer sich auf seinen Lorbeeren ausruht, trägt sie am falschen Körperteil.

Es gibt unendlich viele Vorteile für Sie als Verkäufer, wenn Sie lernen, immer wieder Fragen zu stellen, statt sich auf den Lorbeeren der Antworten auszuruhen. Vor allem führen Sie durch Fragen ein Gespräch und können den Verlauf steuern. Bei Talk-Shows im Fernsehen können Sie beobachten, wie die gezielten Fragen des Moderators den Inhalt der Antworten bestimmen. Als Kind haben Sie instinktiv gewusst, dass diese Masche zieht. Wie war das doch noch, als kürzlich der Kollege erzählte, wie sein Sohn ihm die tollen Sportschuhe „abgefragt" hat? „Papa, fändest du es nicht auch toll, wenn ich beim Basketball so supergut springen könnte wie Dirk Nowitzki?" „Mhm, ja, wäre toll!" „Der trägt auch immer diese irren Schuhe, meinst du nicht, dass die mir auch was nützen könnten?" und so weiter, und so fort. Das Ergebnis kennen Sie – der Sohn hat die neuen Schuhe bekommen.

3. Fragen können Gefühle wecken

Wenn zum Beispiel der Kauf eines guten Fahrradschlosses zur Wahl steht, ist die Palette groß und der Preis unterscheidet sich stark. Dem Kunden ist kürzlich sein gutes Rad geklaut worden. Was bewirkt diese Frage? „Würde es Sie nicht auch beruhigen, wenn Sie Ihr Fahrrad genau da wiederfinden, wo sie es abgestellt haben?" Aufgrund seiner einschlägigen Erfahrungen wird er sich gut an die kalte Wut erinnern, als er den Diebstahl entdeckte. Seine Bereitschaft steigt, ein Schloss zu kaufen, das sehr stabil ist, auch wenn es etwas teurer ist.

4. Frage-und-Antwort-Spiel

Stellen Sie auf jeden Fall Fragen, die Ihr Kunde auch beantworten kann.
Wenn Sie jemanden nach der Größe des Datenspeichers auf seinem Computer fragen, kann es sein, dass er die Antwort nicht weiß und sich dumm fühlen wird. Es kann sein, dass Ihr Kunde dann Lust hat, sich einen anderen Verkäufer zu suchen, der ein wenig geschickter und taktvoller vorgeht und ihm das Gefühl gibt, wichtig und klug zu sein. Fragen Sie aber danach, ob sein Computer die Größe des Datenspeichers anzeigt, hat der Kunde die Chance, darauf auszuweichen.
Ist der Kaufwunsch ein Fahrrad, kann die entsprechende Frage lauten: „In welchem Gelände möchten Sie vorwiegend fahren?" Vielleicht kennt Ihr Kunde die Unterschiede zwischen den verschiedenen Fahrradtypen nicht und die Frage, welche Art von Fahrrad er haben will, hätte nur Unverständnis ausgelöst.

> **Aufgabe:**
> Organisieren Sie mit einer Kollegin oder einem Kollegen in Ihrer Abteilung ein kleines Rollenspiel. Jeder ist abwechselnd in der Kundenrolle bzw. Verkäuferrolle. Der Verkäufer hat die Aufgabe, während des Verkaufsgesprächs ausschließlich Fragen zu stellen.

5. Mit Fragen auf die Ja-Straße

Als Verkäufer ist es eine Ihrer Aufgabe, den Kunden auf die Ja-Straße für seine Wunscherfüllung zu führen. Wenn Sie durch Fragen bestimmte Aspekte, die sich für ihn als wichtig erwiesen haben, ab und zu herausstellen und verdeutlichen, wird er bejahen und damit den richtigen Weg einschlagen. Zum Beispiel: „Sagten Sie nicht, dass es für Sie sehr wichtig ist, allergiefreie Produkte zu kaufen?" „Habe ich das richtig verstanden, dass Sie auf jeden Fall ein Gerät mit eingebauter Kindersicherung möchten?" Jedes „Ja" bedeutet ein Stückchen mehr Übereinstimmung.

6. Fragen auf persönlicher Ebene

Sicher haben Sie auch Kunden, die Sie kennen, die des Öfteren kommen und die auch ab und zu ein kleines Schwätzchen halten. Wenn Sie sich an Informationen aus früheren Gesprächen erinnern, sind Sie im Vorteil und können bei einem nächsten Besuch fragen: „Habe ich das richtig in Erinnerung, dass Sie bald in Urlaub fahren?" Trauen Sie sich ruhig, taktvoll und angemessen auch Fragen auf der persönlichen Ebene zu stellen. Das schafft bzw. verstärkt den Kontakt.

Der Schatz im Weinberg

Der Weinbauer fühlte, dass es mit ihm zu Ende ging. Er hatte nur den einen Wunsch, dass seine Söhne sein Lebenswerk fortführen möchten. Darum rief er sie zu sich und sagte zu ihnen: „Kinder, ich scheide nun bald aus dem Leben. Beantwortet mir nur die eine Frage: Wenn ihr wüsstet, dass in unserem Weinberg ein großer Reichtum liegt, würdet ihr gründlich danach suchen?" Natürlich versprachen dies die Söhne gerne, ja sie schworen ihrem Vater auf dem Sterbebett, es zu tun. Und der Alte verschied. Sie dachten nun, dass nach den Worten des Vaters ein großer Schatz im Weinberg vergraben sei und gruben gründlich die Erde um und um. Sie fanden zwar nicht den gesuchten Schatz, doch die Erde des Weinbergs war so gründlich gelockert worden, dass sie einen Schatz in Form reichhaltigerer Ernten als je zuvor erhielten.

1001 Fragen

Fragetechniken sind wertvolle Werkzeuge – aber nicht alles!

1. Frage- und Gesprächstechniken

Natürlich sollten Sie als Verkäufer auch die wichtigsten Fragetechniken kennen. Die entsprechende Fachliteratur dazu füllt viele Meter Regalwände. Insbesondere werden darin die bekanntesten handwerklichen Frage- bzw. Gesprächstechniken wie

▌ Einwand-Auflöse-Technik: (Ja, Sie haben Recht, und andererseits ...)
▌ Preis-Einwand-Technik (Zu teuer? Im Verhältnis wozu?)
▌ Rhetorische Fragetechnik (Finden Sie nicht auch, dass ...?)

und andere behandelt. Die modernen Erkenntnisse über Methoden, die die Beziehung zwischen den beteiligten Personen gestalten, haben zu einem gewissen Umdenken geführt. Vor der schematischen Anwendung von Tech-

niken wird sogar gewarnt und Sie werden auch in diesem Lernprogramm gemerkt haben, dass der Schwerpunkt der Aufmerksamkeit woanders liegt.

2. Was ist die Schlussfolgerung?

Es gibt nicht „das Verkaufsgespräch"! Jedes ist anders und die 1001 Tipps und Fragetechniken sind wichtig und richtig, aber nicht entscheidend. Entscheidend ist Ihre innere Einstellung zu Ihrem Beruf, zu Ihrem Kunden, zu Ihren Kollegen und Ihrem Unternehmen.

Ihre Kunden werden zunehmend spontaner, sprunghafter und entscheiden kurzfristig. Aber auch offener, neugieriger, anspruchsvoller. Und das macht Ihren Beruf immer interessanter. Bloße Techniken wirken häufig kalt, angelernt und eher abstoßend als anziehend.

Viel mehr gefragt ist Ihre Echtheit und persönliche Ausstrahlung. Und richtig schön paradox: Es schadet trotzdem nicht, die Frageformen zu kennen. Wer weiß, wann Sie sie nutzen können!

3. Eine „natürliche" Technik

Wenn wir sagen, etwas ist natürlich, dann ist das Gesprächselement in einem „normalen" Gespräch zu finden. Es gibt auch bei ganz „normalen" Gesprächen welche, die besonders gut verlaufen und ein Ergebnis haben. Am meisten lernt man von guten Gesprächen und guten Gesprächsführern. Und dabei können Sie beobachten, dass es in einem guten Gespräch auch immer wieder Übereinstimmungen gibt. Auch wenn man unterschiedlicher Meinung ist, irgendwann verständigt man sich, und wenn es auf den kleinsten gemeinsamen Nenner ist. Bei solchen Übereinstimmungen treten kleine Elemente auf – wie etwa:

„..., nicht wahr?"
„..., etwa nicht?"
„..., oder nicht?"
„..., oder?"
„..., meinen Sie nicht?"

Man löst keine Probleme, indem man sie auf Eis legt.

Ihre Chance, ein Ja zu erhalten, steigt.

4. Pauls Spezialität

Paul berichtet seiner Paula über seine Lieblingsmethode. Er hat ganz einfach die Erfahrung gemacht, damit gut zu fahren. Er weiß, dass Kunden sich gerne zwischen mehreren Möglichkeiten entscheiden. „Liebe Paula, ich biete immer drei Wahlmöglichkeiten an. Im ersten Schritt zum Beispiel zwei Anzüge, die dem Kunden beide gefallen. Der eine ist der teurere. Im zweiten Schritt präsentiere ich noch einen dritten, der ebenfalls zur Wahl stand und noch teurer ist.

Das Ergebnis ist verblüffend: Meistens wählen meine Kunden das teurere der beiden ersten Angebote. Dann haben sie das Gefühl, dass es gar nicht mehr sooo teuer ist, und außerdem eine wohlüberlegte Entscheidung zwischen mehreren Möglichkeiten getroffen."

„Aber sag mal ganz ehrlich, Paul, kommt es denn nicht auch mal vor, dass Kunden sich furchtbar schwer tun mit einer Entscheidung?" Paul schmunzelt: „Dafür habe ich meine Lieblingsfrage, die an die Gefühle der Kunden appelliert. Und die so gut wie immer zum Erfolg führt." Paula ist ganz gespannt. „Na, nun sag schon!" „Also, dann frage ich: ‚Bekommt dieser tolle Anzug denn nun ein neues Zuhause?'"

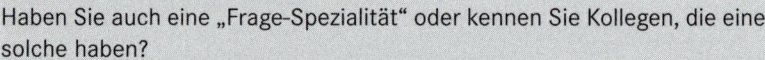

Aufgabe:

Haben Sie auch eine „Frage-Spezialität" oder kennen Sie Kollegen, die eine solche haben?

Bitte aufschreiben und wenn Sie Lust haben, erstellen Sie eine schöne Abteilungs-Spezialitäten-Sammlung nach dem Motto:

Einer weiß nie so viel wie wir alle zusammen ...

Der Wollbart

Schon über eine Stunde suchte eine verschleierte Frau an einem Tuchstand im Basar nach einem bestimmten Wollstoff. „Ich will daraus für meinen Mann einen Wollumhang nähen", erklärte sie dem Händler. „Ist das Gewebe auch aus der besten Schafwolle und nichts anderes?" Der Tuchhändler pries einen Ballen an: „Nehmen Sie doch diesen herrlichen Stoff. Ihr Mann wird sich in ihm wohl fühlen, als trügen ihn die Engel ins Paradies." Diese Worte gingen der guten Frau unter die Haut und sie wollte sich nur noch einmal vergewissern: „Gut, ich nehme ihn. Kannst du mir schwören, dass er aus reiner, purer Wolle ist?", fragte sie den Händler. „Selbstverständlich", gab der zur Antwort. „Ich schwöre bei allen Propheten, dass das", und dabei strich er sich seinen langen weißen Bart, „aus nichts anderem als reiner Wolle ist!"

Die Fragetür

Vom Sinn des Fragens: Fragen öffnen Türen.

1. Fragen „öffnen"

Ob es nun Alternativ-Fragen („Um 12.00 h oder um
17.00 h?") sind,
rückbezügliche Fragen, („Die neue Technik bietet Vorteile, nicht wahr?")
rhetorische Fragen, („Sind Sie nicht auch der Meinung,
dass ...")
oder präzisierende Fragen („Was genau wäre für Sie ‚angenehm auf der Haut'?")

allen Fragen ist gemeinsam, dass sie im Gespräch „öffnen".

Besonders im Verkaufsgespräch brauchen wir (und das trifft auch auf die
Kunden zu) Einblick in die Denkweise des anderen. Unsere eigene Sicht- und
Denkweise lässt uns sonst regelmäßig in die im ersten Kapitel beschriebene
Falle tappen. Unser Verstand hat eine Filterfunktion, die überlebenswichtig
ist, weil niemand alle Informationen, die mit den Augen, Ohren usw. aufgenommen werden, verarbeiten könnte. Was der (persönliche) Filter allerdings
aufnimmt bzw. zurückhält, ist eben bei jedem Menschen unterschiedlich.

*Man wird alt,
wenn man spürt,
dass man nicht mehr
neugierig ist.*
Gerhard Reichel

2. Die offene Tür

Bei einer Frageform öffnet sich die Türe am leichtesten: bei der offenen
Frage. Immer dann, wenn Ihr Kunde auf eine Frage mit einem kurzen „Ja"
oder „Nein" antworten kann, handelt es sich um eine geschlossene Frage.
Sie haben dann zumindest eine 50-prozentige Möglichkeit, aus dem Spiel
raus zu sein. Vor allem jedoch haben Sie nicht viel erfahren. Stellen Sie aber
eine „offene Frage", dann muss die Antwort umfangreicher und gehaltvoller
ausfallen.

3. Eselsbrücke „W"

Viele offene Fragen beginnen mit einem Fragewort, das als ersten Buchstaben ein „W" hat:

Wie, wann, warum, weshalb, wenn, wer.

Zum Beispiel: „Entspricht das Gerät Ihren Wünschen?" „Nein!" – Schluss,
Ende. Die einfachste Alternative: „Wie finden Sie das Gerät?" „Es ist mir zu
unhandlich." Aha-Information für eine Angebotsalternative erhalten! Damit
lässt sich etwas anfangen, hier können Sie neu ansetzen und durch präzi-

*Neugier ist der
Docht in der Kerze
des Lernens.*

sierende Fragen weiterkommen. Ein Beispiel: „Wie genau müsste es sein, damit Sie es handlich finden?"

4. Erste Wahl – offene Fragen

Es lohnt sich, nochmals zu betonen, was für ein wertvolles Handwerkszeug die offenen Fragen sind. Es kann Ihnen damit gehen, wie einem guten Tischlermeister, der viele Werkzeuge in seiner Kiste hat, die er auch alle braucht. Aber um seinen Werkstücken wirklich den letzten Schliff zu geben, benutzt er einen schönen, alten Hobel, den schon sein Vater gerne benutzte. Nicht immer die neuesten Methoden bringen den Erfolg. Das heißt nicht, dass sie abzulehnen sind. Ebenso wie neue Verhaltensmöglichkeiten bereichern sie die Fülle der Möglichkeiten. Darin liegt der große Vorteil.

5. Ideen verkaufen und damit Türen öffnen

Wenn Sie eine gute Idee haben oder davon wissen, kann es sein, dass auch Ihre Kunden daran Feuer fangen. Auch eine Idee gilt es zu verkaufen, dafür zu begeistern. Das kennen Sie vielleicht aus Ihrer Freizeit. Wenn es darum geht, die anderen Clubmitglieder dafür zu gewinnen, was Sie mit zwei, drei Freunden als Ziel für die nächste Clubreise ausgesucht haben, müssen Sie Ihre Idee verkaufen, gut verkaufen.

Kombinieren Sie Ihre Argumente mit offenen Fragen. Damit streuen Sie den Samen für Ihre Idee aus und geben den anderen die Gelegenheit, die eigene Meinung einzubringen:

- So eine Segeltour wäre mal was völlig Neues. Wie gerne magst du das Wasser?
- Auf einem Schiff ist man wirklich zusammen. Wie denkst du über zünftige Skatabende?
- Am Abend legen wir jedesmal in einem anderen Ort an. Was hälst du davon, in einem schönen Restaurant an Land zu essen?

Manchmal steht die Idee nicht im Vordergrund, schwingt aber für den Kunden durchaus mit, ohne dass er schon gezielt darüber nachgedacht hat. Zum Beispiel könnte Ihr Kunde jemand sein, der gerne witzige, überraschende

Geschenke macht. Nun ist er auf der Suche nach einem Geschenk für seinen Tennis spielenden Neffen zur Konfirmation. Im Laufe von geschickten Fragen kommen Sie hinter seine Vorliebe und entwickeln gemeinsam mit ihm die Idee, ein großes Paket mit lauter Kleinigkeiten fürs Tennisspielen zu packen: Socken, Bälle, Griffbänder, Schnürsenkel, Racketspray usw. Insgesamt lauter nützliche Dinge, die die „Idee im Hintergrund – witzige Überraschungen" berücksichtigen. Wetten, dass Ihr Kunde begeistert ist?

Drei Siebe

Aufgeregt kam jemand zum Meister gerannt. „Höre, Nasrudin, das muss ich dir unbedingt erzählen, wie ein Freund ..." „Halt ein", unterbrach der den eifrigen Redner. „Bevor du weiterredest, eine wichtige Frage: Wie sorgfältig hast du das, was du mir erzählen willst, durch die drei Siebe geschüttet?" „Welche drei Siebe?" „Das erste Sieb ist die Wahrheit. Hast du geprüft, ob es wahr ist? Das zweite Sieb ist die Güte. Ist es erwiesen, dass das, was du mir erzählen willst, wenigstens nützlich, hilfreich und sinnvoll ist?"

„Nein, Meister", sagt zögernd der Redner, „so direkt nicht, eher im Gegenteil." „Dann lass uns herausfinden, ob auch das dritte Sieb nicht angewendet wurde. Lass uns fragen, ob es notwendig ist, mir zu erzählen, was dich so erregt." „Nein, Meister, eigentlich auch das nicht. Ich wollte nur rasch loswerden, was ich weiß." „Also dann lass es begraben sein und belaste dich und mich nicht damit."

Die großen Flüsse brauchen die kleinen Wässer.

Die hohe Kunst des Hin-hörens

Zuhören für Fortgeschrittene ist Hin-hören.

1. Zuhören oder Hin-hören?

Wenn Sie ein guter Zuhörer oder eine gute Zuhörerin sind, haben Sie einen großen Vorteil im Verkaufsgespräch. Wenn Sie es auch noch schaffen, hinzuhören, sind Sie auf dem Weg zur hohen Kunst des Zuhörens.

Kluge Menschen, die sich schon lange mit Verkaufen beschäftigen, haben erkannt, wie entscheidend eine gute Beziehung zwischen Verkäufer und Kunde ist. Dabei kommt es nicht darauf an, dass Ihre Kunden Ihr Geschäft mit einem seligen Lächeln verlassen und dem nächstbesten Bekannten erzählen, sie hätten eine „gute Beziehung" erlebt. **Es kommt darauf an, dass Ihre Kunden bei Ihnen einkaufen und Ihr Geschäft mit einem guten Gefühl verlassen, ohne dass sie einen bewussten Gedanken daran verschwenden.** Aber das wissen Sie ja schon.

2. Wichtige Bedingungen

Um das Hin-hören erfolgreich anwenden zu können, müssen Sie sich ganz auf den Kunden konzentrieren. Entscheiden Sie als Erstes, ob Ihre Aufgabenstellung und Ihr Umfeld dafür geeignet sind. Wenn Sie es bejahen – die nächste Herausforderung: Sie müssen sich nicht nur konzentrieren, sondern für einen Moment Ihre Aufgabe „Verkaufen" hinten anstellen. Hören Sie auf zwei Ebenen hin:

▌ a. Was sagt mein Kunde genau?
▌ b. Welche Bedeutung hat es für ihn?

Dabei halten Sie bitte Augenkontakt, sonst kriegen Sie nicht alle Informationen mit. Der Kern ist Ihr echtes Interesse an der Situation des Kunden.

3. Der Schlüssel liegt bei Ihnen

Auf Sie, die Verkäuferin, den Verkäufer kommt es an, wenn es beim Hinhören darum geht, noch besser zu erfassen, was für den Kunden besonders wichtig ist. Das tun gute Verkäufer automatisch, wenn sie interessiert rückfragen. Das ist eines der Geheimnisse, weshalb sich Menschen bei guten Verkäufern akzeptiert und verstanden fühlen.

Der Kunde kauft, weil er Vertrauen hat.

4. Entscheiden Sie selbst!

Sie haben die Wahl: a. Soll ich jetzt auf die Aussage des Kunden eine direkte Anwort geben oder b. Soll ich mich näher für die Beweggründe und die Hintergründe des Kunden interessieren?
Im normalen Verkaufsgespräch folgt auf jede Aussage eine Gegenaussage, auf jede Frage eine Antwort. Im vertiefenden Gespräch räumen Sie dem, was für Ihren Kunden Bedeutung hat, viel mehr Raum ein.

5. Am Anfang eines jeden Gespräches

stellen Sie die richtigen Fragen, um die Wünsche des Kunden herauszufinden:

Was suchen Sie, was ist Ihnen am wichtigsten, worauf legen Sie am meisten Wert? etc.

Im Laufe eines Gespräches, in dem Sie sich für das aktive Zuhören entschieden haben, stellen Sie tiefergehende Fragen:

Was gefällt Ihnen daran am besten, was haben Sie für ein Gefühl bei der Sache, welche Erwartungen verknüpfen Sie mit dem Kauf, was bedeutet Ihnen persönlich dieses Hobby? usw.

Sie merken, um tiefergehende Fragen glaubwürdig stellen zu können, müssen Sie sich mit den wirklichen Beweggründen des Kunden ehrlich auseinander setzen wollen, sonst wirken Sie unglaubwürdig! Es ist beruhigend zu wissen, dass wir uns in aller Regel immer für die Empfindungen und Beweggründe von anderen Menschen interessieren. Da sind wir ganz schnell auf einer intensiven Hin-hör-Ebene, die unser Gegenüber spürt. Spricht der Kunde Probleme an, können Sie fragen:

Was belastet Sie daran am meisten, was macht Ihnen daran Sorgen, was hindert Sie, zuzustimmen, gibt es etwas, was Sie stört? etc.

6. Ausstieg erwünscht?

Betrachten Sie das Hin-hören auf jeden Fall als eine Phase im Verkaufsgespräch. Entweder signalisiert Ihr Kunde, dass er darauf nicht eingehen will, oder Sie entscheiden als Verkäufer, dass Sie wieder zum „normalen" Verkaufsgespräch zurückkehren möchten. Ein Grund kann mangelnde Zeit auf beiden Seiten oder vielleicht auch nur auf der Kundenseite bedeuten. Denn da der Kunde bei tiefergehenden Fragen mit inneren Beweggründen konfrontiert wird, braucht er Zeit.

Fragen heißt:
Hören auf das, was
sich einem zuspricht.
Martin Heidegger

> **Aufgabe:**
> Was schwierig zu erklären ist, lässt sich einfacher ausprobieren. Auch bei diesem anspruchsvollen Gesprächsansatz hilft nur eines – üben. Haben Sie noch einmal Lust zu einem Rollenspiel mit Kollegen? Gehen Sie in der Rolle des Verkäufers mit tiefergehenden Fragen auf den Kunden ein – siehe Punkt 5. Nehmen Sie sich dazu ruhig einen Zettel zur Hand, auf dem Sie sich die Fragen aufgeschrieben haben.

Sollten Sie gegen diese Methode anfangs Einwände haben, bedenken Sie, dass sie vielleicht nur zu Anfang ungewohnt ist. Dieses Ungewohnte betrifft nur Ihr „Weltbild", nicht das des Kunden. Das ist so, als wenn Sie zum ersten Mal Ihre eigene Stimme vom Tonband oder vom Video hören. Sie ist nur Ihnen selbst total fremd, weil Sie sie zum ersten Mal ohne den Resonanzkörper „eigener Kopf" hören, alle anderen hören Sie ja immer so!

Momo

Momo konnte so zuhören, dass dummen Leuten plötzlich sehr gescheite Gedanken kamen. Nicht etwa, wie sie etwas sagte oder fragte, brachte den anderen auf solche Gedanken, nein, sie saß nur da und hörte mit aller Anteilnahme und Aufmerksamkeit. Dabei schaute sie den anderen mit ihren großen dunklen Augen an und der Betreffende fühlte, wie in ihm auf einmal Gedanken auftauchten, von denen er nie geahnt hatte, dass sie in ihm steckten. Sie konnte so zuhören, dass ratlose und unentschlossene Leute auf einmal ganz genau wussten, was sie wollten, oder dass Schüchterne sich plötzlich frei und mutig fühlten, oder dass Unglückliche und Bedrückte zuversichtlich und froh wurden. Und wenn jemand meinte, sein Leben sei ganz verfehlt und bedeutungslos und er selbst nur irgendeiner unter Millionen, einer auf den es überhaupt nicht ankommt und der ebenso schnell ersetzt werden kann wie ein kaputter Topf – und er ging hin und erzählte alles das der kleinen Momo, dann wurde ihm, noch während er redete, auf geheimnisvolle Weise klar, dass er sich grüdlich irrte, dass es ihn genauso, wie er war, unter allen Menschen nur ein einziges Mal gab und dass er deshalb auf seine besondere Weise für die Welt wichtig war. So konnte Momo zuhören!

aus „Momo" von Michael Ende

Die Menschen wünschen nicht, dass man zu ihnen redet, sondern dass man mit ihnen redet.
Emil Oesch

Zusammenfassung PIK-BUBE

Die Frage ist die Mutter des Zuhörens

Wir Menschen lieben das Gefühl, dass das, was wir sagen, für jemand anderen wichtig ist. Wenn Sie dieses Gefühl erzeugen wollen, müssen Sie gut zuhören können.

Stellen Sie auf jeden Fall Fragen, die Ihr Kunde auch beantworten kann.

Als Verkäufer ist es eine Ihrer Aufgaben, den Kunden auf die Ja-Straße für seine Wunscherfüllung zu führen.

1001 Fragen

Sie sollten als Verkäufer die wichtigsten Fragetechniken kennen.

Es gibt nicht „das Verkaufsgespräch"! Jedes ist anders und die 1001 Tipps und Fragetechniken sind wichtig und richtig, aber nicht entscheidend. Entscheidend ist Ihre innere Einstellung zu Ihrem Beruf, zu Ihrem Kunden, zu Ihren Kollegen und Ihrem Unternehmen.

Am meisten lernt man von guten Gesprächen und guten Gesprächsführern.

Die Fragetür

Allen Fragen ist gemeinsam, dass sie im Gespräch „öffnen".

Viele Fragen beginnen mit einem Fragewort, das als ersten Buchstaben ein „W" hat: wie, wann, warum, weshalb, wenn, wer.

Wenn Sie eine gute Idee haben oder davon wissen, kann es sein, dass auch Ihre Kunden daran Feuer fangen. Auch eine Idee gilt es zu verkaufen und dafür zu begeistern.

Die hohe Kunst des Hin-hörens

Wenn Sie ein guter Zuhörer oder eine gute Zuhörerin sind, haben Sie einen großen Vorteil im Verkaufsgespräch. Wenn Sie es auch noch schaffen, hinzuhören, sind Sie auf dem Weg zur hohen Kunst des Zuhörens.

Um das Hin-hören erfolgreich anwenden zu können, müssen Sie sich ganz auf den Kunden konzentrieren.

Auf Sie, die Verkäuferin, den Verkäufer kommt es an, wenn es beim Hinhören darum geht, noch besser zu erfassen, was für den Kunden besonders wichtig ist.

Sie haben die Wahl:
a. Soll ich auf die Aussage des Kunden eine direkte Anwort geben oder
b. Soll ich mich näher für die Beweggründe und die Hintergründe des Kunden interessieren?

Hier sind Sie wieder gefragt!

Wählen Sie aus dieser Lektion die drei Anregungen aus, die für Sie persönlich die wichtigsten sind. Schreiben Sie kurz auf, was genau Ihnen daran gefällt und wie Sie die drei Anregungen für sich nutzen können.

Das Geheimnis des langen Bartes

Ein Professor, der nicht nur wegen seiner Weisheit, sondern auch wegen seines langen Bartes bekannt war, ging eines Abends durch die Gassen der alten Universitätsstadt Pisa. Ganz in Gedanken versunken, schlenderte er über den Marktplatz, wo einige junge Burschen sich voller Übermut über jeden lustig machten, der in ihre Nähe kam. „Herr Professor, meine Kameraden und ich würden zu gerne wissen, wo Ihr Bart in der Nacht liegt, wenn Sie schlafen. Über oder unter der Decke?" Der Gelehrte, aus seinen Gedanken aufgeschreckt, schaute verwundert auf und antwortete freundlich: „Wenn ich ehrlich bin, weiß ich es selber nicht. Ich werde darüber nachdenken und es erforschen. Morgen um dieselbe Zeit erwarte ich euch hier. Dann bekommt ihr die Antwort."

In der Nacht war es nicht weit her mit dem Schlaf. Mit gerunzelter Stirn dachte der Professor darüber nach, ob sein Bart in den anderen Nächten an der gleichen Stelle gelegen habe. Auf der Decke? Unter ihr? War die jetzige Lage die richtige, wie würde es sein, wenn er schliefe, warum war er nicht schon, wie sonst immer, längst eingeschlafen? Mit diesen Gedanken strich er über seinen Bart unter der Decke. Nein, irgendetwas stimmte nicht und schon wanderte der Bart wieder auf die Decke. So rang er die ganze Nacht um eine richtige Antwort, ohne auch nur ein Auge zuzutun und ohne die Chance zu schlafen, um seine Frage beantwortet zu bekommen. Am nächsten Abend ging er zu den jungen Leuten auf den Markt. „Liebe Freunde, bisher habe ich mich des besten Schlafes erfreut. Seit eurer Frage finde ich keine Ruhe mehr und die Beantwortung der Frage ist mir einfach nicht möglich."

Sprach's und schritt in tiefe Gedanken versunken weiter.

Teil 3

Überzeugen
und Begeistern

Sie werden sich an die Spielfarbe ♥, das Symbol für unsere Gefühle und Beziehungen zu anderen Menschen erinnern. Damit begann **„Der Start zum Erfolg"**, der erste Teil unseres Lernprogramms. Und dann ging es weiter mit ♠, der Spielfarbe, die viele Anregungen zum **„Zuhören und Verstehen"** gab.

Für den dritten Teil, der jetzt vor Ihnen liegt, haben wir ♦ gewählt. Diesmal geht es um **„Überzeugen und Begeistern"**.

Wir wollen, dass Sie Ihr Geschäft zu einem Ort entwickeln, wo Sie Ihren Kunden zuhören und sie verstehen. Und dann wollen Sie sie an diesem Ort von dem, was Sie ihnen bieten können, überzeugen und sie für Ihr Unternehmen begeistern.

Was aber genau macht denn Begeisterung aus? Das ist sicher bei jedem Menschen unterschiedlich. Doch allen Menschen gemeinsam ist das gute Gefühl, wenn man von etwas begeistert ist. Und davon handelt dieser Teil. Es soll Sie anregen, Ihre Wirkung auf andere bewusster wahrzunehmen und Ihren eigenen Stil weiterzuentwickeln.

9 KARO-ASS
– Wenn Ihr Kunde zweifelt ...

So nicht!

Der erfolgreiche Umgang mit Reklamationen.

1. „So nicht!" – Schon mal erlebt?

Haben Sie selbst schon mal etwas reklamiert? Können Sie sich noch erinnern, wie geladen Sie waren, als Sie bemerkten, dass die gekaufte Ware nicht hielt, was sie versprach? Vielleicht wissen Sie auch noch, wie ärgerlich Sie wurden, als Sie das Teil wieder einpacken und zurückbringen mussten. Schließlich ist Zeit kostbar. Und möglicherweise wissen Sie auch noch genau, dass Sie sich schon innerlich auf ein unangenehmes Gespräch im Laden vorbereitet haben. Genau so geht es Ihren reklamierenden Kunden. Sie investieren Zeit, Geld und Energie, wenn sie etwas zu Ihnen zurückbringen.

So, nämlich wie geliefert oder vorgefunden, wollte auch Ihr Kunde den Wecker nicht, der funktioniert nicht richtig. So kann ein Kleidungsstück doch nicht nach der Wäsche aussehen, da stimmt doch was nicht mit der Qualität. So darf doch ein Frotteetuch nicht fusseln. Was können Sie in Ihrem und im Interesse der Kunden tun?

Das Wichtigste ist, gut zuzuhören und Verständnis für den Standpunkt des Kunden zu äußern. Dann kann es sinnvoll sein, die Worte des Kunden zum einwandfreien Verständnis zu wiederholen. Danach kann die Wende wie in der nachfolgenden „Reklamations-Formel" kommen:

zuhören,		*was wäre, wenn ...*
Verständnis zeigen,	$\Rightarrow$	*Alternativen bieten,*
wiederholen		*Lösungen vorschlagen*

Der erste Teil der Formel steht dafür, dass Sie Ihre eigene und die Wahrnehmung des Kunden so erweitern, dass Platz für Lösungen entsteht. Im zweiten Teil geht es genau um diese Lösungen.

> **Aufgabe:**
> Bitte tauschen Sie sich mit Ihren Kollegen über die häufigsten Gründe für Reklamationen aus:
> a) Was sind Ihre persönlichen Erfahrungen dabei?
> b) Welche Reaktionen kennen Sie von Ihren Kunden?

2. Lösungen erwünscht!

Wenn Ihr Kunde mit einer Reklamation zu Ihnen kommt, wird er Ihnen als Erstes sein *Problem* schildern. Sie haben ihm in diesem Moment eines voraus: Ihnen ist bewusst, dass sein Problem in der Vergangenheit aufgetreten ist, während das, was zu einer positiven Veränderung in seinem Wohlbefinden und in seinem Geldbeutel führen kann, mit einer *Lösung* zu tun hat – und die liegt in der Zukunft. Wobei Sie ihm helfen können ist also, seine Aufmerksamkeit und seine Gedanken in genau diese Richtung zu lenken.

Dafür sorgen Sie, indem Sie
- **zuhören** mit den Ohren, den Augen und dem Körper! Sie nehmen immer wieder Blickkontakt auf und signalisieren körpersprachlich, z. B. durch Ihr Nicken, dass Sie ihm zuhören.
- **Verständnis zeigen** z. B. durch kleine Bemerkungen wie: „Oh, je!", „Na, sowas!" „Wie ärgerlich!" „Ja, das verstehe ich!" usw.
- **wiederholen** (sinngemäß), was er sagt! – damit signalisieren Sie hohe Aufmerksamkeit und stellen sicher, dass Sie ihn richtig verstanden haben: „Um Sie richtig zu verstehen: Als Erstes haben Sie neue Batterien in den Wecker eingelegt."

Damit haben Sie den Weg gebahnt für den zweiten Teil der „Reklamations-Formel", für die Lösungen: Die „Was wäre, wenn"-Formulierung lenkt die Gedanken in die richtige Richtung, denn Sie bieten Alternativen und Lösungen. Sie könnten z. B. fragen:
„Was wäre, wenn Sie den Wecker umtauschen und ein anderes Modell ausprobieren?" oder: „Was wäre, wenn Sie eine Bluse aus knitterarmem Material wählen? Das Geld für die Leinenbluse erhalten Sie selbstverständlich zurück."

3. Zum guten Schluss

Ihr Kunde soll auch nach einer Reklamation mit einem guten Gefühl Ihr Haus verlassen. Sie mögen vielleicht an dieser Stelle denken: „Und was ist mit meinem guten Gefühl?" Mag sein, dass Sie sich dabei an eine Situation erinnern, wo der Kunde zu Unrecht reklamierte, weil er die Ware gar nicht bei Ihnen gekauft hatte oder die langen Tragespuren deutlich erkennbar waren. Ihr gesundes Misstrauen schlug Alarm und Sie wollten Ihre Firma vor Schaden bewahren. Bitte bedenken Sie:

Untersuchungen haben ergeben, dass solche unberechtigten Reklamationen maximal 3 Prozent der reklamierenden Kunden ausmachen. Die restlichen 97 Prozent sind berechtigt.

Aufgabe:
Wenn Sie mögen, denken Sie wieder mit Kollegen darüber nach: Worin liegt für unser Unternehmen eine Chance, wenn wir mit Reklamationen äußerst kulant und großzügig verfahren?

Richtig! Der Werbeeffekt bei kulanter Reklamationsbehandlung ist ungleich größer als der Schaden, der durch die erwähnten 3 Prozent entsteht. Und häufig machen Ihre Kunden Sie kostenlos auf Produktmängel aufmerksam. Daher zum guten Schluss nochmal zur Erinnerung: „Danke, dass Sie sich die Mühe gemacht haben, zu uns zu kommen. Ich glaube, jetzt haben wir gemeinsam eine gute Lösung gefunden."

Das Gewürz der Seligen

Am Rande eines Bergdorfes lebte ein wortkarger Bauer mit seiner Familie. Eines Tages starb seine Frau. Der Bauer trauerte ein Jahr um sie, dann suchte er sich eine neue Frau. Um die beiden stand es von Anfang an gut, und die Frau gab sich große Mühe, es ihrem Mann recht zu machen. Doch jedesmal bei Tisch schüttelte der Bauer den Kopf und brummte: „So nicht, das Gewürz der Seligen fehlt." Das betrübte die Bäuerin sehr, sie probierte neue Gewürze, pflanzte Kräuter, las Kochbücher - nichts half. Immer wieder beim Essen: „So nicht, das Gewürz der Seligen fehlt!" Eines Tages war sie so traurig, dass sie über ihren Kummer die Suppe auf dem Feuer vergaß. Erst als ihr der Geruch von verbranntem Essen in die Nase stieg, sprang sie auf, riss den Topf vom Feuer, um noch etwas zu retten. Schon läuteten die Glocken zum Mittag und der Bauer und die Knechte kamen vom Feld. Sie stellte die Suppenschüssel auf den Tisch. Kaum hatte der Bauer den ersten Löffel im Mund, so leuchteten seine Augen und er rief aus: „Das ist es, dieses Gewürz hat die Selige auch immer benutzt!"

Wer dich lobt, ist dein Freund, wer dich kritisiert, ist dein Lehrer.

Hurra, eine Reklamation!

Reklamationen als Chance zur Kundenbegeisterung nutzen.

1. Daumentest

Kennen Sie den Daumentest? Arm ausstrecken, Hand zur Faust schließen, Daumen nach oben strecken. Das ist Ihre Daumenposition für **super, klasse, bin begeistert!** Dann kann Ihr Daumen einen Halbkreis beschreiben, bis er genau in die Gegenrichtung zeigt, nämlich nach unten. Das heißt dann: **Mies, negativ, gefällt mir nicht!**

> **Aufgabe:**
> Am besten machen Sie den Daumentest im Kollegenkreis. Bitte zuerst die Augen schließen, den Daumen in Position bringen, Augen auf! Manchmal ist das Ergebnis überraschend. (Es zeigt natürlich keine exakten Werte, sondern die grobe Richtung an.)
> a. Wie finde ich Reklamationen?
> b. Bitte tauschen Sie sich doch mit Ihren Kollegen darüber aus, was Sie zu Ihrer „Daumenstellung" veranlasste und welche konkreten Erfahrungen damit verbunden sind.

Wer nicht tanzen kann, schimpft auf die Musik!
Polnisches Sprichwort

Ihre internen Reklamations- und Umtausch-Regeln sind Ihnen für die ordnungsgemäße Abwicklung natürlich bekannt, doch hier geht es ganz gezielt um den Nutzen, den Sie **und** Ihr Kunde von einer Reklamation haben können.

2. Was hat „Reklamieren" mit Überzeugen und Begeistern zu tun?

Hier im dritten Teil geht es um ein echtes Gewinner-Gewinner-Spiel zwischen Ihnen und dem Kunden. Und da gehört das Thema „Reklamationen" auf jeden Fall mit dazu. Wer es versteht, aus einem reklamierenden Kunden einen überzeugten oder sogar begeisterten Kunden zu machen, der hat bewiesen, dass er auch schwierige Situationen meistern kann. Betrachten Sie allerdings eine Reklamation als einen „Angriff", lassen Sie sich auf einen Konfrontationskurs ein, wird es eng, auch im übertragenen Sinne für die Beziehung zu Ihrem Kunden. Sind Sie hingegen überzeugt, dass ein reklamierender Kunde eine Chance bietet, haben Sie ein breites Spektrum von Möglichkeiten vor sich. Machen Sie die Probe: Welche Linie ist die Längere?

a. >————————<   <————————> b.

Unsere Wahrnehmung legt uns immer wieder rein. Die Linie b) ist nur scheinbar kürzer als die Linie a). Die Streckentäuschung steht dafür, dass eine nach innen gerichtete Begrenzung (b) uns weniger Spielräume wahrnehmen lässt als eine nach außen gerichtete Erweiterung – siehe (a). Erweitern Sie Ihre Wahrnehmung in Bezug auf Reklamationen!

3. Spielraum für Lösungen

Die größten Bremser sind meist die eigenen Zweifel.

Freuen Sie sich über jeden Kunden, der zu Ihnen kommt und reklamiert! Denn bei ihm haben Sie die große Chance, seine Meinung über Ihre Leistungen zu erfahren und zu beeinflussen, sei es über die Ware oder über den Service, wenn – ja, wenn Sie die Chance nutzen. Der Kunde, der Ihr Haus erst gar nicht mehr betritt oder nicht mehr in Ihre Abteilung kommt, gibt Ihnen diese Chance nicht. Er ist für Sie verloren und gibt seine schlechten Erfahrungen statistisch gesehen elfmal an andere Menschen weiter.

Oft genügt ein einziges Wort, und die Chance ist vertan. Dieses Wort heißt „warum" (oder auch „weshalb", „wieso") und leitet Fragen ein wie: *Warum haben Sie den Pulli denn nicht vorschriftsmäßig gewaschen? Warum haben Sie das Teil denn nicht schon früher zurückgebracht? Warum haben Sie nicht sofort beim Kauf danach gefragt?*

Richtig! Obwohl Sie kein Wort von „Schuld" gesagt haben, wird Ihr Kunde sich von Ihnen *beschuldigt fühlen*. Er wird sich natürlich verteidigen und Ihnen schon erklären, warum er dies oder jenes tat oder unterließ. Dabei wird er mit seinen Gedanken zum Problem zurückgeführt, und das liegt in der Vergangenheit. Und schon sind Sie in einer Sackgasse gelandet. Denn was Sie brauchen, ist eine den Kunden zufrieden stellende, besser noch eine begeisternde Lösung! Und die gibt es nur in der Zukunft.

4. Die beste Alternative: Wie …

Zum Glück gibt es eine hervorragende Alternative zu dem Wort „warum", das sich am Problem orientiert und das beim Kunden unter Umständen wie eine Beschuldigung ankommt. Es ist das „Wie" und leitet Fragen ein: Wie können wir gemeinsam dieses Problem in Ihrem Sinne lösen? *Wie können wir das denn wieder gutmachen? Wie stellen Sie sich eine Lösung vor?* Sie merken schon, der Gesprächs-Zug fährt in eine völlig andere Richtung, nämlich in Richtung Lösung. Das lenkt auch Ihre und die Gedanken Ihrer Kunden zu den Lösungen und damit in die Zukunft.

17 Kamele

Ein alter Mann fühlt, dass er bald sterben werde, und teilt seine Kamele unter seinen Söhnen auf: Der älteste Sohn soll die Hälfte der Kamele erhalten, der mittlere Sohn ein Drittel und der jüngste Sohn ein Neuntel. Kurz darauf stirbt der Mann. Nachdem die Trauerfeierlichkeiten beendet sind, wollen die Söhne die Kamele so unter sich aufteilen, wie es der Vater gedacht hatte. Aber es sind 17 Tiere! Wie sollen die gerecht und dem Willen des Vaters entsprechend verteilt werden? Und so bitten sie einen Weisen zu sich, schildern ihre Schwierigkeiten und ersuchen ihn um Hilfe. Der Weise überlegt kurz, bindet sein Kamel los und stellt es zu den 17 Kamelen der Brüder. Nun sind es 18. Neun davon gibt er dem Ältesten, sechs dem Zweitgeborenen und zwei dem Jüngsten. Sein eigenes nimmt er wieder mit, als er sich freundlich von den drei Brüdern verabschiedet.

Man löst ein Problem, indem man sich vom Problem löst.

Ja, aber ...

Was bedeuten die Einwände Ihrer Kunden?

1. Paul und Paula feiern

Ein Jubiläum steht an – 10 Jahre sind wir schon ein Paar! Wenn das kein Grund zum Feiern ist ... „Paul, ich möchte ein richtig großes Fest mit vielen Gästen. Alle unsere Freunde und Bekannten sollen dabei sein!" „Ja, aber Paula, dafür ist doch unsere Wohnung viel zu klein! Lass uns besser nur unsere engen Freunde einladen." „Macht doch nichts, Paul. Wir räumen den Esstisch raus, stellen die Klappstühle vom Balkon noch rein und legen in der Sitzecke noch Kissen auf den Boden." „Ja, aber Paula, wie sieht das denn aus. Und richtig miteinander reden kann man so auch nicht." „Paul, du bist immer so kompliziert. Gerade in so einer lockeren Atmosphäre ohne feste Sitzordnung kommt Stimmung auf." „Mag ja sein, Paula, aber richtig essen kann so auch niemand. Und mit dem Teller auf den Knien reden ... Ich weiß nicht."

Noch wissen wir nicht, wie es ausgeht. Paul mag nicht anbeißen und sich Paulas Vorstellungen von einem schönen Fest anschließen. Immer wieder hat er Einwände, die er Paula mit einem „Aber" präsentiert.

2. Kennen Sie „Ja, aber"-Kunden?

Es kommt nicht darauf an, mit dem Kopf durch die Wand zu gehen, sondern mit den Augen die Tür zu finden.

Welche Frage! Das ist doch Ihr tägliches Brot, oder? Wenn Sie solche Kunden nicht hätten, wären Sie doch kein Verkäufer, sondern ein „Verteiler". Nehmen Sie die Gelegenheit wahr, sich anhand einiger Beispiele in solche Kunden hineinzudenken:

Ja, aber die Leistung des Gerätes ist zu niedrig (Staubsauger). *Ja, aber diese moderne Form ist eigentlich nicht mein Stil* (Thermoskanne). *Ja, aber wenn ich diese Farbe nehme, bin ich sehr gebunden* (Jacke). Es sind Einwände, die durchaus ihre Berechtigung haben für den Kunden. So weit, so gut. Nun wissen Sie ja bereits, dass nicht nur die Worte Ihnen Informationen über die Erwartungen Ihrer Kunden geben, sondern auch die Körpersprache und Mimik. Daher: Aufmerksamkeit signalisieren und gut zuhören und zusehen.

Aufgabe:
Welche Kundenwünsche verbergen sich hinter den Einwänden?
a) Beispiel Staubsauger b) Beispiel Thermoskanne
c) Beispiel Jacke

3. Signale der Körpersprache und Mimik nutzen

Was signalisieren darüber hinaus die Körpersprache und die Mimik?

Der Kunde zeigt Ihnen möglicherweise schon körpersprachlich, Ihre Abteilung verlassen zu wollen (legt die Ware aus der Hand, dreht sich um zum Gehen, tritt einen Schritt zurück, wendet sich um in Richtung Rolltreppe etc.).

- Ihre Reaktionsmöglichkeit: Signalisieren Sie Verständnis, ein freundliches Lächeln, Blickkontakt, Gruß und – lassen Sie den Kunden ziehen!
- Die andere Möglichkeit ist, dass Sie an seiner Körpersprache sein Interesse noch ablesen können (er hält das Teil noch in der Hand oder berührt es, bleibt in der Nähe der Ware, schaut die Ware oder Sie an).
- Dann bleiben Sie am Ball! Signalisieren Sie Verständnis und stellen Sie vertiefende Fragen für Ihr Verständnis.

4. Gedankenlesen?

Die Einwände zeigen, dass Ihr Kunde sich seiner Sache noch nicht sicher ist. Er hat seine Entscheidung noch nicht gefällt und hier können Sie ihm helfen. Bevor Sie seine Gedanken zu lesen versuchen, können Sie ihn doch gleich danach fragen, ob Ihre Vermutung richtig ist. Drei Überlegungen liegen auf der Hand, die Sie ihm mit vertiefenden Fragen anbieten können:

Es ist schwieriger, eine vorgefasste Meinung zu zertrümmern, als ein Atom.
Albert Einstein

- Sie bieten an, den Einwand durch eine Lösung zu entkräften – zunächst gedanklich. Ihre Frage: *Was wäre, wenn es diese Form mit einer höheren Leistung gäbe?*
- Sie nehmen den Einwand des Kunden ernst und ergänzen das, was er als Nachteil empfindet, durch Vorteile: *Ja, da haben Sie Recht, die Farbe ist markant und – nicht jeder kann sie so gut tragen wie Sie! Könnten Sie sich die tolle Wirkung zu einer schlichten schwarzen Hose vorstellen?*
- Sie bieten Alternativen: *Oh ja, das sollte passen. Welchen Stil mögen Sie gerne? Wie finden Sie diese klassische Form zu Ihrem romantischen Geschirr?*

5. Die lieben Gewohnheiten ...

sind der festeste Klebstoff der Welt. Nützliche Routinen hat jeder von uns, dazu gehören auch die sprachlichen Formulierungen, die Sie besonders als erfahrener Mitarbeiter im Verkauf verwenden. Da kann es durchaus von Vorteil sein, das Repertoire zu erweitern. Wer hört schon gerne Einwände und „Ja, aber"s! Hoffentlich Sie, vor allem, wenn Sie sie gut als Training für Ihr verkäuferisches Geschick nutzen können. Wie Sie wissen, geht es nicht darum, mit dem Kopf durch die Wand zu gehen, sondern eine Tür in der Wand zu finden.

Aufgabe:
Wie wäre es, wenn Sie mit Kollegen üben?
Sammeln Sie Einwände von der Sorte der „Ja, aber"s.
Wenn Sie zu dritt üben, kann A den Einwand bringen, B den Kundenwunsch
nennen, und C die Entscheidungshilfen in Form von Fragen (siehe Punkt 4)
formulieren.

Fischfutter

Zwei Angler stehen nur wenige Meter voneinander entfernt an einem See und halten geduldig ihre Angeln ins Wasser. Während der eine auch hin und wieder einen Fisch fängt, bleibt dem anderen dieses Glück versagt. Da sieht der eine, wie sein glückloser Nachbar die Angel herausholt, am Haken eine Erdbeere befestigt und sie wieder auswirft. Verwundert fragt er ihn, ob er denn nicht wisse, welche Köder die Fische bevorzugen würden. „Ja, schon, aber die Erdbeeren esse ich eben zu gerne." Da lacht sein Kumpel lauthals und sagt: „Guter Freund, ich kann ja verstehen, dass du keine Würmer essen magst. Nur, glaub ja nicht, dass die Fische den gleichen Geschmack haben wie du. Wenn du willst, dass sie anbeißen, dann gib ihnen das, was sie mögen und nicht, was du magst!"

Verkaufe nicht gegen den Strom!

Da muss ich erst meinen Mann fragen!

Was sich hinter Vorwänden verbergen kann.

1. Paulas Trick

„Danke Paul, du hast mir heute sehr geholfen!" sagt Paula mit einem verschmitzten Lächeln nach dem Abendessen. Paul schaut ziemlich überrascht. „Wir haben uns doch heute den ganzen Tag nicht gesehen! Wie konnte ich dir helfen?" „Ach weißt du, manchmal geht es mir wie meinen Kunden. Da habe ich gute Gründe, etwas nicht zu kaufen, die ich aber nicht sagen mag. Und heute war ich an dem Sondertisch für die raffinierten Küchenmaschinen. Ich hatte dem Verkäufer schon eine Viertelstunde fasziniert zugesehen, wie er seine ‚Küchenroboter' demonstrierte und anpries. Ein nettes Gespräch hatte sich entsponnen und dann stellte er mir die Frage: ‚Welches Modell hätten Sie denn jetzt gerne, gnädige Frau, das mit oder ohne Schnitzelwerk?' Da hab' ich meinen Lieblingsvorwand hervorgeholt: ‚Da muss ich erst meinen Mann fragen!' Ich wollte dem Verkäufer nun mal nicht auf die Nase binden, dass ich mit technischen Geräten auf Kriegsfuß stehe und habe dich hervorgezaubert."

124

2. Ein deutliches Vielleicht?!

So deutlich hat Paula es nicht erkennen lassen, ob sie ein „Ja" oder ein „Nein" zu der Abschlussfrage des Verkäufers im Sinn hatte. Es klang nach „vielleicht", solange man nicht wusste, weshalb sie den Rückzug Richtung Paul antrat. Wenn Paulas Gesprächspartner ein erfahrener Verkäufer war, hatte er noch einen wertvollen Pfeil im Köcher, die „Angenommen"-Frage:

▌ „Angenommen, Ihr Mann wäre einverstanden, welches Modell würden Sie bevorzugen?"

Manchmal erfährst du den Grund, aber noch lange nicht den Hintergrund.

**Mit der „Angenommen"-Frage lenken Sie die Phantasie
Ihrer Kunden um den Einwand herum.
Was Ihr Kunde braucht, um eine Entscheidung
treffen zu können, ist eine Vorstellung von dem Nutzen, die Ware
zu besitzen, und nicht eine Vorstellung von den Hindernissen.**

Aufgabe:
Trainieren Sie im Kollegenkreis doch einmal die „Angenommen"-Fragen. Sammeln Sie die Einwände, die Sie von Ihren Kunden kennen. Wie lauten die passenden „Angenommen"-Fragen?

3. Ein entschlossenes „Jein"!

Manchmal kann sich Ihr Kunde einfach nicht entschließen, er weiß nicht so richtig, was er will bzw. nicht will. Sie können ihn dabei unterstützen, für sich eine gute Entscheidung zu treffen, wenn Sie am Ball bleiben.
Wenn Ihnen Unsicherheit signalisiert wird, z. B. durch Bemerkungen wie:

▌ *„Ach, ich weiß nicht so recht!"*
▌ *„Eigentlich brauche ich es ja gar nicht."*
▌ *„Irgendwie kann ich mich nicht entscheiden!"*

Das Kopfschütteln hat immer eine Bedeutung – je nachdem in welcher Richtung.

können Sie Ihr Angebot zur Entscheidungshilfe in etwa so formulieren:

▌ *„Was fehlt Ihnen, um eine Entscheidung treffen zu können?"*
▌ *„Wie kann ich Sie bei Ihrer Entscheidung unterstützen?"*

4. Vor-Wände

unterscheiden sich von „echten" Einwänden. Manchmal bevorzugen wir es, uns hinter einer Vor-Wand zu verstecken – siehe Paula – zum Beispiel, um eine „Ausrede" beim Rückzugsgefecht zu haben. Vor-Wände soll man nicht einreißen, denn Ihr Kunde hat sie zum Schutz errichtet. Wenn Sie diese schützende Wand wegziehen, steht Ihr Kunde schutzlos da. Bei Paula ging es um das Eingeständnis, mit technischen Geräten nicht klarzukommen.

Nehmen wir an, der nette Verkäufer hätte durch geschicktes Fragen und unter Einsatz all seines Charmes herausbekommen, was Paula hinter dem Vorwand verbarg, dann vielleicht noch Überredungskünste eingesetzt und Paulas „Nein" umgekehrt. Was glauben Sie: Wäre Paula mit einem guten Gefühl gegangen?

Aufgabe:
Bitte diskutieren Sie im Kollegenkreis: Wie ist Ihre Meinung zu Kunden mit Vorwänden?

5. Ohren *und* Augen im Einsatz

Was Sie von den Kunden hören, ist nur die halbe Wahrheit. Was signalisiert Ihr Kunde Ihnen durch seine Körpersprache? Bleibt er in Kontakt mit Ihnen, indem er Ihnen bzw. den Waren zugewandt bleibt? Dann haben Sie Hinweise, dass aus dem „Vielleicht" noch ein „Ja" werden kann. Oder ist er schon „auf der Flucht"? An der Körperhaltung und natürlich auch durch die Mimik sehen Sie, ob Ihr Einsatz lohnend sein kann (Einwand) oder ob Sie sich im gemeinsamen Interesse zurückziehen (Vorwand).

Die Wahrheit

In einer Stadt lebte ein sehr reicher Mann mit seiner Familie in einem prächtigen Haus. Nach einem leichten Erdbeben, wie es häufig in dieser Region vorkam, war durch Absenkungen im Boden ein Teil der hohen Mauer eingestürzt, die sein Anwesen schützte. „Es ist besser, wenn du die Mauer gleich reparieren lässt", riet ihm sein Sohn. „Denn in diesem desolaten Zustand ist sie geradezu eine Einladung an alle Diebe, in unser Haus einzudringen." „Das hat keine Eile", meinte der Vater. „Bedenke, dass die starken Schlösser unser Haus auch noch sichern." Aus dem gleichen Grund empfahl auch der Nachbar, der sich den Schaden besah, dem Reichen, die Mauer schnellstens reparieren zu lassen. Noch in derselben Nacht drangen Diebe in das Haus ein und stahlen Kostbarkeiten von höchstem Wert. Da jammerte der reiche Mann und war voller Reue, weil er nicht auf die guten Ratschläge hatte hören wollen. „Doch wisset, wie konnte ich euch denn die Wahrheit sagen, dass ich erst das Geld dazu habe, wenn die nächste Karawane zurück ist und mir den Erlös aus dem Verkauf meiner Waren bringt."

Es ist besser, eine Brücke zu bauen, als eine Wand einzureißen.

Zusammenfassung KARO-ASS

So nicht!

Das Wichtigste ist, gut zuzuhören und Verständnis für den Standpunkt des Kunden zu äußern. Dann kann es sinnvoll sein, die Worte des Kunden zum einwandfreien Verständnis zu wiederholen.

Wobei Sie Ihrem Kunden helfen können, ist, seine Aufmerksamkeit und seine Gedanken in Richtung Lösung zu lenken.

Zuhören, Verständnis zeigen, wiederholen! Damit haben Sie den Weg gebahnt für den zweiten Teil der „Reklamations-Formel", für die Lösungen.

Ihr Kunde soll auch nach einer Reklamation mit einem guten Gefühl Ihr Haus verlassen.

Hurra, eine Reklamation!

Ihre internen Reklamations- und Umtausch-Regeln sind Ihnen für die ordnungsgemäße Abwicklung natürlich bekannt, doch hier geht es ganz gezielt um den Nutzen, den Sie und Ihr Kunde von einer Reklamation haben können.

Freuen Sie sich über jeden Kunden, der zu Ihnen kommt und reklamiert! Denn bei ihm haben Sie die große Chance, seine Meinung über Ihre Leistungen zu erfahren und zu beeinflussen, sei es über die Ware oder über den Service.

Ja, aber ...

Was signalisiert darüber hinaus die Körpersprache und Mimik? Der Kunde zeigt Ihnen möglicherweise schon körpersprachlich, ob er Ihre Abteilung verlassen möchte oder noch Interesse hat.

Drei Überlegungen liegen auf der Hand, die Sie ihm mit vertiefenden Fragen anbieten können: 1. den Einwand durch eine Lösung zu entkräften, 2. das, was er als Nachteil empfindet, durch Vorteile ergänzen, 3. Alternativen bieten.

Da muss ich erst meinen Mann fragen!

Mit der „Angenommen"-Frage lenken Sie die Phantasie Ihrer Kunden um den Einwand herum. Was Ihr Kunde braucht, um eine Entscheidung treffen zu können, ist eine Vorstellung von dem Nutzen, die Ware zu besitzen, und nicht eine Vorstellung von den Hindernissen.

Vor-Wände unterscheiden sich von „echten" Einwänden. Manchmal bevorzugen wir es, uns hinter einer Vor-Wand zu verstecken, zum Beispiel um eine „Ausrede" beim Rückzugsgefecht zu haben.

Hier sind Sie wieder gefragt!

Wählen Sie aus dieser Lektion die drei Anregungen aus, die für Sie persönlich die wichtigsten sind. Schreiben Sie kurz auf, was genau Ihnen daran gefällt und wie Sie die drei Anregungen für sich nutzen können.

Der Krieger

Zum Meister kam einst ein Krieger, der fragte: „Gibt es eine Hölle? Gibt es einen Himmel? Und wenn es Himmel und Hölle gibt, wo sind die Tore? Von wo aus betrete ich sie?" Es war ein einfacher Krieger. Krieger sind immer einfach, ohne Hintergedanken, ohne Berechnung. Für sie gibt es nur zwei Dinge: Leben oder Tod. Er war nicht gekommen, um irgendeine Ideologie zu hören. Er wollte wissen, wo das Tor war, um die Hölle zu meiden und den Himmel betreten zu können. Und der Meister antwortete auf eine Art und Weise, die nur ein Krieger verstehen konnte: „Wer bist du?" Der Krieger antwortete: „Ich bin ein großer Krieger, der nicht einen Augenblick zögert, sein Leben zu opfern." Der Meister lachte und sagte: „Du, ein großer Krieger? Du siehst eher aus wie ein Bettler." Der Stolz des Kriegers war verletzt und er vergaß, weshalb er gekommen war. Er zog sein Schwert und wollte den Meister auf der Stelle umbringen. Da lachte der Meister abermals und sagte: „Halte ein. Dies ist das Tor zur Hölle. Mit diesem Schwert, dieser Wut, diesem Ego öffnet sich hier das Tor." Der Krieger verstand unmittelbar. Er steckte das Schwert zurück in die Scheide und der Meister sagte: „Hier öffnet sich das Tor zum Himmel."

10 KARO-KÖNIG
– Bauen Sie eine Brücke zu Ihrem Kunden

Total normal!
Was persönliche „Echtheit" und „Ehrlichkeit" bewirken.

1. Kennen Sie Columbo?

Welchen brillanten Verkäufer kennen Sie? Manchmal hilft es weiter, in ganz anderen Berufszweigen Umschau zu halten. Wenn alles „Verkaufen" ist, wer ist bekannt aus Funk und Fernsehen dafür, erstklassig seine Sendung „zu verkaufen?" Zum Beispiel gibt es einen Seriendetektiv im Fernsehen, der ein erstklassiger „Verkäufer" ist: Inspektor Columbo.

Sie werden sich vielleicht fragen, was Sie von so einem schusselig wirkenden Inspektor, der ein altes klappriges Auto fährt und ständig unrasiert ist, lernen können. Da gibt es einiges:

- ▌ Er stellt sich selbst nie in den Mittelpunkt, er beobachtet die Situation.
- ▌ Er hört gut zu.
- ▌ Er stellt alltägliche, total harmlose Fragen.
- ▌ Er achtet darauf, dass er spontane Antworten auch von den Verdächtigen bekommt und schüchtert niemanden ein.
- ▌ Er ist sehr „normal", plaudert auch über seine Familie, die Gartenarbeit, seine Frau, seinen Hund – ist einfach ein netter Kerl.

Ein ewig perfekter, alles (besser) wissender, pausenlos redender „Supertyp" weckt keine Sympathien. So ein netter Mensch wie Columbo, den mag man, weil er „normal" ist und seine „Ecken" ihn unverwechselbar machen.

Aufgabe:
Wer von Ihnen hat eine Ihrer Meinung nach besonders nette, persönliche Art, erfolgreich mit Kunden umzugehen? Bitte beschreiben Sie möglichst genau, woran Sie dies erkennen.

2. Brillante Kontakte schaffen Sie durch Ihre persönliche Echtheit

Vielleicht haben Sie in Ihrem Leben auch schon die Erfahrung gemacht, dass man sich häufig viel zu viele Sorgen um die Reaktion anderer Menschen macht. In dem Moment, wo man etwas offen zugibt, ist der Druck weg und man erntet überraschende Akzeptanz. So wie der Verkäufer mit dem kleinen Sprachfehler, der mit entwaffnender Offenheit manchmal zu seinen Kunden sagte: „Ich weiß, dass ich etwas lispele. Der Vorteil ist, dass Sie mich immer ganz leicht wiederfinden. Wenn Sie mich suchen, fragen Sie einfach nach dem Kollegen, der so nett lispelt."

3. Spitzenverkäufer gewinnen Freunde

Bei einer Umfrage unter Spitzenverkäufern aus verschiedenen Ländern wurde gefragt, was sie besonders schön an ihrem Beruf finden würden. Häufig tauchten als Antwort Formulierungen auf wie: *Meine Freunde, die Kunden! Das Schönste ist für mich, wenn aus Kunden Freunde werden! Am meisten liegt mir an wirklich freundschaftlichen Gesprächen! So viele freundliche Menschen wie ich trifft noch lange nicht jeder!*

Ehrlich in die Augen schauen, erspart das Flüstern ins Ohr.

Aufgabe:
Selbst wenn Sie so weit nicht gehen würden, diskutieren Sie im Kollegenkreis, was für Sie an Ihrem Beruf besonders reizvoll ist.

4. „Ehrlich währt am längsten"!?

Erfolg ist das, was erfolgt, wenn man sich selbst folgt.

Alle Unternehmen nutzen immer wieder Kundenbefragungen, um möglichst genau herauszufinden, was die Kunden erwarten und kritisieren. Dabei bemängeln viele Kunden immer wieder, dass Verkäufer zu sehr von sich selbst ausgehen, besonders wenn es um Geschmacksfragen geht. Nur zu verständlich, dass Sie auch schon mal in einen Konflikt geraten, wenn Sie einerseits „echt und ehrlich sein wollen" und andererseits sich ganz auf den Kunden einstellen sollen.

Sie brauchen viel Einfühlungsvermögen, wenn ein Kunde einen abenteuerlichen Geschmack hat. Stellen Sie am besten immer wieder die Wünsche und Vorteile des Kunden in den Mittelpunkt, bekanntlich lässt sich über Geschmack nicht streiten!

Mit der Überlegung: „Was nützt dem Kunden, wie kann ich sein Problem so lösen, dass er mehr als zufrieden, nämlich begeistert unser Haus verlässt?" – haben Sie den Schlüssel dazu in der Hand.

Ehrlich gesagt

Im fernen Orient kniete ein gläubiger Mensch in der Moschee, tief ins Gebet versunken. Einem anderen fielen dessen herrliche, kunstvoll gewebten Schnabelschuhe auf, und er stellte sich vor, wie schön es wäre, wenn er selbst solche Schuhe hätte. Der Schritt vom Gedanken zur Tat ist oft nur klein. Er trat an den Betenden heran und flüsterte ihm zu: „Weißt du nicht, dass das Beten in Schuhen nicht das Ohr Gottes erreicht?" Der Fromme unterbrach sein Gebet und flüsterte ebenso leise zurück: „Danke Bruder, ich weiß, aber ehrlich gesagt, ich hoffe, dass mich dann wenigstens meine schönen Schuhe trösten werden."

Es ist besser, ein eckiges Etwas als ein rundes Nichts zu sein.
Friedrich Hebbel

Gleich und gleich gesellt sich gern

Gemeinsamkeiten entdecken.

„Sag mal Paul, kennst du das? Ein Mensch begegnet dir zum ersten Mal und du findest ihn auf Anhieb sympathisch! Jedenfalls ging es mir so mit dir!" Paul wird ganz nachdenklich und schmunzelt: *„Worüber du dir alles Gedanken machst! Nein, da muss ich dich enttäuschen. Ich muss erst einen Sack Salz mit jemandem essen, um mir wirklich ein Urteil zu bilden. Denk doch nur daran, wie lange wir einfach nur so befreundet waren, bis wir uns entschlossen haben zusammenzuleben. Und von uns beiden mal abgesehen – fast immer, wenn ich mir im ersten Moment ein Urteil gebildet habe, musste ich es nachher widerrufen."*

1. Sympathie auf den ersten Blick?

Wir wissen nicht, wie die Diskussion endet. Vielleicht hat jeder auf seine Art Recht. Und doch ist es eine interessante Frage: Wie kommt es, dass uns jemand spontan sympathisch ist und wir ihn einfach mögen (oder umgekehrt – nicht mögen)? In unserem Kopf ist eine Unmenge von Informationen abgespeichert, die wir im Laufe des Lebens aufgenommen haben. Der weitaus größte Teil davon ist uns nicht bewusst. Um nicht unter der Fülle der in jedem Augenblick auf uns einstürmenden Informationen zusammenzubrechen, haben wir Filter eingebaut. Dadurch ist dafür gesorgt, dass nur ca. 6–7 Informationen gleichzeitig in unser Bewusstsein dringen. Selbst das ist noch unglaublich viel, wenn Sie überlegen, wie unterschiedlich die Eindrücke in jedem Augenblick sind. Begegnet uns jemand, wird unser Verstand in Windeseile reagieren und die neuen Eindrücke mit den bereits vorhandenen vergleichen. Er entscheidet sich für ein positives Urteil und Interesse an der Person, wenn er „Ähnlichkeiten" mit anderen sympathischen Personen entdeckt.

Aufgabe:
Erinnern Sie sich an einen Menschen, der Ihnen auf Anhieb sympathisch war. Was genau löste dieses Gefühl aus?

2. Und was ist uns langfristig sympathisch?

In aller Regel sind uns Menschen sympathisch, die uns selbst oder Menschen, die wir sehr mögen, ähneln. Nehmen Sie das „Ähneln" nicht zu wörtlich, damit ist nicht das Aussehen gemeint, sondern gemeinsame Interessen. Selbst wenn zwei Menschen mit völlig unterschiedlichem Aussehen und Charakter miteinander leben, muss es doch Gemeinsamkeiten geben, damit sie zusammen etwas unternehmen und es gemeinsam genießen können.

3. Test im Café

Machen Sie selbst den Test: Setzen Sie sich in ein Café. Nicht nur im Wonnemonat Mai können Sie mit etwas Glück auch ein frisch verliebtes Paar beobachten. Sie werden leicht bemerken, bei welchen Menschen dieser schöne Zustand herrscht: Sie haben eine ähnliche Körperhaltung, gestikulieren und lächeln im gleichen Rhythmus, jeder von beiden gleicht sich (unbewusst!) immer wieder dem anderen an.

4. Die Wissenschaft hat festgestellt ...

Wenn du eine Landmaschine an die Forstleute verkaufen willst, lass die Krawatte zu Hause.

Berühmte Menschen, deren Beruf es war, gut auf andere Menschen als Verhandlungsführer, Arzt oder Verkäufer eingehen zu können, sind mit wissenschaftlicher Genauigkeit beobachtet worden. Wie brachten sie eine gute Verständigung zustande, wie stellten sie immer wieder, auch in Konflikten, guten Kontakt her? Die Entdeckung ihrer „Muster", ihrer immer wiederkehrenden Verhaltensweisen war verblüffend: Sie glichen sich auf die unterschiedlichste Art und Weise ihrem Gesprächspartner an: Die Gesten waren ähnlich, das Sprechtempo, die Lautstärke, die Sprache – lauter Gemeinsamkeiten.

Daraus schloss man, dass es den guten Kontakt erhöht, wenn man diese Ähnlichkeiten herstellt.

5. Sich dem Kunden angleichen ... –

Gemeinsamkeiten verbinden, Unterschiede machen Distanz. Die gemeinsame Wellenlänge entscheidet.

das tun Sie als professioneller Verkäufer ganz automatisch. Wenn Sie in einem guten und harmonischen Kundengespräch beobachtet würden, könnte man zu ähnlichen Ergebnissen wie oben beschrieben kommen. Daraus können Sie ableiten, dass es Ihren Kontakt fördert, wenn Sie Ähnlichkeiten herstellen, besonders in eher schwierigen Kundenkontakten:

■ Steht Ihr Kunde in einer bestimmten Haltung (z. B. mit einer Hand am Ständer, den Körper leicht seitlich gedreht) vor dem Kleiderständer, können Sie eine ähnliche Haltung einnehmen.

■ Spricht Ihr Kunde relativ langsam und bedächtig, können Sie es ihm gleichtun.

Müßig ist zu erwähnen, dass es nicht um ein „Nachäffen" geht, sondern um ein angleichendes Verhalten. Der Unterschied zu einem ganz normalen harmonischen Gespräch ist, dass Sie Elemente daraus bewusst einsetzen, um einen guten Kontakt herzustellen.

Achtung:
Auch hierfür gilt: Die Ausnahme bestätigt die Regel! Wenn ein Kunde sehr erbost ist und laut wird, tun Sie es ihm *nicht* gleich. Wenden Sie dann den ersten Teil der Reklamationsformel an: zuhören, verstehen, wiederholen!

Aufgabe:
1. Achten Sie bei Gesprächen mit Kollegen oder in der Familie einmal auf die Ähnlichkeiten.
2. Stellen Sie selbst durch „angleichendes Verhalten" Ähnlichkeiten her. Welche Erfahrungen machen Sie? Sprechen Sie mit Ihren Kollegen darüber.

Anziehungskraft

Ein erfolgreicher Unternehmer wurde einmal nach seinem wichtigsten Erfolgsrezept gefragt. „Der Erfolg meines Unternehmens ist vor allem meinem Personalchef zu verdanken. Vor vielen Jahren hatte ich von einem Mann gehört, der angeblich ausgezeichnet in den Gesichtern anderer Menschen lesen konnte. Ich war neugierig und lud den Mann zu mir ein. Doch der offenbarte mir, er verstehe keineswegs Gesichtszüge zu deuten, er schätze nur die Menschen nach ihren engen Vertrauten und Freunden ein. ‚Sehe ich einen einfachen Mann, der achtungsvolle, brüderliche Freunde hat, dann weiß ich, dass auf den Mann Verlass ist und er sein Leben meistern wird', erklärte der Mann. ‚Sehe ich in einer Firma, dass der Inhaber kluge und ausgeglichene Direktoren hat, die offen über Entscheidungen und auch über ihre Fehler diskutieren, dann weiß ich, dass das Unternehmen wachsen wird und der Inhaber seinen Direktoren wie auch die Direktoren ihren Mitarbeitern Vorbilder sein werden. Ich verstehe es also nur, die Menschen nach ihren Freunden einzuschätzen, weil ich weiß, dass gleiche Ansichten große Anziehungskraft haben." Mich hat diese Fähigkeit und die Art, wie er sie dargestellt hat, überzeugt, und ich habe ihn gebeten, mein Personalchef zu werden. Ach ja, und Freunde sind wir inzwischen auch geworden."

Die beste Insel ist nicht schön, wenn man mit dem falschen Menschen drauf ist.
Boris Becker

So-ne und solche!

*Die „nützlichen" Grundeinstellungen
im Verkauf.*

1. Recht haben

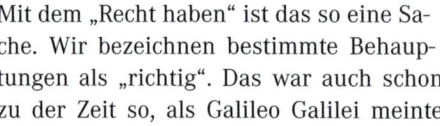

*Optimisten wandeln
auf den Wolken, unter
denen die Pessimisten
Trübsal blasen.*

Mit dem „Recht haben" ist das so eine Sache. Wir bezeichnen bestimmte Behaup-
tungen als „richtig". Das war auch schon
zu der Zeit so, als Galileo Galilei meinte,
die Erde sei keine Scheibe, sondern eine Kugel. Fast hätte man ihn deswe-
gen verbrannt. Einige Jahrhunderte später behauptete ein Forscher, dass es
einen „Pulsschlag" als tastbaren Beweis für die Bewegung des Blutes gäbe.
Ihm wurde von seinen hochgebildeten Medizinerkollegen Scharlatanerie
vorgeworfen. Als vor nicht allzu langer Zeit ein Ingenieur behauptete, dass
man mittels „Schichten in der Atmosphäre" Funkkontakt mit Australien aufnehmen könne, hat man ihm mit akademischer Autorität bewiesen, dass er
Unsinn redet. Heute wissen wir es besser.

2. Und wieder mal: Muster!

Klar, wir brauchen in unserer komplexen Welt „Muster", um nicht ständig
alles neu entscheiden zu müssen und um der Informationsflut Herr zu werden. Wer Muster erkennen kann, ist gut dran, denn er kann damit schnell
unterschiedliche Ereignisse nach Ähnlichkeiten zuordnen. Die Kehrseite
der Medaille ist, dass Denk-Muster auch ganz leicht zu Denk-Blockaden im
Sinne von Einschränkungen in der Aufmerksamkeit führen können. Denken Sie an das „Rot" im zweiten Teil, das vielleicht einmal zu viel genannt
wurde. Sie können es auch körperlich nachvollziehen. Sicher sitzen Sie auch
manchmal ganz gerne mit vor der Brust verschränkten Armen:

> **Aufgabe:**
> Setzen Sie sich mit verschränkten Armen hin. Beachten Sie, welcher Arm
> von Ihnen aus gesehen oben liegt, welcher unten. Jetzt verschränken Sie
> die Arme genau anders herum. Was stellen Sie fest?

3. Denk-Muster

Bezogen auf die Denkweise von Menschen kann man sagen, dass es auch
in der Art des Denkens sehr unterschiedliche Muster gibt. Eines der bekanntesten drückt sich aus in der Antwort auf die Frage:

Ist das Glas halbvoll oder halbleer?

Einmal haben wir das Muster: Ich sehe das, was (noch) da ist, also „positives" Denken. Das andere Muster: Ich sehe das, was (schon) nicht mehr da ist, also „negatives" Denken.

4. Richtig oder falsch?

Es kommt nicht darauf an, nach „richtig" oder „falsch" zu bewerten. Vielmehr besteht die Kunst darin, zwischen den unterschiedlichen Mustern wählen zu können und sie je nach Situation einsetzen zu können. Nehmen wir die „schönste Zeit des Jahres" – die Urlaubszeit. Stellen Sie sich vor, Sie haben zwei Wochen Urlaub. Entscheiden Sie selbst, ob Sie nach einer Woche sagen: *„Wie schade, jetzt ist die Hälfte schon um!"* oder: *„Toll, noch eine Woche in dieser herrlichen Landschaft!"*

5. Nützliche „Muster" im Verkauf

Stellen Sie sich vor, Sie wollen Inline-Skating lernen. Sie kommen in die entsprechende Abteilung eines Sporthauses. Der Verkäufer teilt Ihnen gleich zu Anfang mit, was für Risiken auf Sie zukommen. Er zählt die Gefahren für Ihre Gesundheit auf, die er gewissenhaft mit Unfallzahlen aus der Vergangenheit begründet. Er hat auch noch ein paar persönliche negative Erfahrungen auf Lager. Er tut dies alles, damit Sie gut informiert sind, in bester Absicht. Würden Sie sich die Inline-Skates bei diesem Verkäufer kaufen?

Mag sein, dass Sie ein optimistischer Mensch und nicht so schnell zu verunsichern sind, aber Sie könnten auch mehr oder weniger verschreckt mindestens noch einmal alles überdenken wollen. Vielleicht haben Sie Glück, gehen in ein Sportgeschäft und geraten an eine Verkäuferin, die Ihnen die Vorteile, den Spaß am Inline-Skating schildert. Sie sieht zwar realistisch die Gefahren, tut dies aber im Zusammenhang mit der Empfehlung, auf jeden Fall nicht nur das Sportgerät, sondern auch Knie- und Handgelenkschoner zu kaufen. Sie malt Ihnen aus, wie schnell der Sport zu erlernen ist, und wie viel Freude Sie daran haben werden.

Der Pessimist sagt: Alle Menschen sind verführbar. Der Optimist sagt: Gott sei Dank!

Damit haben Sie zwei verschiedene Denk-Muster, zwei unterschiedliche Grundeinstellungen entdeckt:

a) Problem/Vergangenheit ⟶ **Pessimist**
b) Lösung/Zukunft ⟶ **Optimist**

Aufgabe:
Wie wirken sich Ihrer persönlichen Meinung nach die beiden Einstellungen im Verkauf aus? Achtung: Hier geht es nicht um „richtig" oder „falsch" sondern um „nützlich" für die berufliche Aufgabe.

Man kann nie wissen!

Ein Lehrer saß während eines schönen Sommertages bei geöffnetem Fenster an seinem Schreibtisch und wollte die Arbeiten seiner Schüler korrigieren. Doch konnte er sich nicht so recht darauf konzentrieren, denn unter dem Fenster spielte und lärmte eine bunte Kinderschar. Endlich meinte der Lehrer, dass nun auch die Geduld des größten Kinderfreundes erschöpft sein müsste. Er lehnte sich aus dem Fenster und rief in den Hof hinunter: „He, ihr Taugenichtse, habt ihr es denn nicht gesehen: Hinter dem Stadtpark ist ein Ufo gelandet!" Unter großem Gejohle rannten die Kinder fort. Eine Weile war es herrlich ruhig und der Lehrer vertiefte sich wieder in seine Arbeit. Doch plötzlich erschallte der Lärm zahlreicher Autos, das Klingeln vieler Fahrräder und die Stimmen vieler Menschen. Alles, was Beine, Krücken oder Räder hatte, war auf dem Weg zum Stadtpark. Der Lehrer stutzte, schloss seine Bücher und lief zur Türe. „Wo willst du denn hin?" rief verwundert seine Frau. „Etwa auch zum Stadtpark? Du hast doch die Geschichte mit dem Ufo selbst erfunden!" „Ja, schon", erwiderte der Lehrer. „Aber, man kann nie wissen ..."

Mögen Sie Spinnen?

Wie man Lösungen mit Abstand näher kommt.

1. Meine Freundin Doris

Mögen Sie Spinnen? Ja, diese interessanten Tiere mit den kunstvollen Netzen. Meine Freundin Doris schüttelt sich vor Ekel, wenn sie nur an Spinnen denkt. Was für Doris die Spinnen, sind für andere Menschen Mäuse – eklige Tiere. Und – es soll auch eklige Kunden geben. Damit sind nicht „normale" Kunden gemeint, die sich nicht entscheiden können oder alles ganz genau wissen wollen. Nein, so ein richtiges „Ekel" kommt manchmal vor, ohne dass wir wissen, was einen Kunden für uns zu einem extrem unsympathischen Zeitgenossen macht. Paul kann davon ein Lied singen:

2. Ihr Freund Paul

„Paula, ich habe alles versucht: Verständnis, zuhören, ach – was sage ich – Hin-hören, angleichen über die Körperhaltung, lösungsorientierte Formulie-rungen! Keine Chance, heute ist es passiert. So ein Unsympath hat mich so richtig fertig gemacht. Er wollte einen eingelaufenen Wollschal reklamieren. Gut, zugegeben, zum Schluss konnte ich nur noch sagen: ‚Ja, das verstehe ich, Sie können diese komplizierten Programme an Ihrer Waschmaschine ja nicht alle auswendig kennen'. Zugegeben, es klang ironisch und damit war alles zu spät. Auch die Rückzahlung des Kaufpreises konnte den Kunden nicht mehr besänftigen. Ach, es war schrecklich. Er hat wutschnaubend sein Geld einge-steckt, ist immer noch laut schimpfend raus und ich war fix und fertig für den Rest des Tages."

3. Was hat Paul vergessen?

Haben Sie vielleicht einen Verdacht, was zwischen dem geduldigen, freundlichen Paul und dem Kunden, nennen wir ihn Herrn Z., wirklich passiert
sein könnte? Was hätte Paul denn nur tun können, um „einen solchen Kunden" erfolgreich zu bedienen?

> **Aufgabe:**
> Haben Sie persönliche Erfahrungen mit solchen Situationen? Wenn Sie sich
> in die beschriebene Situation versetzen, was hätten Sie Paul geraten?

Sicher ist Ihnen einiges eingefallen, denn Sie können mit Abstand und in
Ruhe überlegen. Eins vorweg: **Wenn es so richtig schief geht zwischen
Ihnen und dem Kunden, kann vorher schon einiges
passiert sein, von dem Sie nichts ahnen. So kann
z. B. das, was der Kunde erlebte, bevor er zu Ihnen
kam, der Grund für seine Gereiztheit sein.** Stellen
Sie sich vor, Paul fährt nach seinem Erlebnis mit Herrn
Z. mit der Bahn nach Hause, es regnet in Strömen,
beim Einsteigen rammt ihm jemand den Regenschirm
ins Kreuz und zu Hause angekommen klingelt er Sturm,
weil er seinen Schlüssel vergessen hat. Wie wird er Paula
begrüßen? Ohne dass Paula daran den geringsten Anteil
hat, wird sie wahrscheinlich Pauls Frust ausbaden müssen. So kommen manchmal auch Kunden zu Ihnen.

4. Achtung, Angriff

Manchmal haben wir, ohne den Grund auch nur zu
ahnen, bei manchen Menschen das Gefühl eines Angriffs und gehen, ohne es zu merken, in eine Gegenangriffs- oder Verteidigungshaltung. Das
hat Einfluss auf unsere Einstellung und auch auf unsere Körpersprache
und Mimik. **Wenn Sie mit einem bestimmten Kundentyp immer wieder Probleme haben, hat es wahrscheinlich mit Ihren (unbewussten)
Reaktionen zu tun.** Es ist möglich, dass ein Kollege mit „solchen" Kunden
bestens klarkommt.

5. Wie geht es weiter?

Nehmen Sie Ihre Phantasie zu Hilfe und den positiven Fall an, dass Paula die
Grundeinstellung **Lösung, Zukunft → Optimist** hat und – viel Verständnis
für ihren Paul. Dann ist es möglich, dass die beiden eine Weile später doch
noch ein richtig gutes Gespräch bei einem Bierchen am Küchentisch führen
können. Nachdem der größte Zorn verraucht ist, kann Paul von Paula angeregt überlegen, wie er zukünftig auf „solche" Kunden angemessener reagieren kann: z. B. „echtes" Verständnis signalisieren, den positiven Effekt

*Um klarer zu sehen,
genügt manchmal
ein Wechsel
der Blickrichtung.*

von kulanter Reklamationsbehandlung in den Vordergrund stellen usw. Vor allem kann Paul mit etwas Abstand viel besser überlegen, wie er in Zukunft mit solchen Situationen besser fertig wird.

6. Ein heißer Tipp

„Paul, ich hab's. Stell dir doch bitte mal vor, du könntest die Situation mit Herrn Z. wie in einem Video anschauen. Was fällt dir auf?" Paul tut sich zwar ein wenig schwer, kriegt dann aber sein Gedanken-Video ganz gut hin. „Tja, wenn ich es mir so anschaue, ich hätte viel früher mit dem Angebot der Rückzahlung reagieren sollen, bevor der Kunde langatmig erklären musste, warum der Schal eingelaufen ist. Wir sind ja für unsere Kulanz bekannt. Und dann meine Ironie! Völlig unsinnig!" Paul sagt ganz nachdenklich: „Komisch, jetzt kann ich gar nicht mehr verstehen, wieso der Kunde mich so genervt hat!"

Haben Sie schon einmal ähnliche Erfahrungen gemacht? **Mit etwas zeitlichem Abstand kommen manchmal die besten Ideen. Dieser Abstand kann zustande kommen, wenn einige Zeit vergangen ist, oder auch von Ihnen gezielt in schwierigen Situationen hergestellt und genutzt werden, wenn Sie den Kamera-Blick einsetzen.** Was auch immer bestimmte Kunden in Ihnen auslösen, und was Sie besonders gereizt reagieren lässt, „mit Abstand betrachtet" bleiben die Gefühle im Hintergrund und Sie behalten den Überblick und die Situation im Griff. Wie können Sie das praktisch anwenden? Wenden Sie den Kamera-Blick an oder drehen Sie Ihr Gedanken-Video! Ähnlich wie im Kapitel „Weiß schon alles!" im Teil zwei, können Sie den Kamera-Blick nutzen, um Abstand zu gewinnen, wenn Sie mit für Sie persönlich „schwierigen" Kunden Gespräche führen.

Aufgabe:
Bitte üben Sie auch in ganz „normalen" Kundengesprächen immer wieder den Kamera-Blick, um ihn für schwierige Situationen parat zu haben.

Der wandernde Fußtritt

Montagmorgen-Hektik. Der Sonntagabend mit Freunden war wunderschön, aber die Nacht zu kurz. Ein Schluck Kaffee im Stehen, da will der Sohnemann noch so ganz nebenbei die Fünf in Mathe unterschrieben haben. Dabei murmelt er etwas von „blöde Pauker". Der Vater kann nur noch sagen: „Zu meiner Zeit hätte es was gesetzt!" und ist schon zur Tür, um die Straßenbahn noch zu erwischen. Die ist natürlich gerade weg. Auf den letzten Drücker kommt er im Geschäft an. Da liegt ein Zettel, dass Kollege Müller leider wegen Migräne später kommt. Also die Ware alleine einräumen. Am Nachmittag ein Gespräch mit dem Azubi, der die Ausbildung abbrechen will, weil er 'nen Job als Kellner in seiner Lieblingskneipe haben kann. Er überlegt es sich noch mal. Endlich! Auch dieser Tag geht vorbei. Zu Hause angekommen, übergibt die Gattin die

Türklinke und ruft, schon auf der Treppe: *„Liebling, ich bin zum Aerobic, kann später werden, mach dir doch ein Käsebrot und geh noch mit Trixi Gassi, hab ich leider nicht geschafft."* Der Hund winselt hinter Frauchen her. Herrchen kann ihm nur noch einen Tritt verpassen und brüllen: *„Sei endlich still, die Nachbarn!"* Armer Hund!

Zusammenfassung KARO-KÖNIG

Total normal!

Ein ewig perfekter, alles (besser) wissender, pausenlos redender „Supertyp" weckt keine Sympathien. So ein netter Mensch wie Columbo, den mag man, weil er „normal" ist und seine „Ecken" ihn unverwechselbar machen.

Sie brauchen viel Einfühlungsvermögen, wenn ein Kunde einen abenteuerlichen Geschmack hat. Stellen Sie am besten immer wieder die Wünsche und Vorteile des Kunden in den Mittelpunkt, bekanntlich lässt sich über Geschmack nicht streiten!

Gleich und gleich gesellt sich gern

In aller Regel sind uns Menschen sympathisch, die uns selbst oder Menschen, die wir sehr mögen, ähneln.

Daraus können Sie ableiten, dass es Ihren Kontakt fördert, wenn Sie Ähnlichkeiten herstellen, besonders in eher schwierigen Kundenkontakten.

So-ne und solche!

Bezogen auf die Denkweise von Menschen kann man sagen, dass es auch in der Art des Denkens sehr unterschiedliche Muster gibt. Eines der bekanntesten drückt sich aus in der Antwort auf die Frage: Ist das Glas halbvoll oder halbleer?

Damit haben Sie zwei verschiedene Denk-Muster, zwei unterschiedliche Grundeinstellungen, entdeckt:
a) Problem/Vergangenheit ⟶ Pessimist
b) Lösung/Zukunft ⟶ Optimist

Mögen Sie Spinnen?

Eins vorweg: Wenn es so richtig schief geht zwischen Ihnen und dem Kunden, kann vorher schon einiges passiert sein, von dem Sie nichts ahnen. So kann z. B. das, was der Kunde erlebte, bevor er zu Ihnen kam, der Grund für seine Gereiztheit sein.

Wenn Sie mit einem bestimmten Kundentyp immer wieder Probleme haben, hat es wahrscheinlich mit Ihren (unbewussten) Reaktionen zu tun.

Mit etwas zeitlichem Abstand kommen manchmal die besten Ideen. Dieser Abstand kann zustande kommen, wenn einige Zeit vergangen ist, oder auch von Ihnen gezielt in schwierigen Situationen hergestellt und genutzt werden, wenn Sie den Kamera-Blick einsetzen.

Hier sind Sie wieder gefragt!

Wählen Sie aus dieser Lektion die drei Anregungen aus, die für Sie persönlich die wichtigsten sind. Schreiben Sie kurz auf, was genau Ihnen daran gefällt und wie Sie die drei Anregungen für sich nutzen können.

Knapp entkommen

Ein listiger Fuchs hatte seit langem auf den schönsten Hahn des Bauern ein Auge geworfen. Er wusste, es würde nicht genügen, den prächtigen Burschen in einen einsamen Winkel zu locken, denn er war mit einem starken Schnabel und wehrhaften Sporen ausgerüstet. Eines Tages waren die Umstände günstig. Der Fuchs kam hinter dem Rosenstock hervor und sagte: „Werter Hahn, schon lange bin ich von Eurem herrlichen Kikeriki begeistert. Doch sagt mir, ist es denn wahr, dass Ihr nur mit offenen Augen krähen könnt und nur krächzen könnt, wenn Ihr die Augen beim Krähen schließt?" „So etwas Dummes können nur Waldtiere glauben", antwortete der Hahn. „Ihr könnt Euch sofort vom Gegenteil überzeugen." Der Hahn schloss die Augen, öffnete den Schnabel, da schnappte der Fuchs zu und rannte los. Er hielt seine zappelnde Beute fest, doch als er an der Scheune vorbeilief, sah ihn der Bauer. Der schnappte sich ein Holzscheit und nahm die Verfolgung auf. Der Hahn bekam trotz seiner misslichen Lage alles mit. „Er wird uns beide totprügeln. Schnell, sagt ihm, dass ich Euch freiwillig begleite", röchelte er. „Euer Hahn ist freiwillig mitgegangen", rief der Fuchs dem Bauern in seiner Angst zu. Doch kaum hatte er sein Maul geöffnet, flatterte der Hahn kräftig – und entkam. So wurden beide an diesem Nachmittag um eine Erfahrung reicher. „Man sollte nicht sprechen, wenn es besser wäre zu schweigen", dachte der Fuchs. „Man sollte nicht mit geschlossenen Augen krähen, wenn es besser wäre, mit offenen Augen durch die Welt zu gehen", dachte der Hahn.

11 KARO-DAME
– Mit Verstand und Gefühl
bei Ihrem Kunden

Stimmung machen

Wie man seine eigene Stimmung testen kann.

1. Montagmorgen-Frust gefällig?

Wenn wir Kollegen oder Bekannte von der „Montagmor-
gen-Sorte" treffen, die uns nur schlechte Nachrichten vom
Wochenende übermitteln, dann drücken wir es so aus:
„Der zieht mich immer so runter." Schlechte Stimmung
kann ebenso ansteckend sein wie gute Laune. Wenn dann
noch ein Kunde von der gleichen Sorte kommt, ein paar
tückische kleine Fehler Sie an der Kasse ärgern, dann
kann es schon sein, dass Sie sich ganz schön frustriert oder
gar verärgert fühlen. Die Ärger-Gefühle (und damit das „Fühl-Hirn") gewinnen die Oberhand und Sie merken erst viel später, wie aus dem bisschen
Alltags-Frust im Laufe des Tages richtiger Stress wird.

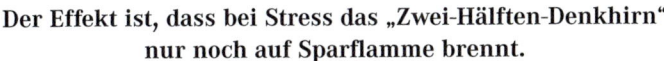

**Der Effekt ist, dass bei Stress das „Zwei-Hälften-Denkhirn"
nur noch auf Sparflamme brennt.**

2. Der Neandertaler in uns

Ihr Verstand bekommt das alles genauestens mit und hat vielleicht schon
auf das „Neandertaler-Programm" geschaltet. Das war zu den Zeiten nützlich, als wir noch mit der Keule hintereinander hergerannt sind, wilde Tiere
erlegten und ums nackte Überleben kämpfen mussten. Da kam es noch nicht
auf Ideenreichtum, sondern auf schnelle, kraftvolle Reaktionen an. Leider
hat uns das entsprechende „Muster" manchmal auch heute noch fest im
Griff. „Ich koche, ich sehe rot, ich platze gleich!" Unsere Sprache drückt genau aus, wie wir körperlich auf Stress reagieren – am liebsten mit schneller
Energieentladung.

3. Einfach gut drauf

Wenn wir im Gegensatz dazu locker sind, humorvolle Gedanken haben und
positive Gespräche führen, werden wir uns ausgeglichener und ideenreicher
fühlen. Dies hat mit den hormonellen Programmen zu tun, die auf „Frust-
oder Lustsignale" reagieren und der vollen Beteiligung unseres „Zwei-Hälften-Denkhirns". Erinnern Sie sich noch an das „60-Sekunden-Lächeln"?

*Die beste Gelegenheit
ist immer die,
die man nutzt.*

Durch die entsprechenden Gesichtsmuskeln wird dem Gehirn signalisiert, dass „Freude- bzw. Lusthormone" auszuschütten sind.

4. Eigentest auf gute Stimmung

Wie können Sie herausfinden, ob Sie wirklich „voll auf Sendung", ausgeglichen und entspannt sind, sodass beide Gehirnhälften optimal zusammenarbeiten? Ganz einfach, mit dem „Klatschtest":

> **Aufgabe:**
> Vielleicht haben Sie Lust, den Klatschtest gleich mitzumachen? Sie können es natürlich auch in einer ruhigen Minute zuhause ausprobieren.
> - Wie ist Ihre Stimmung gerade jetzt, in diesem Moment? Sehen Sie sich um, hören Sie, was es um Sie herum zu hören gibt, fühlen Sie, wie bequem Sie sitzen oder stehen.
> - Öffnen Sie die Arme weit. Wenn Sie alles um sich herum genau registriert haben, klatschen Sie die Hände zusammen und lassen Sie sie zusammen.

Kleine Taten, die man ausführt, sind besser als große, die man plant.

Mögliche Ergebnisse:

❚ Rechte und linke Hand landen genau deckungsgleich aufeinander. Dann sind Sie guter Stimmung, entspannt und haben beide Gehirnhälften eingeschaltet.

❚ Ihre Hände passen nicht genau zusammen. Dann hat eine Gehirnhälfte die Führung übernommen, es gibt Stresseinfluss. Nicht immer ist der groß, und doch ... Lehnen Sie sich einen Augenblick zurück und überlegen Sie: Was würde mir jetzt gut tun? Brauche ich etwas zu trinken, zu essen, nervt mich die Situation? Sollte ich mich mal genüsslich recken und strecken?

Achtung: Wenn Sie die Hände so langsam zusammenführen, dass sie genau passen, haben Sie nicht spontan getestet, wie Ihre Stimmung und Gleichschaltung der Gehirnhälften ist, sondern ausprobiert, wie Sie sich selbst ein bisschen beschummeln können.

5. Immer gut gelaunt?

Kennen Sie das, wenn Sie jemand so richtig geärgert hat? Später, wenn Sie jemandem die Situation erzählen, fällt Ihnen ein, was Sie alles schlagfertig hätten erwidern können. Die Gelegenheit ist verpasst, im Moment des Geschehens war Denkpause, weil das „Zwei-Hälften-Denkhirn" nicht optimal im Einsatz war. Sie werden vielleicht jetzt sagen: „Das geht doch gar nicht, immer gut gelaunt sein."

**Es kommt auf Ihr Ziel an. Wenn Sie sich selbst und allen Ihren Kunden wirklich einen Gefallen tun wollen, wäre das der Idealzustand.
Doch keine Sorge: Auch der Weg zu diesem Idealzustand ist schon spannend und lohnend.**

Wie wäre es, wenn Sie immer wieder zwischendurch mal testen, wie Ihr Klatsch-Test-Ergebnis ausfällt? Schließlich belastet Stress auch Ihr Immunsystem. Da wir gerade vom Immunsystem sprechen …: Wussten Sie schon, dass Sie in ein paar Minuten täglich Ihr Immunsystem stabilisieren können? Ganz nebenbei können Sie sich so auch noch „entärgern" oder „entstressen". Im nächsten Kapitel werden Sie erfahren, wie.

Vertraue auf Gott

Ein Meister reist mit einigen seiner Schüler. In der Nacht kamen sie zu einer Karawanserei. Ein Schüler sollte sich um das Kamel des Meisters kümmern. Er ließ das Kamel unter einer Palme zurück, ging in sein Zelt, verrichtete vor dem Einschlafen seine Gebete voller Inbrunst und sagte zu Gott: „O Herr, ich vertraue dir, dass du dich auch um das Kamel kümmerst." Am Morgen ging er zu der Palme, unter der er am Abend das Kamel zurückgelassen hatte – es war weg. Er lief zu seinem Meister und schrie: „Was ist das für eine Welt? Noch gestern Abend habe ich voller Inbrunst zu Gott gebetet und das Kamel ihm anvertraut. Und jetzt ist es weg. Ich befolge alle seine Gebote, achte auf Gottes Wort, und was habe ich nun davon? Ist das göttliche Gerechtigkeit?" Als ihm endlich der Atem knapp wurde, lächelte der Meister ihn an und sagte: „Glaube an Gott – und binde das Kamel mit deinen eigenen Händen fest. Gott hat keine anderen als deine!"

Sobald du handeln willst, musst du die Tür zum Zweifel verschließen.
Nietzsche

Holen Sie sich Beweise!

Wie uns Gedanken beeinflussen können.

1. Wie wäre es mit einem weiteren Test?

Die beiden amerikanischen Forscher, die sich besonders intensiv mit den körperlichen Reaktionen auf Gedanken auseinandergesetzt haben, entdeckten noch einen anderen Test. Damit gaben Sie uns allen ein Kontrollinstrument in die Hand, mit dem wir die Auswirkungen unseres Denkens auf unsere Kraft und Energie testen können.

Der schon berühmt gewordene Muskel- oder Armtest, den Sie mithilfe eines Kollegen oder Freundes durchführen können, geht so:

2. Und die Moral von der Geschicht?

Zunächst ist festzuhalten, dass es hier nicht um irgendwelche merkwürdigen Tricks geht. Die Vorgänge sind nachzuvollziehen, wenn man sich klar macht, wie unser Verstand mit unserem Körper zusammenarbeitet. Der so genannte Delta-Muskel im Arm kann das Schultergelenk sperren. Bei einem durchschnittlich körperlich entwickelten Menschen kann er einem Druck von ca. 40 Pfund widerstehen. Wenn der Muskel geschwächt wird, kann er nur ca. 15 Pfund standhalten. Der Armtest zeigt uns, wie die eigenen Gedanken uns stärken oder schwächen können. Probieren Sie es aus!

3. Stichwort: Immunsystem

Stress und Ärger rufen bestimmte körperliche Reaktionen hervor. Das ist zunächst eine wertneutrale Feststellung, die wohl keinen von uns weiter verwundert, denn Stress gehört zu unserem Alltag dazu und ist auch weiter nicht schlimm, wenn er immer wieder abgebaut wird. Aber wie baut man Stress ab?

Da Stress insbesondere durch körperliche Aktivität abgebaut wird, sollten Sie sich immer in der Nähe einer hohen Palme aufhalten, auf die Sie klettern, wenn es mal ganz dicke kommt. Das ist natürlich nicht so ernst gemeint, wäre aber durchaus wirkungsvoll. Zum Glück gibt es noch andere Lösungen, die übrigens ganz nebenbei auch noch Ihrem Immunsystem gut tun. Denn Stress ist, in welcher Form auch immer, prima für kurzfristigen Alarm und anschließende körperliche Hochleistung. Ganz schlecht allerdings als Dauerzustand. Der durch Stress ausgelöste Ärger oder der durch Ärger ausgelöste Stress wirkt sich, wenn er dauerhaft auftritt, negativ auf das Immunsystem aus. Wenn es uns also bei aller Übung und bei noch so positiver Einstellung mal

Der Verstand und die Fähigkeit, ihn zu gebrauchen, sind zwei verschiedene Gaben.
Grillparzer

erwischt, sollten wir uns schleunigst „entärgern – entstressen"! Wie geht das? Ganz einfach:

4. Wie die alten Römer und Griechen

legt man die Fingerspitzen einer Hand auf das Brustbein, ungefähr in Höhe der zweiten Rippe (ca. 2 Handbreit unter der Kehle). Damit sind Sie direkt auf dem Thymuspunkt, der über der Thymusdrüse liegt. 10–20maliges Klopfen hebt die Schwächung des Muskels durch negative Gedanken auf und ärgerliche Gedanken werden so neutralisiert. Das wussten schon die alten Römer und Griechen. Wenn wir noch ältere Vorfahren suchen, könnte uns der Gedanke kommen, dass die Menschenaffen sich manchmal so nachhaltig mit ihren Fäusten auf die Brust klopfen ... Diese Bewegung könnte allerdings etwas merkwürdig wirken.

Gut, dass man den Thymus auch aktivieren kann, wenn man die Zunge gegen den Gaumen drückt. Die Spitze der Zunge liegt dabei ungefähr eine halben Zentimeter hinter den oberen Schneidezähnen. Dieser zentrierende Punkt aktiviert beide Gehirnhälften und schlägt damit dem Stress ein Schnippchen, der immer nur eine Hälfte arbeiten lässt.

5. Welche Gehirnleistungen brauchen wir?

Besonders in schwierigen Situationen mit Kunden brauchen wir alle Fähigkeiten unseres „Zwei-Hälften-Denkhirns": gute, logische Argumente, die „richtigen" Worte im Sinne von „kundengerecht", gute Einfühlung und nicht zuletzt Kreativität, um gute Lösungsideen zu haben. Und das am besten alles gleichzeitig. Na und? Kein Problem, wenn wir „gut drauf sind" und beide Gehirnhälften nutzen.

Das Herz ist frei

In schweren Ketten und aneinander gefesselt wurden dem Fürsten die neuen Sklaven vorgeführt. Mit gesenkten Köpfen standen sie da. Nur einer schaute fröhlich umher und sang dazu eine leise Melodie. Obwohl er immer wieder den Stock der Wärter zu spüren bekam, ließ er von seinem Singen nicht ab. „Was ist mit dir, Mann? Wie kannst du in deiner Situation noch fröhlich sein?", fragte der Fürst. „Warum nicht, mein Herr?", erwiderte der Sklave. „Sie haben doch nur meine Beine in Ketten geschlagen, mein Herz jedoch nicht!" „Lasst den Mann frei", befahl der Fürst den Wärtern. „Bei ihm sind Ketten nutzlos."

Spieglein, Spieglein, an der Wand ...

Wie man sich eine Vorstellung von seinen Zielen machen kann.

1. Märchenhafte Fähigkeiten

Können Sie sich in Gedanken selber sehen oder brauchen Sie dazu wie im Märchen von Schneewittchen immer einen Spiegel? Probieren Sie es als Erstes aus:

> **Aufgabe:**
> Schließen Sie einen Moment die Augen. Stellen Sie sich vor Ihrem inneren Auge vor, wie Ihr Arbeitsplatz aussieht, wo genau die einzelnen Tische und Theken, Regale, Ständer stehen. Arbeiten Sie ein paar Minuten an diesem Bild, bis Sie es ganz genau vor Augen haben.
> Gehen Sie selber in das Bild hinein. Gehen Sie in Ihrer Abteilung herum, sehen Sie sich selbst dabei zu, wie Sie herumgehen und arbeiten.

Wenn Ihnen diese Übung leicht gefallen ist, wunderbar, dann können Sie gleich weitermachen mit dem 2. Teil der Aufgabe.

Sollten Sie einige Schwierigkeiten haben, können Sie jeden Tag ein paarmal üben – Sie werden feststellen, dass es von Mal zu Mal besser klappt. Alles nur eine Frage der Gewohnheit. Der eine Mensch arbeitet gedanklich, ohne weiter darüber nachzudenken, in Bildern, der andere hat schneller Zugang zu Gefühlen oder Klängen. Sie erinnern sich aus dem zweiten Teil, dass Paul gewohnt war, alles mit Worten des Fühlens auszudrücken und Paula immer den „Überblick" brauchte, also mit Vorliebe das „Sehen" einsetzte.

2. Wozu soll das alles gut sein?

Eine berechtigte Frage, schließlich geht es um Ihren Nutzen. Als „Kunde" dieses Lernprogramms interessiert Sie der Nutzen, den Sie davon haben. Grundsätzlich gibt es bei allen Dingen, die uns am Herzen liegen, so etwas wie eine gedanklich günstige oder eine gedanklich ungünstige Vorbereitung. Wenn jemand vor einer Prüfung steht, kann er (unbewusst) in Bildern denken:

❙ *So wird es aussehen, wenn der Prüfer mir das positive Ergebnis mitteilt.*
   Er kann sich aber auch vorstellen, wie es ist,
❙ *wenn der Prüfer bedauernd den Kopf schüttelt.*

Welche gedankliche Vorbereitung halten Sie für nützlich? Der Armtest könnte Ihnen direkten Aufschluss darüber geben, weil der Energiepegel niedrig ist, wenn man sich mit Misserfolgsbildern beschäftigt.

All das ist in aller Regel nicht bewusst, das Wie des Denkens wird nicht bemerkt. Was man bemerkt, ist allenfalls das schlechte Gefühl, das Kribbeln in der Magengegend, wenn man an das Thema Prüfung denkt.

Der erste Schritt ist also, sich darüber klarzuwerden, „wie" – d. h. in welchen Bildern denke ich über ein Thema nach?

3. Bilder machen Ziele erreichbar

Jetzt spielt es noch eine Rolle, welches Ziel Sie haben und wie Sie darüber denken. Es ist ja möglich, dass Sie denken: *So lange will ich meinen Job nicht machen. Ich sorge schon mal dafür, dass er mir schwer fällt und ich gute Gründe habe, ihn aufzugeben.* Dazu passt ein eher unangenehmes Zielbild, in dem Sie an Ihrer Mimik und Gestik erkennen können, wie schwer es Ihnen fällt, mit Kunden zu reden, wie angestrengt Ihr eigener Gesichtsausdruck ist, wenn viel zu tun ist, etc.

Wenn das nicht der Fall ist (ehrlich gesagt, davon gehen wir aus!), dann passen für Sie Zielformulierungen wie: *Ich möchte meinen Beruf mit Freude und Erfolg ausführen.* Sie sehen sich im Gespräch mit Kunden, Ihren freundlichen Gesichtsausdruck, Ihre aktiven Bewegungen, die Zustimmung des Kunden zu Ihren Vorschlägen, wie Sie den Kunden zur Kasse bringen etc.

Wenn du ein Schiff bauen willst, dann rufe nicht die Menschen zusammen, um Aufgaben zu vereilen und die Arbeit einzuteilen, sondern lehre sie die Sehnsucht nach dem großen weiten Meer.
Nach Antoine de Saint-Exupéry

4. Mein Ziel ist …

Wie geht Ihre Formulierung weiter? Bitte stellen Sie sicher, dass Ihre Formulierung so konkret wie möglich ist und dass Sie sie positiv, also ohne Verneinung oder Vergleich formuliert haben. Wenn Sie sagen: *„Ich möchte meinen Beruf nicht mehr anstrengend finden"*, geht es Ihnen wie dem Fahrgast, der am Münchner Hauptbahnhof ins Taxi steigt und sagt: *„Ich möchte nicht zum Stachus!"* Damit wusste der Taxifahrer aber noch lange nicht, wohin er denn nun fahren sollte. Also wenn man weiß, was man nicht will, reicht das für eine Zielformulierung nicht. Formulieren Sie, was Sie wollen.

Das Ebenbild

Eine Königin lebte in ihrem wunderschönen Schloss mit ihrem kecken, kleinen Hündchen, das sie sehr liebte. Als es einmal durch die Säle und Räume des Palastes lief, wagte es keiner der Diener, den Hund zu verjagen. So kam das Tierchen auch in den Spiegelsaal, der über und über mit den funkelndsten Kristallspiegeln ausgekleidet war. Wie erschrak es, als es sich plötzlich von Hunderten kleiner Hündchen umringt sah. Wütend fletschte es die Zähne, und Hunderte seiner Artgenossen fletschten ebenfalls die Zähne. Knurrend und äußerst gereizt begann es, im kreisrunden Saal herumzurennen, und alle Hunde jagten ihm nach. Da hetzte es in seiner ohnmächtigen Wut so lange im Kreise herum, verfolgt von Hunderten Spiegelbildern, bis es tot zusammenbrach. Ach, hätte es doch nur einmal freundlich mit dem Schwanz gewedelt!

Wer missmutig in den Spiegel schaut, sieht einen missmutigen Menschen.

Konzentration ist alles – alles ist Konzentration

Was eine gute Konzentration bewirken kann.

1. Hör mal, wer da spricht!

Geht es Ihnen auch häufig so, dass Sie Selbstgespräche führen? Einfach nur so, im Kopf? Kein Grund zur Beunruhigung, das ist bei den meisten Menschen so. Erstaunlich ist, dass diese Stimme vielen Menschen bewusst ist, sobald man sie darauf anspricht. Diese innere Stimme kann sich auch auf Ihre Konzentration auswirken. Wie steht es bei Ihnen mit der Konzentration?

Aufgabe:
Stellen Sie sich vor, Sie sollten Ihre eigene Konzentrationsfähigkeit auf einer Skala von 1 bis 10 einschätzen.
1 = schlecht 10 = super.

(Ein Wert unter 5 ist ein Signal, die Konzentrationsfähigkeit zu üben. Liegt Ihr Wert darüber, entscheiden Sie selbst, wie viel Sie noch verbessern wollen.)

2. Erfolgreiche Ablenkungsmanöver

Die innere Stimme ist manchmal richtig „nervig" – sie stört uns bei Tätigkeiten, die wir nicht so gerne machen oder aber routinemäßig erledigen. Dann mäkelt sie so lange herum, bis wir ihr unsere Aufmerksamkeit zuwenden und unsere Gedanken in eine andere Richtung als die lenken, bei der wir gerade tätig sind. Wir sind „abgelenkt" und unsere Gedanken gehen auf Wanderschaft. Wie von Geisterhand landen

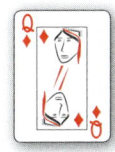

dann die falschen Etiketten auf der Ware oder die Ware am falschen Platz. Oder wir sind in Gedanken noch bei dem Kundengespräch von vorhin und brauchten einen Moment X, um uns auf das nächste Gespräch voll und ganz konzentrieren zu können.

Fazit: Wenn wir uns gleichzeitig auf zwei Gedankenrichtungen einlassen (eine geht in Richtung Tun, eine geht in Richtung Träumen), verteilen wir unsere Energie auf die zwei Richtungen und teilen damit die uns zur Verfügung stehende Kraft und Dynamik. Wir tun keins von beiden richtig.

3. Mittelmaß oder Spitzenleistung?

„Wir leben nun mal in einer schnelllebigen Zeit, wo man manchmal an mehrere Dinge gleichzeitig denken muss!" hört man manchmal aus berufenem Munde. Das mag angehen, wenn man sich mit mittelmäßigen Leistungen zufrieden gibt.

Wollen Sie jedoch wirklich erstklassige Leistungen erzielen, ganz gleich in welcher Disziplin, dann ist das leider ein Holzweg. Wir wissen aus der Stressforschung, dass der Neandertaler immer noch in uns schlummert. Wir werden akzeptieren müssen, dass bei aller Schnelllebigkeit die Arbeitsweise des Verstandes und die hormonellen Reaktionen sich nicht innerhalb kurzer Zeitspannen ändern.

Der Stress von heute ist die gute, alte Zeit von übermorgen.

Fazit: Die Herausforderung unserer Zeit ist, schnell von einem Thema zum anderen zu wechseln und beides mit vollem Einsatz zu leisten. *Das* ist die zu erlernende Kunst.

4. Entscheiden Sie selbst

Welche Tätigkeiten sind Ihnen so vertraut, dass Sie gut und gerne Ihre Gedanken spazieren gehen lassen können? Was gehört nicht zu dieser Kategorie und verlangt volle Aufmerksamkeit? Sich voll auf etwas einzulassen ist besonders vorteilhaft, wenn die Impulse des Erlebnisses Sie fröhlich stimmen können, Sie sich energetisch aufladen können. Zum Beispiel bei einem geliebten Hobby, bei dem man die Zeit vergisst. Unser genialer Verstand hat die Fähigkeit, diese Erlebnisse wie auf einem Video abzuspeichern. Sie können es dann abrufen. Damit handeln Sie wie ein erstklassiger Spitzensportler, der sich seine Siege und damit positive Erlebnisse immer wieder vor seinem inneren Augen ablaufen lässt und daraus Energie tankt.

Ideen sind wie Vögel, sie kommen angeflogen. Wer nicht fängt, verliert sie.

Aufgabe:
Ähnlich wie bei Ihrem Kraft-Stern, dem Symbol aus dem ersten Teil, können Sie positive Situationen nutzen. Steigen Sie voll in ein angenehmes berufliches Erlebnis ein, genießen Sie es. Welche Erfahrungen machen Sie, wenn Sie es später wieder abrufen?

Achtsamkeit

Die Schüler bedrängten den Meister immer wieder, er solle ihnen erklären, wie er es trotz seiner vielen Verpflichtungen anstelle, stets ausgeglichen in seinem Verhalten und harmonisch in seiner Ausstrahlung zu erscheinen. Immer wieder sagte er nur: „Es ist ganz einfach, findet es nur heraus!"

Aber es gelang ihnen nicht. Eines Tages lächelte er gutmütig und sagte: „Wenn ich stehe, dann stehe ich. Wenn ich gehe, dann gehe ich. Wenn ich sitze, dann sitze ich. Wenn ich trinke, dann trinke ich. Wenn ich esse, dann esse ich. Wenn ich spreche, dann spreche ich."

Die Schüler schauten ganz überrascht und fühlten sich nicht ernst genommen. „Das alles tun wir doch auch." „Das tut ihr eben nicht!", sagte der Meister: „Denn wenn ihr sitzt, dann steht ihr schon. Wenn ihr steht, dann lauft ihr schon. Wenn ihr lauft, dann seid ihr schon am Ziel."

Es zählt nicht, was du beginnst, sondern was du vollendest.

Zusammenfassung KARO-DAME

Stimmung machen

Bei Stress brennt das „Zwei-Hälften-Denkhirn" nur noch auf Sparflamme.

Es kommt auf Ihr Ziel an. Wenn Sie sich selbst und allen Ihren Kunden wirklich einen Gefallen tun wollen, wäre es der Idealzustand, immer gut gelaunt zu sein. Doch keine Sorge: auch der Weg zu diesem Idealzustand ist schon spannend und lohnend.

Holen Sie sich Beweise!

Stress und Ärger rufen bestimmte körperliche Reaktionen hervor. Das ist zunächst eine wertneutrale Feststellung, die wohl keinen von uns weiter verwundert. Denn Stress gehört zu unserem Alltag dazu und ist auch weiter nicht schlimm, wenn er immer wieder abgebaut wird.

Gut, dass man den Thymus auch aktivieren kann, wenn man die Zunge gegen den Gaumen drückt. Dieser zentrierende Punkt aktiviert beide Gehirnhälften und schlägt damit dem Stress ein Schnippchen, der immer nur eine Hälfte arbeiten lässt.

Spieglein, Spieglein an der Wand ...

Grundsätzlich gibt es bei allen Dingen, die uns am Herzen liegen, so etwas wie eine gedanklich günstige oder eine gedanklich ungünstige Vorbereitung.

Ihre Zielformulierung sollte so konkret wie möglich und positiv, also ohne Verneinung oder Vergleich formuliert sein.

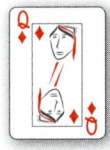

Konzentration ist alles – alles ist Konzentration

„Wir leben nun mal in einer schnelllebigen Zeit, wo man manchmal an mehrere Dinge gleichzeitig denken muss!" Wollen Sie jedoch wirklich erstklassige Leistungen erzielen, ganz gleich in welcher Disziplin, dann ist das leider ein Holzweg.

Fazit: Die Herausforderung unserer Zeit ist, schnell von einem Thema zum anderen zu wechseln und beides mit vollem Einsatz zu leisten. Das ist die zu erlernende Kunst.

Hier sind Sie wieder gefragt!

Wählen Sie aus dieser Lektion die drei Anregungen aus, die für Sie persönlich die wichtigsten sind. Schreiben Sie kurz auf, was genau Ihnen daran gefällt und wie Sie die drei Anregungen für sich nutzen können.

Der 101. Schlag

Ein berühmter Weiser wurde einmal gefragt, warum er eine Sache trotz großer Hindernisse nicht aufgebe. Und er gab einen Ratschlag, den alle beherzigen sollten, die versucht sind zu verzagen, wenn sie für eine gute Sache arbeiten. „Haben Sie schon einmal einen Steinmetzen bei der Arbeit beobachtet?" fragte er. „Er schlägt vielleicht hundertmal auf die gleiche Stelle, ohne dass auch nur der kleinste Riss sichtbar würde. Aber dann, beim 101. Schlag, springt der Stein plötzlich entzwei. Es ist jedoch nicht dieser eine Schlag, der den Erfolg bringt, sondern die hundert, die ihm vorausgingen."

12 KARO-BUBE
– Das „Plus" für die Begeisterung Ihres Kunden

Gesagtes – Ungesagtes

Die aufschlussreichen „Worte hinter den Worten".

„Paul, wir müssen miteinander reden. Eine Bemerkung von dir geht mir nicht mehr aus dem Kopf." „Paula, heute Abend gehe ich zum Boccia-Spielen, es kann spät werden. Das kann doch sicher noch warten." „Ach Paul, dass heute dein Boccia-Abend ist, habe ich ganz vergessen. Wie wäre es, wenn ich mit einer Kollegin tausche und ein bisschen früher Schluss mache, dann kann ich mit dir zusammen hingehen und wir können alles besprechen." Paul wird langsam neugierig. Woran mag Paula so viel gelegen sein, dass es nicht bis morgen warten kann?

1. Kennen Sie das?

Wo Informationen fehlen, schießen die Vermutungen ins Kraut.

Sie rätseln über eine Bemerkung, kommen aber zu keinem Ergebnis, was denn nun wirklich mit der Bemerkung gemeint war. Sie sind irritiert, weil außer den gesagten Worten auch noch Ungesagtes mitschwang.

Ein großer Fortschritt ist, dass Sie schon lange nicht mehr (wie Paula im Teil 2 dieses Lernprogramms in der Schuhabteilung) einfach interpretieren, zu allem Überfluss auch noch in einer für Ihre persönliche Stimmung ungünstigen Form. Sie können nur nicht eindeutig sagen, was mit den Worten gemeint war, und stellen fest, dass Sie immer wieder darüber nachdenken. Leider hatten Sie keine Gelegenheit nachzufragen, denn das ist natürlich immer das Beste. Andererseits haben Sie bereits ein feines Ohr dafür entwickelt, was außer dem Gesagten noch (ungesagt) mitschwingt.

2. „Die Worte hinter den Worten"

sind oftmals höchst **aufschlussreich**. Sie haben aufgrund Ihrer Erfahrung ein sicheres Gefühl dafür entwickelt, was die „Worte hinter den Worten" sind. Wenn zum Beispiel ein Kunde mit einem schreiend bunten Hemd in der Hand zu Ihnen kommt und sagt: *„Einem geschenkten Gaul schaut man zwar nicht ins Maul ... Kann ich das Hemd trotzdem bei Ihnen umtauschen?"* steckt hinter dem Gesagten noch etwas anderes dahinter. Wären Sie auf die Idee gekommen, dass der Kunde es ablehnt „so einen Geschmack" zu haben?

**Sie wissen, dass die Worte hinter den Worten
oft die wichtigere Botschaft enthalten.**

Nehmen wir an, ein Kunde will Tennisschuhe kaufen. Er hat drei Modelle vor sich stehen und sagt: *„Irgendwie tue ich mich schwer mit der Entscheidung."*

Aufgabe:
Was ist Ihrer Meinung nach die Botschaft hinter den Worten?

Wenn Sie sinngemäß geantwortet haben, dass Sie jetzt am Zug sind, um die Entscheidung durch das Abwägen der Vor- und Nachteile für den Kunden leichter zu machen – bravo. Und gleich eine weitere Herausforderung für Sie:

Aufgabe:
Welche Kundensignale können Sie noch nutzen, um dem Kunden bei der Entscheidung zu helfen?

Richtig, Sie achten als Profi darauf, worauf das Auge des Kunden häufiger ruht, welches Modell er häufiger in die Hand nimmt etc.

3. Gute Beispiele gibt es nie genug

In der Haushaltsabteilung fragt eine Kundin nach einem Wok, einem Topf für die Zubereitung asiatischer Gerichte. Sie sagt: „Ich habe bei Freunden zum erstenmal so gegessen, das war einfach toll." Was kann sie damit zum Ausdruck bringen wollen?
Sie braucht Beratung und hat noch keine Erfahrung mit dieser ungewöhnlichen Art der Zubereitung. Und auch: Ich will dazugehören, zu den Menschen, die diese tolle Tischkultur pflegen.

Ein Kunde hört, was ihm nutzt.

Aufgabe:
Wie stellen Sie sich die Reaktion der Kundin auf Ihren folgenden Vorschlag vor: „Warten Sie bitte einen Moment, meine Kollegin ist Hobby-Köchin, sie kennt sich gerade damit bestens aus."

4. Nur nie Unwissenheit zugeben?

Eine häufige Fehleinschätzung grassiert in Bezug auf negative Kundenreaktionen, wenn man als Verkäufer Unwissenheit zugibt. Ganz das Gegenteil ist der Fall, wenn Sie einerseits ehrlich sind und andererseits geschickt vorgehen. Gerade entwaffnende Ehrlichkeit gewinnt die Herzen wenn – ja, wenn Sie auch eine Lösung anbieten. Ehrlich und unwissend alleine reicht nicht, der Kunde erwartet eine Problemlösung. Und da sind

Ihrer Phantasie keine Grenzen gesetzt. Sie könnten mit dem Kunden gemeinsam in die Beschreibung schauen, und ihm das Fachchinesisch übersetzen. Sie könnten eine Kollegin fragen oder auch an einen Kollegen weitergeben, von dem Sie wissen, dass er über die nötigen Informationen verfügt.

Der König sprach zu mir

Der Meister war aus der Residenz in sein Heimatdorf zurückgekehrt. Die Dorfbewohner scharten sich um ihn, um zu hören, welche Abenteuer er zu berichten habe. „Ich will vorerst nicht mehr sagen, als dass der König zu mir gesprochen hat." Ein erregtes Raunen ging durch die Menge. Der König hatte tatsächlich zu einem Einwohner ihres Dorfes gesprochen! Dieser Happen war für die Dörfler mehr als genug. Die Menge zerstreute sich und jeder ging, die wunderbare Nachricht zu verbreiten. Nur der Einfältigste blieb zurück und fragte den Meister, was der König denn genau gesagt habe. „Nun, er sagte – und er sagte das ganz deutlich, damit du's weißt, so dass jedermann es hören konnte – er sagte: ‚Geh mir aus dem Weg.'"

Jeder Jeck ist anders ...!

Die i-Tüpfelchen entfachen Kundenbegeisterung.

1. ... sagt man im Rheinland,

wo die Jecken zur Karnevalszeit ihr Zepter besonders rasant schwingen. Kluge Leute, die Jecken! Sie haben im Karneval manchmal so etwas von der Klugheit des Hofnarren aus alten Zeiten. (Übrigens: Die Bezeichnung „Jeck" wird im Rheinland sehr liebevoll verwendet.) Im Verkauf hat diese „Volksweisheit" eine besondere Bedeutung. Denn je nachdem, wie jemand „gestrickt" ist, welche Denk-Muster, welchen Typ er/sie verkörpert, variieren auch die Nutzenerwartungen.

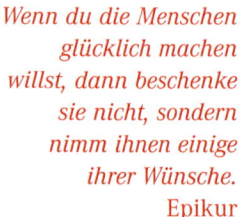

Aufgabe:
Finden Sie drei „Kundentypen", die Sie aus Ihrer täglichen Arbeit in Ihrer Abteilung/in Ihrer Filiale kennen, und spekulieren Sie einmal, welche Nutzenerwartungen diese Art von Kunden haben.
Z. B. eilige Kunden = Nutzen: schnell das Richtige finden, Frust-Kunden = Nutzen: Kontakt, was Schönes/Nützliches finden

2. Kundenerwartungen

Hinter dem nüchternen Begriff „Kundenerwartungen" verbirgt sich ein sehr spannendes Thema. Man kann es nicht oft genug betonen: Die Erwartung Ihres Kunden ist die Triebfeder für seine Kaufentscheidungen. Manchmal sind diese Erwartungen dem Kunden bewusst, manchmal sind sie ihm selbst unbewusst.

Quadrat der Kundenerwartungen

Erwartungen bekannt & erfüllt – Kunde denkt: ist OK	Erwartungen nicht bekannt & erfüllt – Kunde denkt: bin begeistert
Erwartungen bekannt & nicht erfüllt – Kunde denkt: bin enttäuscht	Erwartungen nicht bekannt & nicht erfüllt – Kunde denkt: ist OK

3. Das i-Tüpfelchen in den Kundenerwartungen treffen

Wenn Sie die unbewussten Erwartungen eines Kunden erfüllen, haben Sie das i-Tüpfelchen geliefert. Es ist entscheidend für „Kundenbegeisterung". Die Leistungen Ihrer Waren zu kennen, ist nützlich. Nur – Ihre Kunden interessieren sich nicht nur dafür. Für Ihre Kunden zählt vielmehr: Den ganz persönlichen Nutzen, den sie erwarten, wollen sie bewusst oder unbewusst erfüllt haben. Stellen Sie sich vor, in Ihrer Abteilung schlendert eine Kundin zwischen den Ständern mit den Blusen umher. Sie sucht offensichtlich nichts Bestimmtes. Sie kommen mit der Kundin über ihre Sommergarderobe ins Gespräch und zeigen ihr die neuen weißen Leinenblusen. Da leuchten die Augen der Kundin auf und sie sagt: „*Diese Bluse passt ja toll zu dem Rock, den ich mir im letzten Jahr bei Ihnen gekauft habe und zu dem ich schon lange etwas zum Kombinieren suche.*"

Aufgabe:
Ordnen Sie im Kundenquadrat dieses Kauferlebnis zu. Wo gehört das Kundenerlebnis hin?

4. Tatort Haushaltswaren

Eine Kundin geht eiligen Schrittes durch die Abteilung. Plötzlich bleibt sie bei einem attraktiven Küchenblock stehen. Sie beschaut ihn von allen Seiten, tritt einen Schritt zurück, überlegt, streicht mit der Hand über das Holz,

Ehrliche herzliche Begeisterung ist einer der wirksamsten Erfolgsfaktoren.
Dale Carnegie

sucht das Preisschild ... Eine Verkäuferin zeichnet in der Nähe Ware aus und bekommt aus dem Augenwinkel alles mit.

Aufgabe:
Wie würden Sie an der Stelle der Verkäuferin reagieren?

5. Was wirklich geschah

In diesem Beispiel handelt es sich um eine „wahre Begebenheit", eine persönliche Erfahrung. Die Verkäuferin kommt hinzu, fragt: „Sie suchen den Preis? Er ist in der Schublade. Ist das nicht ein tolles Modell? Was meinen Sie dazu?" Die Kundin: „Gefällt mir sehr gut, ist natürlich auch nicht billig. Wunderschönes Holz. Ob der allerdings vom Platz her passen wird?" Die Verkäuferin: „Das haben wir gleich, Moment, ich hole einen Zollstock." Sie geht zur Kasse, kommt zurück mit einem Zollstock und einer Modellbeschreibung. „Bitte sehr, hier haben Sie noch weitere Informationen, der Block gehört zu einem ganzen Programm exklusiver Holzküchengeräte. Ich messe ihn gerne für Sie aus und gebe Ihnen hier meinen Namen und meine Telefonnummer, falls Sie noch Fragen haben. Rufen Sie mich doch einfach an!"

Aufgabe:
Welche i-Tüpfelchen wurden der Kundin geboten?

Zusammenarbeit

Ein Manager kam einmal zu einem Weisen und bat ihn um Rat in schwierigen Personalfragen. „Wo viele Menschen zusammenarbeiten, gibt es immer wieder Menschen, deren Temperamente und Charaktereigenschaften einfach nicht miteinander harmonieren. Wie kann ich solche Menschen zur Zusammenarbeit motivieren?" Der Meister sagte: „Betrachte den einfachen Kochtopf. Zwar vermag sein dünner Boden die feindlichen Elemente Feuer und Wasser nicht zu versöhnen, aber er verhilft ihnen zur verträglichen Zusammenarbeit, die Gutes bewirkt. Doch mischt er sich nicht in ihre Eigenheiten ein: Er lässt das Wasser Wasser sein, und das Feuer brennt so heiß wie immer."

Das Leben als Bühne

Der Kundennutzen liegt in der Zukunft.

*Fröhliches Stimmengewirr, Sommersonne, Grilldüfte, Gartenfest.
Paula sitzt mit ihrer Freundin in der Hollywoodschaukel: „Chris-
tine, weißt du, ich bin mit Leib und Seele Verkäuferin. Es gibt so
viele nette Kunden, das kannst du dir gar nicht vorstellen. Nur
manchmal, da denke ich, jetzt wünsche ich mir ein Mauseloch,
oder eine Tarnkappe, sodass ich mich ein paar Minuten zurückziehen kann. Dann kann ich das Gesicht machen, das
ich will, kann gähnen ... Kurz: Ich bin unsichtbar für andere
Menschen, ja – auch für Kunden. Nur ein paar Minuten. Da
kommt Paul. Komm wir fragen ihn mal, wie er es schafft, immer auf der Bühne, immer auf dem Präsentierteller zu sein.“*

1. Verstehen Sie Paula?

Können Sie aus eigener Erfahrung nachvollziehen, was Paula meint? Es ist
viel Wahres dran – einerseits die Freude am Beruf, aber andererseits auch
die Schattenseiten. Die 21 % gehören ja, wie Sie wissen, immer mit dazu.
Indem wir damit in der richtigen Art und Weise umgehen können, sind die
79 % überhaupt erlebbar.

> **Anstrengend kann es sein, immer wie auf einer Bühne oder
> auf dem Präsentierteller sichtbar zu sein.
> Die Frage ist: Wie gehen Sie damit um?**

Aufgabe:
Besprechen Sie doch mal im Kollegenkreis, wie das Thema „immer auf der
Bühne" von ihnen bewertet wird und wie sie damit umgehen.

2. Apropos Bühne

Auf der Bühne werden Rollen dargestellt. Die Bühne ihres beruflichen Lebens
ist manchmal gar nicht so weit entfernt von diesem Geschehen. Vor allem,
wenn es um die Zukunft geht – die Zukunft Ihres Kunden. Dann haben Sie
es in der Hand, seine Phantasie zu lenken. In Verkaufsgesprächen spielt die
Zukunft eine wesentliche Rolle. Sie sind als Profi im Verkauf Experte darin,
die Zukunft Ihrer Kunden auszumalen. Wie wird es sein, wenn Ihr Kunde
erst mal stolzer Besitzer des neuen Fernsehgerätes, der neuen Stereoanlage,
der schicken Lederjacke sein wird? Welche (neuen) Möglichkeiten des Mu-
sik- oder Fernsehgenusses eröffnen sich mit dem Kauf, wozu kann man die
neue Jacke am besten kombinieren, welches Wetter hält sie aus und, und,
und ... Sie inszenieren die Zukunft gedanklich für Ihre Kunden.

*Gute Verkäufer
malen mit ihren Worten
Bilder.*

Aufgabe:
Bitte wählen Sie drei Artikel aus Ihrem Sortiment aus, die Sie für die attraktivsten halten. Welche Formulierungen wählen Sie, um Ihre Kunden auf die zukünftigen Chancen und Möglichkeiten mit diesem Artikel aufmerksam zu machen?

3. Zwei Fliegen mit einer Klappe schlagen

Die erste Fliege ist die bunte und plastische Schilderung der Zukunft Ihres Kunden als Unterstützung zur Kaufentscheidung. Die zweite Fliege schlagen Sie, indem Sie gemeinsam mit Ihrem Kunden in diesem „Theaterstück" in der Zukunft auch gedanklich überprüfen, ob die Entscheidung für ihn das Richtige ist, ob er damit wirklich die Vorteile verbinden kann, die er sich vorstellt und ob seine Erwartungen mit der Kaufentscheidung erfüllt werden. Und sollten Sie sich dabei ertappen, ein wenig zu übertreiben, das kommt in jedem „Drama" vor.

4. Wiederholen, wiederholen

Wenn Elemente des Gesprächs für Ihren Kunden besonders wichtig sind, sollten Sie an das „Wiederholen" denken. Da sind bestimmte Redewendungen, Begriffe, die Ihr Kunde verwendet und die Sie wiederholen können: „für meinen Geschmack ist das genau richtig", „für mich ist Funktionalität entscheidend", „diese Wahl hängt auch noch von meinem Geldbeutel ab" usw. Nehmen Sie den Faden auf und flechten Sie die Formulierungen Ihres Kunden in Ihr Gespräch wieder ein. Zum Beispiel: *Gerade wenn Sie auf Funktionalität besonderen Wert legen, werden Ihnen die vielen praktischen Unterteilungen in diesem Aktenkoffer gefallen.*

Damit gleichen Sie sich der Sprache des Kunden an und gehen wertschätzend darauf ein. Es kommt natürlich darauf an, dass es sich um ein geschicktes „Wiederholen" an der passenden Stelle und im passenden Zusammenhang handelt.

Aufgabe:
„Proben" Sie, wenn Sie mögen, mit Kollegen im Rollenspiel zu dritt: A = Verkäufer, B = Kunde, C = Beobachter. Der Beobachter achtet insbesondere auf Redewendungen des Kunden und ob der Verkäufer sie wiederholend nutzt.

Gedanken

Zwei buddhistische Mönche, der eine alt und weise, der andere jung und voller Tatendrang gingen über Land, um bei der Bevölkerung für ihr Kloster zu sammeln. Es regnete schon seit Tagen und der Boden war schlammig, das Gehen fiel schwer. Sie kamen an einen Bach, den sie überqueren mussten. Wenn sie Schuhe und Strümpfe auszögen und ihr Gewand raffen würden, sollte es wohl

noch gehen. Mit ihnen am Ufer stand ein hübsches junges Mädchen, das auch auf die andere Seite wollte und traurig auf das Wasser schaute. Es trug feine Schuhe und ein schönes Seidengewand. „Komm her", sagte der alte Mönch, nahm das Mädchen auf den Arm, trug es durch das Wasser und setzte es auf der anderen Seite ab. Der junge Mönch sagte kein Wort, machte aber ein finsteres Gesicht, bis sie am Abend einen Tempel zum Rasten erreichten. Da konnte er seinen Grimm nicht länger beherrschen. „Wir Mönche dürfen doch Frauen nicht berühren. Ich musste die ganze Zeit daran denken, was hätte passieren können, als du sie über den Bach getragen hast." Da schmunzelte der Ältere: „Ich habe an die Überquerung des Baches gedacht, dann daran, sie sicher abzusetzen, dann ans Weitergehen, immer an das, was gegenwärtig war. Du aber hast die Gegenwart vergessen und in die Zukunft gedacht und jetzt trägst du sie wohl noch immer."

Das ist es mir wert – ein gutes Gefühl!

Wie Grundbedürfnisse sich im Alltag auswirken.

1. Eine Binsenweisheit

Jeder von uns hat andere Bedürfnisse, Wünsche und Probleme. Wie gut, denn dadurch sind wir sehr verschieden. Genau das ist für viele, die mit Menschen zusammenarbeiten, das interessanteste an ihrem Beruf.

Neben anderen Einflussfaktoren sind vor allem unsere Grundbedürfnisse, die tief in unserer Persönlichkeit schlummern, an unseren unterschiedlichen Wünschen und Gefühlen beteiligt.

Wie wird das Einkaufsverhalten davon beeinflusst? Was macht den nach **Anerkennung** strebenden Trendsetter schwach? Wie können Träume für einen auf **Unabhängigkeit** bedachten Abenteurer wahr werden? Was mag der Kunde gern, der besonders auf Sicherheit Wert legt? Wie wird das Bedürfnis nach **Vertrauen** befriedigt?

2. Anerkennung erhalten, sich sicher fühlen – wie angenehm!

Das gilt mehr oder weniger für uns alle. Für einige Menschen sind solche Gefühle aber ganz besonders wichtig, vor allem wenn es um gesellschaftliche Anerkennung und einen sicheren Geschmack geht. Solche Kunden tragen und kaufen gerne Markenartikel. Wenn sie Ihre Abteilung aufsuchen und Sie miteinander ins Gespräch kommen, sollten Sie schnell erkennen, welche Bedürfnisse den Kunden besonders wichtig sind. Auch die Reaktionen auf Ihre Bemerkungen sollten Sie aufmerksam registrieren.

Von Natur aus sind die Menschen fast gleich. Erst die Gewohnheiten entfernen sie voneinander.
Konfuzius

Eine mögliche Formulierung, die für jemanden, der gesellschaftliche Anerkennung sucht, ins Schwarze trifft: *„Gerade wenn Sie für Ihr Fest etwas Besonderes suchen, könnte die aktuelle Kollektion von der Firma X ... für Sie interessant sein ...“*

Wie können Sie die Gefühle eines besonders nach Sicherheit strebenden Menschen berücksichtigen? Z. B. so: *„Wenn ich Sie richtig verstanden habe, suchen Sie für Ihr Fest etwas Klassisch-Elegantes in bester Qualität. Damit sind Sie immer richtig angezogen und Sie treffen schon wegen der Langlebigkeit des klassischen Stils eine gute Wahl.“*

3. Unabhängigkeit gefällig?

Nur nicht das tun, was alle tun – könnte die Devise so einer Kundin lauten. Sie gibt sich eher locker in Kleidung und Sprache und weiß doch genau, was sie will. Wie können Sie sich auf eine Kundin einstellen, die ein Fest besuchen möchte und mit den Worten zu Ihnen kommt: *„In Ihrem Schaufenster habe ich einen schicken Hosenanzug gesehen. Als Ergänzung suche ich etwas anderes als die dazu dekorierte Bluse, denn ich hasse Markenaufschriften.“*

Aufgabe:
Sprechen Sie aus Erfahrung und schreiben Sie auf, wie Sie mit dieser Kundin sprechen würden.

4. Gefühle, der Turbolader für die Kaufentscheidung

Woran erkennen Sie neben den äußeren Hinweisen die verschiedenen Wünsche Ihrer Kunden? Denn keiner ist einem Typ hundertprozentig zuzuordnen oder trägt auf seiner Stirn sein dominierendes Grundbedürfnis geschrieben. Selbst ein nach Sicherheit strebender Mensch, der eher zum „Nadelstreifen" neigt, kann für seine Teilnahme an einem Künstlerfest etwas „Fetziges" suchen. Solche Kunden zu begeistern, kann einerseits wie eine schwierige Gratwanderung sein, andererseits ist es das Salz in der Suppe Ihres schönen Berufes. Sie sind mit Ihrer ganzen Professionalität gefragt, wobei Ihre wichtigsten Instrumente nach wie vor Ihre geschickten Fragen sind, dicht gefolgt von Ihrer sprachlichen Geschicklichkeit.

Sprachlich sollten Sie immer die Gefühle Ihrer Kunden ansprechen, die den emotionalen Nutzen für Ihren Kunden charakterisieren. Dafür einige Beispiele:

▌ Kundin fühlt sich wohl, wenn sie einem kompetenten Urteil vertrauen kann: *Wenn Sie alleine reisen, kann ich Ihnen dieses Hotel sehr empfehlen. Meine Kollegin ist vor einigen Wochen dort gewesen und war begeistert.*

- Kunde liebt es, sich als etwas Besonderes fühlen: *So ein schönes Stück wie dieser exklusive Füllfederhalter ist etwas Besonderes. Habe ich Ihnen schon gesagt, dass er nur in kleinen Stückzahlen gefertigt wird?*
- Kunde fällt gerne aus dem Rahmen: *Um so eine Farbe zu tragen, brauchen Sie wirklich Mut. Der Effekt ist umwerfend und der ungewöhnliche Schnitt macht Sie zum Blickfang.*

5. Eine gute Investition

Wenn Sie sich mit all den Kundenwünschen und -typen auseinandersetzen, darüber nachdenken, mit Ihren Kollegen sprechen usw., wird Ihr Fundus an wertvollen Fachkenntnissen immer größer. Dieses Hintergrundwissen ist ein wertvoller Schatz, aber nicht der Weisheit letzter Schluss.

Die meisten Menschen verkörpern eine individuelle Mixtur. Dafür den Blick und die Wahrnehmung zu schärfen, lohnt sich immer!

Aufgabe:
Sprechen Sie doch einmal die erfahrenen Kollegen an, wonach sie sich richten, wenn sie a) die Wünsche der Kunden erkennen wollen und b) den emotionalen Nutzen herausfinden möchten.

Zweite Geige

Ein berühmtes Orchester war zu Gast bei einem arabischen Fürsten, dem es eine Ehre war, nach dem Konzert das gesamte Orchester mit einem köstlichen Mahl zu bewirten. Im Verlauf der angeregten Unterhaltung schien eine Frage des Fürsten sehr naiv zu sein: „Welches Instrument wird am wenigsten gerne gespielt?" Verschmitzt und ohne zu zögern, antwortete daraufhin der Dirigent: „Die zweite Geige, jeder möchte furchtbar gerne die erste spielen, und es gibt nur wenige, welche die gleiche Begeisterung und das gleiche Interesse für die zweite Geige aufbringen. Alle streben nur nach der Stellung des ersten Geigers, und nur wenige verstehen, wie wichtig der zweite Geiger ist. Alle Orchester haben ausgezeichnete erste Geiger. Aber ohne die zweite Geige gibt es keine Harmonie."

Kreativität soll nicht nur neue Ideen hervorbringen, sondern auch ermöglichen, den alten zu entrinnen.
Edward de Bono

Zusammenfassung KARO-BUBE

Gesagtes – Ungesagtes

Sie rätseln über eine Bemerkung, kommen aber zu keinem endgültigen Ergebnis, was denn nun wirklich gemeint war.

„Die Worte hinter den Worten" sind oftmals höchst aufschlussreich und enthalten die wichtigere Botschaft.

Eine häufige Fehleinschätzung grassiert in Bezug auf negative Kundenreaktionen, wenn man als Verkäufer Unwissenheit zugibt. Ganz das Gegenteil ist der Fall, wenn Sie einerseits ehrlich sind und andererseit geschickt vorgehen und auch eine Lösung anbieten.

Jeder Jeck ist anders …

Hinter dem nüchternen Begriff „Kundenerwartungen" verbirgt sich ein sehr spannendes Thema.

Man kann es nicht oft genug betonen: Die Erwartung Ihres Kunden ist die Triebfeder für seine Kaufentscheidungen.

Wenn Sie die unbewussten Erwartungen eines Kunden erfüllen, haben Sie das i-Tüpfelchen geliefert. Es ist entscheidend für „Kundenbegeisterung".

Das Leben als Bühne

Eine der Schattenseiten Ihres Berufes kann es sein, immer wie auf einer Bühne oder auf dem Präsentierteller sichtbar zu sein. Die Frage ist: Wie gehen Sie damit um?

Wenn Elemente des Gesprächs für Ihren Kunden besonders wichtig sind, sollten Sie an das „Wiederholen" denken.

Das ist es mir wert – ein gutes Gefühl!

Neben anderen Einflussfaktoren sind vor allem unsere Grundbedürfnisse, die tief in unserer Persönlichkeit schlummern, an unseren unterschiedlichen Wünschen und Gefühlen beteiligt: Anerkennung, Unabhängigkeit, Sicherheit, Vertrauen.

Woran erkennen Sie neben den äußeren Hinweisen die verschiedenen Wünsche Ihrer Kunden? Denn keiner ist einem Typ hundertprozentig zuzuordnen oder trägt auf seiner Stirn sein dominierendes Grundbedürfnis geschrieben.

Die meisten Menschen verkörpern eine individuelle Mixtur. Dafür den Blick und die Wahrnehmung zu schärfen, lohnt sich immer!

Sie sind mit Ihrer ganzen Professionalität gefragt, wobei Ihre wichtigsten Instrumente nach wie vor Ihre geschickten Fragen sind, dicht gefolgt von Ihrer sprachlichen Geschicklichkeit.

Hier sind Sie wieder gefragt!

Wählen Sie aus dieser Lektion die drei Anregungen aus, die für Sie persönlich die wichtigsten sind. Schreiben Sie kurz auf, was genau Ihnen daran gefällt und wie Sie die drei Anregungen für sich nutzen können.

Weise Vorausschau

*Einmal ging ein junger Mann von seinem Heimatdorf den einsamen Weg zum nächsten Markt. Nach einer Weile traf er an einer Weggabelung auf ein hübsches Mädchen. Da auch sie zum Markt wollte, gingen sie nun gemeinsam weiter. Der junge Mann trug einen großen Kupferkessel auf dem Rücken, hielt in der rechten Hand ein lebendiges Huhn und seinen Wanderstab, und an der linken Hand führte er ein Schwein mit sich. Für alles wollte er auf dem Markt ein schönes Stück Geld erzielen. So waren sie schon munter plaudernd eine Weile zusammen gegangen, als sie an eine finstere Bergschlucht kamen. Da blieb das Mädchen stehen und sagte: „Nein, durch diese Schlucht werde ich nicht gehen. Gibt es keinen anderen Weg?" „Einen anderen gibt es nicht, wie du wohl weißt", entgegnete der junge Mann. „Aber sag, warum willst du nicht durch diese Schlucht gehen, die doch alle aus unseren Dörfern auf dem Weg zum Markt durchqueren müssen?" „Du könntest die Gelegenheit ausnutzen wollen, um mich in der einsamen Schlucht zu umarmen und zu küssen", antwortete das Mädchen. Der junge Mann war von dieser Antwort und der dreisten Unterstellung ganz verwirrt. „Aber nein, wie könnte ich denn? Ich habe einen Kupferkessel auf dem Rücken, an der einen Hand führe ich das Schwein, in der anderen halte ich das Huhn." „Na und?", erwiderte das Mädchen, „Du könntest das Huhn auf die Erde setzen, und den Kessel darüberstülpen, den Stock in den Boden rammen und das Schwein daran festbinden, ja und dann ..."
Endlich sah der junge Mann das Zwinkern in ihren Augen und sagte, bevor sie ihren Weg gemeinsam fortsetzten: „Der Herr segne dich für deine Weisheit!"*

Teil 4

Das Ende ist erst der Anfang

Für den 4. Teil unseres Lernprogramms haben wir als Symbol die Spielkarte ♣ gewählt haben.

Das Ende ist erst der Anfang – so lautet die Überschrift dieses Teils. Warum ist das Ende eines Lernprogramms erst der Anfang? Fragt man Verkäuferinnen und Verkäufer, was das Besondere ihres Berufes ausmacht, hört man viele Antworten. Da gibt es – wie bei allen Berufen – Licht und Schatten. Aber wie ein roter Faden zieht sich durch alle Antworten eines hindurch: Die vielen Kontakte zu anderen Menschen, die ständig wechselnden Situationen, immer Neues kennen lernen ...

Die Rheinländer haben dafür den zutreffenden Satz geprägt: *Jeder Jeck ist anders!* Im Verkauf, in der täglichen Herausforderung, Kunden zu begeistern, gibt es kein Ende. Ganz im Gegenteil. Es gibt immer wieder neue Erfahrungen. Wir müssen immer wieder unsere Gewohnheiten in Frage stellen.

Unsere Gewohnheiten können hilfreich sein, weil sie uns bei mancher Routine der täglichen Arbeit entlasten. Sie können aber auch beklemmend werden, weil ihre ständige Wiederkehr ein Gefühl von Monotonie vermittelt. Dagegen hilft nur eines: *Den Kreis unserer Gewohnheiten zu erweitern.* Genau dazu möchten wir Sie nun einladen – Gewohnheiten einmal mit anderen Augen zu betrachten, vielleicht bisherige Grenzen in der Kommunikation mit Ihren Kunden zu überdenken und zu überschreiten.

Wenn Sie sich darauf einlassen, werden Sie sehr schnell merken, dass Sie mit dem Teil 4 auf vergnügliche Weise anhand von Beispielen typischer Alltagssituationen entdecken, wie man aus Kunden langfristige Partner macht.

Viel Erfolg!

13 KREUZ-ASS
– Mit Mut durch schwierige Kundensituationen

Die Rote Linie – nur Mut

Wie Sie sich durch mutiges Handeln weiterentwickeln können.

1. Kartengrüße

Bad Gastein, 17. Juni

Lieber Paul,
am liebsten hätte ich mich sofort zum Ballonfahren angemeldet, als ich die vielen bunten Ballons vor dem blauen Himmel sah! Du weißt, wie lange ich es mir schon wünsche! Aber dann fiel mir ein, dass das ein ganz schön teurer Spaß sein würde. Und gefährlich dazu! Nein, lieber nicht, vielleicht ein anders Mal. Mir geht es gut, die Kuranwendungen beginnen morgen. Was macht die Arbeit? Bis bald, Deine Paula!

Gewohnheiten machen alt. Jung bleibt man durch die Bereitschaft zum Wechsel.
Attila Hörbiger

2. Paula hat gute Gründe ...

auf das Ballonfahren zu verzichten. Und doch – hat sie sich nicht damit auch um ein langersehntes, schönes Erlebnis, um die Erfüllung eines Herzenswunsches gebracht? So ein „Herzenswunsch" ist für jeden von uns etwas anderes. Wenn wir darauf verzichten, ist meist auch ein bisschen „Angst vor der eigenen Courage" im Spiel. **Wir alle sind, genau wie Paula, von einer unsichtbaren Roten Linie umgeben. Sie symbolisiert den „Kreis unserer Gewohnheiten", eine mächtige Festung!** Mittendrin stehen wir selbst, sicher aufgehoben, hier spielen sich unsere täglichen Routinen ab – und das ist gut so. Andererseits ...

3. Herzenswünsche, Ziele, Wachstumschancen

Außerhalb der „Festung" liegen unsere unerfüllten Wünsche, Träume, Ziele und Herausforderungen. Mit einem Wort: unsere Wachstumschancen. Immer dann, wenn wir drauf und dran sind, die **Rote Linie** zu überschreiten und etwas zu tun, was wir bisher noch nie getan haben, ist es da: dieses Kribbeln in der Magengegend. Vielleicht bekommen Sie sogar feuchte Hände, Herzklopfen oder weiche Knie. Können Sie sich noch erinnern, wie es war, seinerzeit, als Sie noch an jedem Wochenende in die Disco gingen? Da war dieser starke Typ mit der coolen Frisur oder die hübsche Rothaarige, den oder die Sie so gerne angesprochen hätten. Sie hatten sich schon in Bewegung gesetzt, wollten gerade die Herausforderung annehmen und die Rote Linie überschreiten, als das Kribbeln so stark wurde. Und anstatt es zu wagen, sind Sie kurz vor dem Ziel, kurz bevor Sie fast „Hi" oder

„Hallo" gesagt hätten, mit einer eleganten Kehrtwendung wieder zurück zu Ihrer Clique gegangen. Zurück in den „Kreis der Gewohnheiten", die Rote Linie wurde nicht übertreten.

4. Hätte ich doch nur ...

Ähnliche „Herausforderungen" kennen wir alle. Das kann ein wichtiges Gespräch mit dem Partner sein, eine Angelegenheit, die Sie mit Ihrem Chef dringend besprechen wollten, die Aufgabe, eine Ansprache auf einer Feier zu halten. Allein schon der Gedanke daran löst das Kribbeln in der Magengegend aus. Am liebsten hätten wir zum richtigen Moment eine Grippe. Manchmal sorgen wir auch mit heftigem Aktionismus dafür, dass gerade dann, wenn die Herausforderung „dran" wäre, wir viel anderes um die Ohren haben. So kommen wir nicht zu dem, was wir uns vorgenommen hatten – über die **Rote Linie** zu gehen ... Vielleicht kennen Sie auch den Gedanken nach der verpassten Gelegenheit: Hätte ich doch nur ...

5. Lohn der Angst

Immer dann jedoch, wenn wir die Gelegenheit beim Schopf gepackt haben und die Rote Linie überschritten haben, sind wir belohnt worden. Mit Stolz, einem befreiten Gefühl und – einer Erweiterung des „Kreises der Gewohnheiten". Manchmal haben Sie hinterher vielleicht sogar gedacht: *„Wie müßig die ganze Aufregung doch war!"* Gelohnt hat es sich immer, sind Sie doch um eine Erfahrung reicher geworden.

> **Aufgabe:**
> Welche Beispiele in Ihrem Leben kennen Sie, wo es Ihnen ähnlich ergangen ist? Wie ist es Ihnen gelungen, die Rote Linie zu überschreiten? Welche Erfahrungen haben Sie damit gemacht?

Wer seinen „Kreis der Gewohnheiten" im beruflichen Alltag erweitert, wird Erfahrungen hinzugewinnen.

Das kann Ihnen nützlich sein, z. B. wenn Sie „Zauberworte" – „Wie", „Was genau" oder „Wie genau" – als Schlüssel zu den Kundenwünschen verwenden. Das kann sich vor allem auf die persönliche Einstellung zum Beruf und zum Kunden positiv auswirken. Sie erweitern Ihren persönlichen „Kreis der Gewohnheiten" immer dann, wenn Sie etwas Neues wagen und Ungewohntes mutig angehen.

6. Zu guter Letzt ...

sei daran erinnert, dass Neues wagen, jeden Tag mindestens einmal etwas tun, was man noch nie vorher getan hatte, eine lange Zeit unseres Lebens zu unserem Alltag gehörte – in der Kinderzeit. Dann wurde das, was am Vortag noch Mut erforderte, bald alltäglich. Der „Kreis der Gewohnheiten" wurde immer größer. Warum sollten wir mit dem „Wachsen" aufhören? Im übertragenen Sinne können wir es bis an unser Lebensende fortsetzen und damit unseren Alltag anregend und reich gestalten.

Die Tischrede

Die festliche Geburtstagsgesellschaft hat das reichhaltige Menü verspeist und ist beim Nachtisch angekommen. Ein heller Ton – gespannte Erwartung auf die Tischrede. Das betagte Geburtstagskind erhebt sich: „Anstelle einer Tischrede eine kleine Geschichte, die meinem Gefühl in diesem Augenblick entspricht: Es war einmal ein alter Sklave im alten Rom, der im Amphitheater mit einem Löwen kämpfen sollte. Die Menge wartete erregt auf das blutige Schauspiel. Auch der Kaiser hatte in seiner Loge Platz genommen. Die Fallgitter wurden hochgezogen und mit Gefauche und gefährlich knurrend stürzte der Löwe auf den Mann zu. Doch was tat der? Er beugte sich zum Löwen herunter und flüsterte ihm etwas ins Ohr. Und dann geschah etwas, was alle den Atem anhalten ließ: der Löwe kniff den Schwanz ein und kroch ängstlich zur Seite. Die Arena tobte vor Begeisterung ob dieses Wunders. Auch der Kaiser war sehr beeindruckt, winkte den Mann zu sich und sprach zu ihm: „Ich begnadige dich, wenn du mir verrätst, was du dem Löwen gesagt hast." „Ich habe ihm gesagt", erwiderte der Mann, „wenn du mich frisst, dann musst du eine Tischrede halten."

Wer nichts wagt,
der darf nicht hoffen.
Friedrich Schiller

Nein, danke!

Wie reagieren Sie, wenn die Kunden nichts kaufen?

1. Ich hab's doch geahnt!

„Irgendwie hatte ich im Gefühl, dass dieser Kunde nicht buchen würde!" könnte der Kommentar eines Kollegen mit einem halb empörten, halb enttäuschten Unterton sein. Nur zu verständlich, wenn man bedenkt, dass er gerade eine ausführliche Beratung vorgenommen hat, gemeinsam mit dem Kunden dessen bekannte und geheime Urlaubserwartungen und -wünsche zutage förderte und dafür viel Zeit investierte. Der Kunde hat sich höflich bedankt und gesagt, dass er sich das noch überlegen müsse. Schade, und dieses „Schade" klang auch durch, als der Kollege sagte: *„Kein Problem!"*

Aufgabe:
Was empfinden Sie, wenn Sie einen Kunden beraten haben und er geht ohne Kauf mit einem höflichen „Nein, danke!"?

2. Ein Herz für Zauderer

Kein Zweifel, das ist eine klassische 21-%-Situation. Da gibt es keine „Lösung". Denn ein Kunde, erst recht in Ihrem Geschäft, hat natürlich jederzeit das Recht, ohne Kauf zu gehen. Es stellt sich die Frage, wie Sie mit dieser Situation umgehen. Sie werden vielleicht sagen: Ist doch nichts Besonderes, das kommt jeden Tag mehr als einmal vor. So weit, so gut, das spricht für Ihren gelassenen Umgang damit. Wie können Sie nicht nur gelassen, sondern auch kreativ damit umgehen?

Machen Sie sich z. B. klar, dass auch ein Kunde, der sich nur informieren möchte, von Ihrem Geschäft begeistert sein soll.

3. Erste Wahl: Nützliche Einstellung

Hand aufs Herz: Sind Sie selbst davon überzeugt, dass es eine gute Investition in die zukünftige Kundenbeziehung ist, wenn Sie auch solchen Kunden, die ohne zu kaufen wieder gehen, ein gutes Gefühl vermitteln? Dann ist der Rest nur noch ein Kinderspiel! Wie wäre eine nützliche persönliche Einstellung im Sinne einer positiven Kundenbeziehung – zum Beispiel: *„Ich habe alles getan, um den Kundenerwartungen gerecht zu werden. Jetzt hat der Kunde die freie Entscheidung. Die Hauptsache, er hat sich bei uns wohl gefühlt."*?

Des Teufels liebstes Möbelstück ist die lange Bank.

4. Abwarten und Tee trinken …

… könnte man sagen, wenn es für manche Kundengespräche um ein gutes Ende geht. **So banal es klingt, manche Kunden brauchen eben ein wenig Zeit zum Überlegen und mögen sich nicht umgehend zu Ihren Argumenten äußern. Lassen Sie Ihren Kunden diese Zeit.** Es kostet manchmal wirklich Kraft, mit weiteren Äußerungen hinter dem Berg zu halten, doch gerade diese 10–20 Sekunden braucht Ihr Kunde, um „Ja" zu sagen – oder auch „Nein". Wenn er das Gefühl hat, diese Freiheit gehabt zu haben, ist das berühmte „Gute-Gefühl-zum-Schluss" nicht mehr weit.

5. Warum eigentlich nicht?

Wenn es darum geht, dem Kunden zum Schluss zu signalisieren: *„Sie haben alle Freiheit der Welt, Ihre Entscheidung zu treffen"* – kann es sinnvoll sein, dem Kunden noch einmal die wichtigsten Argumente „pro Kauf" zu nennen. Nehmen wir an, ein junger Mann sucht in der Parfümerieabteilung nach einem tollen Parfum für seine Freundin. Der Preis scheint eine Hürde zum Kauf zu sein und ein wenig schwindlig von all den probierten Düften ist ihm auch. Er kann sich nicht entscheiden. Dann kommt Ihr Angebot: *„Wie wäre es, wenn Sie noch mal einen Moment in Ruhe überlegen. Sie wissen ja jetzt, dass die Dame, für die das Parfum sein soll, frische, leichte Düfte bevorzugt und haben zwei in die engere Wahl gezogen. Das preiswertere Angebot in der schlichten Form und der neue Duft „Wish" von Chopard in dem tollen Flakon – der ist natürlich geradezu ein Blickfang im Bad."*

– P A U S E ! –

Jetzt hat Ihr Kunde die Chance zu denken: *„Warum eigentlich nicht?"* – und Sie werden überrascht sein, wie häufig gerade nach diesem Angebot, noch mal zu überlegen und den anschließenden Kaufargumenten der Kunde „Ja" sagt und sich zum Kauf entschließt!

6. Werkzeug für Profis

Es ist Ihrem Fingerspitzengefühl überlassen zu entscheiden, wann Sie dem Kunden sehr deutlich vor allem signalisieren: „Sie können es sich gerne überlegen!" – oder die Kaufargumente für eine Entscheidung in den Vordergrund stellen, ohne ausdrücklich das Angebot zum Überlegen zu machen. Sie sind Profi, Sie gehen jeden Tag mit entschlossenen und zaudernden Kunden aller Art um. Überflüssig zu betonen, dass es natürlich darum geht, gute Umsätze zu erzielen und dass manche Kunden auch einen kleinen „Schubs" gebrauchen können.

Auch aus Steinen, die dir in den Weg gelegt werden, kannst du etwas Schönes bauen.
Erich Kästner

Zeit zur Einsicht

Ein Schäfer weidete Tag für Tag und Jahr für Jahr seine Herde. Oft war er auch in einer Gegend nah am Meer und führte seine Tiere bis ans Ufer. Wie er das Meer so spiegelglatt und ruhig vor sich sah, kam ihm der Gedanke, sein Schäferhandwerk aufzugeben und zukünftig Seehandel zu betreiben. Er verkaufte seine Schafe, erwarb dafür eine Schiffsladung Feigen und fuhr aufs Meer hinaus, fernen Häfen zu. Unterwegs erhob sich jedoch ein mächtiger Sturm. Aus größter Seenot konnte er sich nur dadurch retten, dass er sein Schiff leichter machte und die Ladung über Bord warf. Nur knapp dem Tode entronnen, landete er mit Mühe im nächsten Hafen. Sein Schiff war fast ein Wrack und er musste es verkaufen. Nun hatte er viel Zeit, über sein Leben und seine Ziele nachzudenken. Eines Tages saß er wieder müßig am Hafen und dachte bei sich: „Warum soll ich nicht wieder nach Hause fahren und Schäfer sein? Mein restliches Geld reicht gerade noch für die Heimfahrt und eine kleine Herde." So geschah es. Einige Zeit später grasten seine Schafe wieder am Ufer des Meeres. Ein Wanderer kam vorbei und bewunderte die Schönheit und Stille des Wassers. Da sagte der Schäfer zu ihm: „Ja, jetzt zeigt es sich still – wahrscheinlich hat es wieder Lust auf Feigen."

Ich will den Laden hier doch nicht kaufen!

Wenn der Preis zu hoch erscheint.

1. Sonntagmorgen bei Paul und Paula

„Paul, schläfst du noch?" „Mhmm." „Weißt du, was mir gerade so durch den Kopf geht?" „Nein, aber du wirst es mir gewiss gleich sagen." „Ich denke gerade an den schönen gestrigen Abend in dem sündhaft teuren Restaurant. Eigentlich wollten wir ja gar nicht so viel Geld ausgeben. Aber dann, nachdem wir draußen an der Tür die Speisekarte gesehen haben, sind wir doch dort gelandet. Es war ja immerhin unser ‚Kennenlern-Tag'. Bei der Rechnung hast du auch das gesagt, was vor einigen Tagen ein Kunde zu mir sagte: ‚Ich will den Laden hier doch nicht kaufen!' Leider war der nicht so dezent wie du! Alle Kunden und Kollegen rundum haben es gehört."

2. Der Mann mit dem Koffer

Paula hatte einem Kunden in der Lederwarenabteilung einen tollen Aktenkoffer gezeigt, der sein Interesse fand. Als der Kunde den Preis hörte, entfuhr ihm der obige Ausruf.

Aufgabe:
Was hätten Sie an Paulas Stelle dem Kunden in der Lederwaren-Abteilung geantwortet?

Vielleicht lautet Ihre Antwort so ähnlich: *„Ja, so ein edles Stück hat seinen Preis. Sie haben wirklich einen guten Geschmack, das ist der Rolls Royce unter den Aktenkoffern."*

Wenn Paula aufmerksam die Reaktion des Kunden beachtet hat, konnte sie erkennen, ob der Koffer trotzdem interessant blieb (der Kunde schaut ihn weiter an, fährt mit der Hand über das Leder, öffnet nochmals den Deckel) oder ob er aufgrund des hohen Preises nicht mehr in Frage kommt (er wendet sich den anderen Taschen zu). Sie sollten eine Alternative bieten können, die hohen Qualitätsanforderungen gerecht wird, ohne im gleichen Preissegment zu liegen. Auch hier kommt es darauf an, nicht zu schnell mit dem Alternativangebot bei der Hand zu sein und aufmerksam auf den Kunden zu achten. Gilt sein Interesse nach wie vor dem teuren Stück, hat Paula noch ein Argument in Reserve: *„Der Hersteller gibt ein Jahr Garantie auf alle Funktionsteile, das ist besonders vorteilhaft, wenn Sie den Koffer stark beanspruchen."*

3. Goldene Regel: 1 plus 1

Bei der Goldenen Regel 1 plus 1 sind beide Elemente gleichrangig:
1) Sind Sie vom Wert des Produktes überzeugt, sodass Sie den Preis für sich selbst akzeptieren? Plus 1) Wissen Sie, wodurch der Preis zustande kommt?
Ist es die exklusive Marke, das Material, die Verarbeitung, die raffinierte Aufmachung oder alles zusammen?

Was eine Sache wert ist und was man dafür bezahlt, sind zwei sehr verschiedene Dinge.

> **Aufgabe:**
> Finden Sie ein Beispiel für ein exklusives, teures Produkt Ihres Hauses. Bitte zählen Sie die Argumente auf, die den hohen Preis rechtfertigen. Vielleicht lassen Sie sich auch von ihren Kollegen und Ihrer Führungskraft inspirieren.

4. Das steht auf einem anderen Blatt

„Wert" bedeutet je nach Einschätzung etwas anderes. Für den einen Menschen ist der sachliche Nutzen, z. B. die Haltbarkeit eines Produktes, ausschlaggebend, für den anderen ist der emotionale (gefühlsmäßige) Nutzen von Bedeutung, wie z. B. Anerkennung, Wohlbefinden usw. So ist für den einen Kunden ein komfortabler Aktenkoffer ein notwendiges Teil der beruflichen Ausstattung, für den anderen ist er ein Luxusartikel. Es gibt tausend gute Gründe, kostbare, exklusive Produkte zu kaufen. Wenn Sie die Bedürfnisse Ihres Kunden im Blick haben, sind Sie frei von persönlichen Bewertungen und können nach Herzenslust verkaufen.

Sprich immer davon, wofür du bist, wogegen du bist, merkt man von selbst.

Aufgabe:
Wofür sind Sie persönlich bereit, viel Geld auszugeben? Vergleichen Sie
doch mal Ihre Vorlieben mit denen Ihrer Kollegen und lassen Sie sich von
den Unterschieden überraschen!

Unterschiede

Es war einmal ein Mann, der hatte einen wunderbaren Edelstein gefunden. Er
wollte ihn seinem König zum Geschenk machen, denn er versprach sich einen
höheren Vorteil von der Gunst des Königs als von dem Wert des Edelsteins.
Höchst erstaunt war er jedoch, als der König es ablehnte, den Stein anzuneh-
men. „Majestät, der Stein wurde von einem berühmten Juwelier geschätzt, der
hat mir versichert, dass dies ein äußerst wertvoller Edelstein ist", ereiferte sich
der Mann, als er endlich zum König vorgelassen worden war.

„Das glaube ich dir gerne, guter Mann", sagte der König. „Du kannst nicht
wissen, was für mich das Wertvollste ist: nicht der Habsucht zu unterliegen.
Was du für wertvoll erachtest, ist dieser Stein. Wenn du ihn mir zum Geschenk
machen würdest, dann würden wir beide das verlieren, was für uns wertvoll
ist. Darum habe ich entschieden, den Stein nicht anzunehmen und alles zu
belassen, wie es ist."

Mit mir nicht! – Der verärgerte Kunde

Vom Umgang mit verärgerten Kunden.

1. Verkaufen ist …

ein immer wieder neues Erfahrungsfeld. So kann es auch vorkommen, dass
Sie manchmal ein Kunde an den Rand Ihrer Geduld bringt. Stellen Sie sich
vor, Sie haben sich alle Mühe mit einem Kunden gegeben, spüren irgendwie,
dass Sie nicht gerade auf einer gemeinsamen Wellenlänge liegen, also einen
eher schwierigen Kunden bedienen. Zum Schluss sagt der Kunde: „Nein, das
ist alles nicht gerade das, was ich erwarte. Und Ihre Beratung könnte auch
besser sein. Guten Tag."

Spricht's und verschwindet. In solchen Momenten spüren wir, wie unan-
genehm Ablehnung und Zurückweisung sein kann. **Sie haben nur noch
eine Wahl, nämlich sich zu entscheiden, wie Sie mit einer Ablehnung
umgehen, d. h., ob Sie diesen Abgang persönlich nehmen oder als Lernerfahrung nutzen.**

2. Zum Glück: die Ausnahme

Alle Verkäufer wissen, wie so etwas am Selbstbewusstsein nagen kann. Alle wissen aber auch, dass das nicht die Regel, sondern eher die Ausnahme ist. Die Anzahl der netten Kunden ist wesentlich größer. Eine verständliche Reaktion wäre, erst mal gedanklich diesem Kunden einige Dinge an den Kopf zu werfen. Die zweite Möglichkeit ist, empört der Kollegin davon zu berichten. Die steuert eventuell auch noch ein paar ähnliche Erfahrungen bei und prompt bekommen die paar Negativerlebnisse ein Ausmaß, das ihnen zumindest zahlenmäßig nicht zukommt.

> **Aufgabe:**
> Wie gehen Sie persönlich mit solchen Erfahrungen um?

Wenn Ihre Antwort so oder ähnlich lautet: *„Wer weiß, was den Kunden bewogen hat, so zu reagieren. Ich habe jedenfalls mein Bestes gegeben."* – dann haben Sie die Fähigkeit, so etwas gelassen wegstecken zu können. Vielleicht hat Ihnen auch der Moment X geholfen. Bitte lassen Sie uns noch eine konkrete Situation etwas anderer Art betrachten:

Zu erkennen, dass man sich geirrt hat, ist ja nur das Eingeständnis, dass man heute schlauer ist als gestern.
Johann Kaspar Lavater

3. Tennis contra Trimmgerät

Sie beraten in der Sportabteilung oder im Sporthaus einen Kunden, der einen neuen Tennisschläger sucht. Das Beratungsgespräch steht kurz vor dem Ende, auf dem Verkaufstisch liegen die drei Modelle, die in die engere Wahl gekommen sind. Da kommt ein zweiter Kunde und fragt, ob er Sie ganz kurz etwas zu den wenige Meter entfernt stehenden Trimmgeräten fragen kann. Sie sagen zum ersten Kunden: *„Einen ganz kleinen Moment bitte"*, gehen mit dem zweiten Kunden einige Meter seitwärts und kommen nach einigen Minuten wieder zurück. Ihr Tennisschläger-Kunde kommt Ihnen schon entgegen. *„Mit mir nicht"*, sagt er Ihnen im Vorbeigehen. *„Ich habe meine Zeit nicht gestohlen, entweder bedienen Sie mich oder einen anderen Kunden. Vielen Dank."*

4. Wer hat Schuld?

Diese Frage führt Sie auf eine völlig falsche Spur. Verständlich, wenn Sie über den Tennisschläger-Kunden nicht allzu freundlich denken, aber leider nicht nützlich. Stattdessen hat sich die folgende Vorgehensweise bewährt:

▌ Bitte Gedanken lesen – nämlich Ihre eigenen.
  Wenn Sie entdecken, dass Sie innerlich auf den blöden Kunden schimpfen.
▌ Stop – SAKE – ab sofort anders.
  (Erinnern Sie sich? SAKE – 1. Teil, Kapitel 5 – „Locker bleiben!")
▌ Lernen aus dieser Situation und beim nächsten Mal besser reagieren.

Wer arbeitet, macht Fehler. Wer viel arbeitet, macht viele Fehler. Nur wer die Hände in den Schoß legt, macht gar keine Fehler.
Alfred Krupp

Aufgabe:
Wie hätten Sie alternativ auf die Frage des Kunden Nr. 2 (Trimmgerät) reagieren können?

5. Da war doch noch was …

Richtig, der Kamera-Blick. Damit schaffen Sie Abstand und eine Lernmöglichkeit. Wenn Sie einen Moment Zeit haben, lassen Sie Ihr inneres Video ablaufen von der Situation mit den beiden Kunden. Halt – Standbild: Es fällt Ihnen auf, dass Sie die Reaktion des Kunden Nr. 1 auf Ihre Bemerkung „Einen kleinen Moment, bitte!" gar nicht abgewartet haben und seine nonverbale Antwort, den Blick auf die Uhr, nicht mitbekamen. Verflixt!

Aufgabe:
Bitte beantworten Sie die Wie-Frage:
Wie kann man aus dieser Situation lernen?

Kohlköpfe

In einem Supermarkt in einem kleinen Städtchen in Amerika nahe der kanadischen Grenze war ein junger Mann gerade dabei, die Regale in der Gemüseabteilung aufzufüllen. Ein Kunde kam herein und fragte nach einem halben Kohlkopf. Als der Regalauffüller erklärte, dass sie nur ganze Kohlköpfe verkaufen würden, bestand der Kunde darauf, dass er den Manager fragen sollte, ob er nicht einen halben Kopf haben könnte. Also ging der Junge nach hinten und sagte zu dem Manager: „Irgend so ein Idiont draußen will einen halben Kohlkopf kaufen." Gerade als er fertig gesprochen hatte, bemerkte er, dass der Kunde ihm durch die Türe gefolgt war. Als schneller Denker drehte er sich zum Kunden und sagte: „Und dieser nette Gentleman will die andere Hälfte." Der Manager hatte bemerkt, wie findig der Regalauffüller war und bot ihm kurz darauf die Stelle als Produktmanager eines neuen Ladens der Kette in Kanada an. Der Junge sagte: „Oh, nee, in Kanada gibt es doch nur leichte Mädchen und Hockeyspieler." Der Manager blickte finster und sagte „Meine Frau ist aus Kanada!" Der junge Mann antwortete: „Oh! In welchem Team spielt sie denn?"

Zusammenfassung KREUZ-ASS

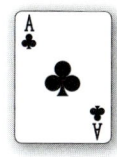

Die Rote Linie – nur Mut!

Wir alle sind, genau wie Paula, von einer unsichtbaren Roten Linie umgeben. Sie symbolisiert den „Kreis unserer Gewohnheiten", eine mächtige Festung!

Außerhalb der „Festung" liegen unsere unerfüllten Wünsche, Träume, Ziele und Herausforderungen. Mit einem Wort: unsere Wachstumschancen.

Immer dann jedoch, wenn wir die Gelegenheit beim Schopf gepackt und die Rote Linie überschritten haben, sind wir belohnt worden. Mit Stolz, einem befreiten Gefühl und – einer Erweiterung des „Kreises der Gewohnheiten".

Wer seinen „Kreis der Gewohnheiten" im beruflichen Alltag erweitert, wird Erfahrungen hinzugewinnen.

Nein, danke!

Auch ein Kunde, der sich nur informieren möchte, soll von Ihrem Geschäft begeistert sein.

So banal es klingt, manche Kunden brauchen eben ein wenig Zeit zum Überlegen und mögen sich nicht umgehend zu Ihren Argumenten äußern. Lassen Sie Ihren Kunden diese Zeit. Es ist Ihrem Fingerspitzengefühl überlassen, zu entscheiden, wann Sie dem Kunden sehr deutlich vor allem signalisieren: „Sie können es sich gerne überlegen" oder die Kaufargumente für eine Entscheidung in den Vordergrund stellen.

Ich will den Laden hier doch nicht kaufen!

Bei der Goldenen Regel 1 plus 1 sind beide Elemente gleichrangig:
1) Sind Sie vom Wert des Produktes überzeugt, sodass der Preis für Sie gerechtfertigt ist?
Plus 1) Wissen Sie, wodurch der Preis zustande kommt?

„Wert" bedeutet je nach Einschätzung etwas anderes. Für den einen Menschen ist der sachliche Nutzen, z. B. die Haltbarkeit eines Produktes, ausschlaggebend, für den anderen ist der emtionale (gefühlsmäßige) Nutzen von Bedeutung.

Mit mir nicht! – Der verärgerte Kunde

Sie haben nur noch eine Wahl, nämlich sich zu entscheiden, wie Sie mit einer Ablehnung umgehen, d. h., ob Sie diesen Abgang persönlich nehmen oder als Lernerfahrung nutzen.

Hier sind Sie wieder gefragt!

Wählen Sie aus dieser Lektion die drei Anregungen aus, die für Sie persönlich die wichtigsten sind. Schreiben Sie kurz auf, was genau Ihnen daran gefällt und wie Sie die drei Anregungen für sich nutzen können.

Gute Ratschläge

Mit Sorgenfalten auf der Stirn kommt ein Bauer zu seinem Nachbarn. Der fragt ihn: „Was machst du für ein Gesicht?" „Ach weißt du, meine Hühnerfarm macht mir Sorgen. In den letzten Tagen sind mir etliche Hühner gestorben. Ich weiß nicht, woran das liegt, und auch nicht, was ich machen soll." „Was fütterst du denn?" „Sie bekommen Hafer." „Nein, Hafer ist nicht gut, du musst Weizen füttern." Als sich die beiden einige Tage später auf dem Markt treffen, sagt der Hühnerfarmbesitzer: „Es ist nicht besser geworden. Im Gegenteil, wieder sind in den letzten Tagen zwanzig Hühner gestorben." „Welches Wasser gibst du ihnen denn?" „Wasser aus meinem Brunnen, natürlich." „Nein, das ist nicht gut. Gib ihnen unbedingt abgekochtes Wasser." Am Sonntag darauf nach dem Kirchgang stehen die beiden Bauern vor der Kirche. Der eine beklagt sich: „Nichts ist besser geworden, deine Raschläge haben nicht geholfen. Auch jetzt, wo sie abgekochtes Wasser trinken, sind schon wieder fünfzig Hühner gestorben." „Das ist schlimm, mein Freund," erwidert kopfschüttelnd der Nachbar. „Denn weißt du, Ratschläge habe ich noch viele, aber hast du genug Hühner?"

14 KREUZ-KÖNIG
– Notausstieg?
Aber bitte mit Sahne!

Gut gemacht!

Woran man erkennt, dass jemand gerne verkauft.

1. Mit eigenen Augen gesehen, mit eigenen Ohren gehört

Tatort: Ein Fachgeschäft in Berlin. Ein junges Pärchen sucht ein Geschenk zur Hochzeit der Freunde – eine schöne, kuschelige Wolldecke. *„Wir suchen eine schöne Wolldecke."* Antwort: *„Was, jetzt, mitten im Sommer?"* *„Ja, warum nicht? Was können Sie uns zeigen?" „Das, was da liegt." „Ist das alles?" „Ja, ich sagte Ihnen ja, das ist kein Sommerartikel!" „Danke, das war's dann wohl."* Die beiden sind „bedient" von diesem Verkäufer, schauen sich vielsagend an und gehen.

2. Die Konkurrenz wartet schon

„Wenn wir uns nicht um den Kunden bemühen, die Konkurrenz nimmt es uns gerne ab." – ein Spruch im Personaleingang eines großen Modehauses. Damit ist alles auf den Punkt gebracht. Kunden sind nicht nur anspruchsvoller, sondern auch empfindsamer geworden. Entweder bewusst oder unbewusst registrieren sie neben dem Warenangebot und der Warenpräsentation die Menschen, mit denen Sie beim Einkauf zu tun haben.

Schließlich ist Einkaufen für viele Menschen ein Erlebnis, das sie genießen wollen.

3. Fortsetzung folgt – mit „Sahnehäubchen!"

Nehmen Sie die oben geschilderte Situation, wandern Sie mit dem jungen Paar weiter ins nächste Geschäft, vielleicht in Ihres: *„Wir suchen eine schöne Wolldecke." „Oh, das ist zwar nicht gerade ein Sommerartikel, aber bei unserem großen Angebot finden Sie sicher etwas Schönes." „Wunderbar, es soll nämlich ein Hochzeitsgeschenk sein." „Eine schöne Geschenkidee. Wie genau soll die Decke denn aussehen?"* usw. Auch nach der Kaufentscheidung lohnt es sich, dem Kunden noch ein „Sahnehäubchen" anzubieten, sich darum zu bemühen, dass er gerne wiederkommt. *„Vielen Dank, für Sie ein schönes Fest und viel Erfolg – ach was, den haben Sie ganz sicher mit so einem liebevoll ausgesuchten Geschenk."*

Begeisterung ist der unverkennbare Beweis dafür, dass du in deine Arbeit verliebt bist.

Zwei strahlende Menschen verlassen mit einem Paket unter dem Arm das Geschäft. *„Das war mal 'ne nette Bedienung. Fast müssten wir dem Muffel von vorhin noch dankbar sein."* In diesem Fall lässt sich mit Fug und Recht sagen:

**Das Ende ist erst der Anfang –
der Anfang einer guten Kundenbeziehung oder der erste Schritt,
um einen Stammkunden zu gewinnen ...**

4. Was war das Geheimnis?

Wenn Sie die beiden Kundengespräche vergleichen, fällt Ihnen der gravierende Unterschied ins Auge. Vielleicht können Sie nachempfinden, wie es die Stimmung des Pärchens in unserem Beispiel positiv beeinflusst hat, als es im zweiten Fall von einem Verkäufer bedient wurde, der guter Dinge war und gerne verkauft hat. Wer „gerne" verkauft, sollte dieses Wörtchen nicht nur für die eigene Einstellung benutzen, sondern es auch im Kundengespräch verwenden.

Wenn wir etwas „gerne" tun, bringen wir unsere Freude daran zum Ausdruck. Simples Beispiel: *„Ich packe Ihnen gerne die Decke als Geschenk ein."*

Aufgabe:
Finden Sie mit Ihren Kollegen weitere Worte, die „klingen", mit ähnlich positiver Wirkung, die Sie im Verkaufsgespräch nutzen können.

5. Eine gute Wahl

Es ist kein Ding so leicht, dass es nicht schwierig wird, wenn man es ungern tut.
Paulus Terentius

Wenn Sie sich den Grundsatz: „Der erste Eindruck entscheidet, der letzte bleibt!" nochmal vor Augen halten, liegt es auf der Hand, wie entscheidend Ihr verabschiedender Kontakt ist. Wenn Sie selber kassieren, können Sie dem Kunden die Ware mit den entsprechenden Worten anreichen und wenn Sie den Kunden zur Kasse begleiten, können Sie sich mit einigen freundlichen Worten verabschieden. Natürlich ist auch hier ein nett verpacktes *„Danke"* das Sahnehäubchen beim Abschied. So wie in der Geschichte vom Flughafen in Düsseldorf im ersten Teil Ihres Lernprogrammes. Da sagt die Angestellte der Fluggesellschaft beim Check-In: *„Danke, dass Sie unsere Airline gewählt haben!"* Und die Reisende berichtet, dass sie auf einer „rosa Freundlichkeitswolke" weiterschwebt zur Abflughalle. Wie entscheidend der letzte Teil des Kundenkontaktes ist, können Sie ab Seite 186 vertiefen ...

Aufgabe:
Mit welchen freundlichen Worten zum Abschluss können Sie Ihrem Kunden sagen, dass er eine gute Wahl getroffen hat?

Stiefmütterchen

Ich habe gehört: Ein König ging in seinen Garten und fand dort
verwelkte und sterbende Bäume, Sträucher und Blumen. Die Eiche
sagte, sie stürbe, weil sie nicht so groß sein könne wie die Tanne.

Als der König sich der Tanne zuwandte, ließ diese die Schultern hängen, weil
sie keine Trauben tragen konnte wie der Weinstock. Und der Weinstock lag in
den letzten Zügen, weil er nicht blühen konnte wie die Rose.

Schließlich aber fand der König eine Pflanze, die blühte und frisch war wie
immer: das wilde Stiefmütterchen. Auf seine Frage erhielt er folgende Antwort:
„Für mich war klar, dass du ein Stiefmütterchen haben wolltest, als du mich
pflanztest. Hättest du eine Eiche, einen Weinstock oder eine Rose gewünscht,
hättest du sie gepflanzt. Deshalb dachte ich, da ich ohnehin nichts anderes
sein kann als das, was ich bin, will ich versuchen, dies nach besten Kräften
zu sein."

Zum „Wiederholungstäter" werden

Die Wirkung von „Wiederholungen" im Kundengespräch.

1. Sie wollen, Sie wünschen ...

Zu Beginn des Verkaufsgespräches wiederholen Sie die
Wünsche, die Ihr Kunde geäußert hat, und vergewissern sich
damit, dass Sie ihn richtig verstanden haben.

▮ *Sie wollen einen Aktivurlaub mit einer Gruppe machen.*
▮ *Sie wünschen sich ein einfach zu bedienendes Gerät.*

In einer späteren Phase vergewissern Sie sich, dass Sie die richtigen Schluss-
folgerungen anstellen und wiederholen die Informationen, die Ihnen vom
Kunden gegeben wurden:

▮ *Wenn Sie sagen, dass Sie eine Wasserratte sind, heißt das, dass Sie auf jeden*
  Fall einen Urlaub am Meer machen wollen?

Sie helfen dem Kunden, Wege durch das Labyrinth des Angebotes zu finden:

▮ *Sie sagten, dass Sie eine ganz bestimmte Stoffqualität suchen. Lassen Sie uns*
  doch gemeinsam herausfinden, welche genau Ihren Wünschen entspricht.
▮ *Sie sagten, dass Sie einen Lippenstift mit einem ganz bestimmten Rot-Ton*
  suchen. Wie wäre es, wenn Sie mir die Farbe auf einem Muster zeigen wür-
  den?

Wie deine Worte
angekommen sind,
erfährst du durch
den Widerhall,
den sie erwecken.

In der Entscheidungsphase können Sie bestätigend die Kundenwünsche wiederholen und die Kaufargumente zusammenfassen, bevor Sie eine Empfehlung als Entscheidungshilfe aussprechen:

▎ *Sie waren von Anfang an an einem Markengerät interessiert. Dieses hier ist mit den entsprechenden Funktionen ausgestattet, entspricht Ihrem Farbwunsch und ist in seiner Klasse das preiswerteste. In meinen Augen die beste Entscheidung bei Ihren Vorstellungen.*

Aufgabe:
Welche Erfahrungen haben Sie bisher mit der Zusammenfassung von Kaufargumenten als Entscheidungshilfe gemacht? Achten Sie in den nächsten Verkaufsgesprächen doch einmal bewusst darauf!

2. Und was soll das?

Auf eine sehr einfühlsame Weise signalisieren Sie mit Wiederholungen der Kundenäußerungen, dass Sie das, was Ihr Kunde Ihnen wörtlich sagte, für wichtig und richtig halten. Sie machen ihm mit seinen eigenen Formulierungen seine Äußerungen noch einmal bewusst und seine Wünsche und Vorstellungen noch einmal „dingfest". Außerdem schließen Sie Missverständnisse weitgehend aus. Natürlich kommt es auch hierbei wieder auf die „Dosierung" an. Sie haben als Profi ein gutes Fingerspitzengefühl für das richtige Maß.

3. Rote Linien

Viele Missverständnisse entstehen dadurch, dass ein Dank nicht ausgesprochen, sondern nur empfunden wird.
Ernst R. Hauschka

Ein „*Danke, dass Sie Ihren Einkauf bei uns getätigt haben!*" hört man als Kunde noch sehr selten. Auch die Möglichkeit der Wiederholung wird sich vielleicht noch nicht im Kreis Ihrer Gewohnheiten befinden. Hier sind wieder „Rote Linien", die auf Sie warten. Nur Mut – und denken Sie daran: Jede neue Verkaufssituation ist eine neue Erfahrung. Sie haben sogar die Möglichkeit, sich auf neue Erfahrungen mit geschickten Mitteln positiv einzustimmen und vorzubereiten. Wie, erfahren Sie in der nächsten Aufgabe:

Aufgabe:
Sie sind zu einem kleinen „Tagtraum" eingeladen.
Nehmen Sie sich ein paar Minuten Zeit und Ruhe und wenn Sie mögen, schließen Sie die Augen. Stellen Sie sich vor, wie Sie einen Kunden erfolgreich beraten, wie leicht und fröhlich Ihr Gespräch verläuft, wie der Kunde strahlt, als er sich entschieden hat. Sehen und vor allem hören Sie, wie Sie zu dem Kunden sagen: „Danke, dass Sie Ihren Einkauf bei uns getätigt haben" (oder ähnlich). Und Sie sehen vor Ihrem inneren Auge, wie der Kunde immer noch lächelnd Ihre Abteilung verlässt.

Zeichne mir einen Hahn!

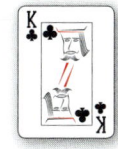

Ein chinesischer Kaiser hörte von einem großen Künstler, der sich auf Tuschezeichnungen verstand. Er ließ ihn vor seinem Thron erscheinen. „Zeichne mir einen lebensechten Hahn", sagte der Kaiser, „ich mag Hähne." Dies versprach der Künstler. Nach drei Jahren erinnerte sich der Kaiser an den Künstler und fragte nach dem Hahn. Niemand wusste mehr etwas darüber. Da stand der Kaiser von seinem Thron auf, um mit seinem ganzen Hofstaat den Meister in seiner Werkstatt zu besuchen und ihn zur Rechenschaft zu ziehen. „Wo ist die Tuschezeichnung, die ich in Auftrag gab?", fragte er ihn grollend. Der Künstler nahm ein großes Blatt und zeichnete in wenigen Augenblicken einen wunderschönen Hahn. Der Kaiser war so begeistert, dass er den Meister um eine Wiederholung der Zeichnung für seine Lieblingsfrau bat. Über den Preis allerdings war er erschrocken. „In wenigen Augenblicken zeichnest du mühelos einen Hahn und willst so viel Geld haben? Ist es deshalb so teuer, weil du die Zeichnung wiederholt hast? Es ging doch so schnell." Da nahm ihn der Künstler mit und führte ihn durch sein Haus. In allen Räumen lagen große Papierstöße mit Zeichnungen und auf allen Blättern Hähne. „Siehst du", sagte er, „der Preis ist gerecht. Was dir so schnell und mühelos erscheint, das hat mich viel gekostet. Über drei Jahre habe ich immer und immer wieder Hähne gezeichnet, um dir in wenigen Augenblicken diesen Hahn zu fertigen."

Chance zum Wechsel

Wie Sie die Beziehungsebene im Gespräch betonen können.

1. Ende einer Reise

„Hallo Paul, ja, ich bin's Paula! Ja, wir sind schon ein wenig früher zurück, weil wir einen günstigeren Anschlusszug in Mannheim bekommen haben. Kannst du mich abholen? Wie's war? Ach, einfach herrlich. Drei Tage wandern bei herrlichem Sonnenschein in den Schweizer Bergen, abends gemütliche ‚Waldspitz-Atmosphäre', die ist ja unverwechselbar, wie du aus eigener Anschauung weißt. Du, alles weitere gleich im Auto, bis nachher!"

2. Neugierig geworden?

Was mag das sein, die unverwechselbare „Waldspitz-Atmosphäre"? Die Rede ist in Paulas Telefonat von einer Berghütte mit Restaurant auf knapp 2000 m Höhe im Berner Oberland. Was haben eine Berghütte und ein Einzelhandelsgeschäft gemeinsam? Ganz einfach: Das Ziel: Kundenbegeisterung! Das schafft der Wirt, ein echter Eidgenosse mit seinen fröhlichen und flinken Helfern und – mit seiner Persönlichkeit! Für jeden hat er ein nettes Wort, für jeden ein erfrischendes Getränk und herzhafte Speisen. Das ist nicht alles.

Die einen bekommen eine Kostprobe von der selbst gemachten Gemswurst, die anderen eine Handvoll Kirschen aus dem Unterland, Sonderwünsche sind erbeten, denn ein „Nein", haben wir nicht, gibt es nicht. Und dann die Aussicht, die ist sogar gratis. All das schafft eine Atmosphäre von: Willkommen, liebe Gäste, wir freuen uns, dass wir für Euch da sein können.

3. Das Eisbergprinzip

Vielleicht ist es der Blick auf die nahen Gletscher, der bewirkt, dass sich der Wirt nach dem „Eisbergprinzip" richtet. Vielleicht hat er aber auch noch nie davon gehört:

Über der Meeresoberfläche ist nur ein Zehntel der gesamten Masse eines Eisberges sichtbar. Es entspricht der Sachebene in der Kommunikation; die unter der Oberfläche liegenden neun Zehntel entsprechen der Beziehungsebene. Wer dieses Verhältnis in die Tat umsetzt, schafft eine gute Kommunikation mit guten Beziehungen – so wie Adi, der Hüttenwirt.

Wir ernähren uns von dem, was wir bekommen, aber wir leben von dem, was wir geben.
Norman Mac Eswan

Was bedeutet das Eisbergprinzip für Ihre Kundengespräche? Natürlich ist es sinnvoll, in Gesprächen sachlich zu bleiben und gut zu argumentieren. Wenn Sie dabei im Auge behalten, ob sich Ihr Gesprächspartner wohlfühlt, dann haben Sie gleichzeitig das Wichtigste beachtet: die neun Zehntel, die die Beziehung ausmachen. Sie entsteht umso leichter, je offener Sie und Ihr Kunde miteinander umgehen. Ein Schritt in die richtige Richtung ist zum Beispiel, dem Kunden Ihren Namen mithilfe Ihres Namensschildchens zu nennen.

4. Und zum Schluss –

Selbst wenn das Verkaufsgespräch weitgehend konkret und sachlich verlaufen ist, z. B. weil der Kunde sehr entschlossen seine Wünsche äußerte, die Sie ihm umgehend erfüllten, können Sie die Chance zum Wechsel auf die Beziehungsebene zum guten Schluss nutzen:

„Guten Tag, ich hätte gerne den Alessi-Kessel aus der neuen Kollektion mit grünem Griff als Geschenk." „Ja, sehr gerne, Sie meinen dieses Modell?" „Ja, genau den zum Preis von 119 Euro." „Ja, gerne! Sie möchten ihn verschenken? Darf ich fragen, zu welchem Anlass?" „Es ist ein Hochzeitsgeschenk für meine Tochter!" „Oh ja, zu diesem schönen Anlass haben Sie ein besonderes Geschenk ausgesucht. Für Sie ist vielleicht noch interessant zu wissen, dass Sie für Feste unseren Geschenk-Tisch nutzen können. Wenn andere Gäste noch etwas Passendes suchen, bietet sich zum Beispiel das Milchkännchen und die Zuckerdose aus der gleichen Alessi-Serie an." Möglich, dass sich ein Beratungsgespräch über Ihre Serviceeinrichtung des Geschenk-Tischs ergibt. Und zum Schluss: *„Vielen Dank für Ihren Einkauf und für Sie ein schönes Hochzeitsfest!"*

Das Wort „Kunde" steht im Alphabet eines guten Verkäufers weit vor „Profit".
Marianna Grüters

Stellen Sie sich das schöne Paket vor, mit einer liebevollen Geste überreicht, ein nettes Lächeln, das Ganze auch noch zügig – was will Ihr Kunde mehr?

5. Zauberworte

Selbst in dem kurzen Verkaufsdialog können Sie feststellen, dass die Sätze des Verkäufers den Kunden direkt ansprechen und die berühmten „Zauberworte" **Sie, für Sie, Ihnen, Ihr** am Anfang enthalten.

Aufgabe:

Achten Sie einmal bewusst in Ihrer Kundenrolle darauf, ob die „Zauberworte" „Sie, für Sie, Ihnen, Ihr" verwandt werden und wie sie auf Sie wirken. Haben Ihre Kollegen ähnliche Erfahrungen gemacht? Fragen Sie doch einmal nach!

Die Faustregel lautet: 90 % der Formulierungen mit „Sie, für Sie, Ihnen, Ihr" usw. gestalten, 10 % können dann noch „Ich-, Wir-, Mein-, Unser-" Formulierungen sein.

Es ist Frühling

Bei strahlendem Maiwetter kommen zwei Werbeleute in ihrer Mittagspause an einem Blinden vorbei, der in der Fußgängerzone sitzt und um Almosen bittet. Er wirkt ausgezehrt und seine Kleidung könnte gut und gerne einen neuen Waschgang vertragen. Er trägt ein Schild um den Hals mit der Aufschrift: „Von Geburt an blind". Nur wenige Passanten beachten ihn; sein Hut ist leer. Er hielt eine achtlos weggeworfene Blume, die ihm der Wind geschenkt hatte, in den Händen. „Er hat eine falsche Methode", bemerkt einer der Werbeleute. „Wetten, dass ich es schaffe, ihm mit einem anderen Text den Hut zu füllen?" Er drehte das Schild des Blinden um und schrieb etwas darauf. Aus der Ferne beobachteten die beiden, wie sich nach einer gewissen Zeit der Hut füllt. Neugierig geworden, geht der andere der beiden zu dem Blinden und liest: „Es ist Frühling. Ihr seht ihn. Ich nicht."

Der letzte Eindruck bleibt!

Von der Bedeutung des „letzten Eindrucks" für den Kunden.

1. Vornehm geht die Welt zugrunde

Es gibt doch wirklich Restaurants, in denen sind die Kellner vornehmer als die Gäste. Wenn Sie das bemerken, dürfen Sie ruhig skeptisch werden. Auch beim „Service" im wörtlichen Sinne, beim „Servieren", kommt es nicht nur auf die Qualität der Speisen, sondern auch auf die Zwischentöne und damit auf die „Beziehung" zwischen der Bedienung und den Gästen an. Auch der beste Oberkellner im schönsten Restaurant, der die Wünsche seiner Gäste nicht erfragt, sondern gleich mit der Tür in Form eines 5-Gänge-Menüs ins Haus fällt, hinterlässt einen ungünstigen ersten Eindruck.

2. Erdbeeren mit „Sahnehäubchen"

Paul und Paula wollen sich in dem schicken Restaurant etwas Gutes tun und bestellen sich einen richtig schönen, frischen Salat. Sie haben beim Blick in die Karte zwar ein wenig gezögert wegen der hohen Preise, aber – „Man gönnt sich ja sonst nichts", meint Paul schmunzelnd. Was sie dann auf dem Teller haben, ist zwar frisch, aber nichts Besonderes – Gurken, Tomaten, grünen Blattsalat gibt es überall und zu jeder Jahreszeit. Als Sie dem Kellner auf seine Frage „Hat es Ihnen gut geschmeckt?" vorsichtig Ihre Enttäuschung kundtun, fällt dem Kellner eine Erklärung sichtlich schwer. Er rettet die Situation, indem er sagt: „Schade, dass das Essen nicht zu Ihrer Zufriedenheit war. Wie kann ich das wieder gut machen? Darf ich Ihnen als kleinen Ausgleich auf Kosten des Hauses einen schönen Nachtisch anbieten? Was halten Sie von frischen Erdbeeren mit einer Kugel Vanilleeis und Sahnehäubchen?" Paula ist begeistert: „Na siehst du, Paul, hier gibt man sich doch wirklich Mühe und hat alles wieder gut gemacht. Das war doch zum Schluss ein ‚Sahnehäubchen' im wahrsten Sinne des Wortes!"

3. Tatort Kasse

Sie können Ihre Kunden zwar nicht beim Kassieren mit einem Eisbecher versöhnen, aber auch dann haben Sie einige Möglichkeiten, einen guten letzten Eindruck zu machen und Ihren Kunden ein „Sahnehäubchen" zu bieten, das ein gutes Gefühl hinterlässt. Ganz unabhängig davon, wie die Erfahrungen beim Einkauf waren.

Aufgabe:
Welche Möglichkeiten haben Sie an der Kasse, einen guten letzten Eindruck zu hinterlassen?

Sie haben vielleicht so oder ähnlich geantwortet:

Ich überreiche die Ware mit einem freundlichen *„Vielen Dank für Ihren Einkauf!"*, ich lächle und sage *„Auf Wiedersehen und vielen Dank!"*, ich schaue den Kunden an, als ich ihm mit einem freundlichen Lächeln und einem *„Bitteschön"* die Ware übergebe, ich sage bei Gelegenheit anerkennend *„Da haben Sie sich aber etwas Besonderes ausgesucht!"*, ich wünsche dem Kunden *„Noch einen schönen Tag!"* wenn ich ihm die Ware anreiche, usw. Es gibt viele Möglichkeiten, gerade an der Kasse ein „Sahnehäubchen" anzubieten. Die Kunden werden sich freuen, wenn Sie den Abschluss des Kaufes nicht wie am Fließband und nichtssagend gestalten. So manchen kleinen Missklang können Sie so wieder ausbügeln und Sie „krönen" alle positiven Kauferlebnisse durch einen „Sahnehäubchen-Abschluss".

Nutzen Sie die Chance zum „Sahnehäubchen" an der Kasse!

4. Es ist so einfach!

Die einfachste Sahnehäubchen-Gelegenheit der Welt bietet sich bei all den Kunden, die mit einer Scheckkarte bezahlen, die ihren Namen enthält. Wenn Sie den Namen nutzen, sprechen Sie den Kunden sehr persönlich und unverwechselbar an. Sie tun damit genau das, um was sich alles dreht bei der Kundenbegeisterung: Sie schaffen ein Stück Beziehung. Nehmen Sie sich die Zeit, den Namen zu registrieren und zu nutzen. Es lohnt sich! Nur in ganz wenigen Fällen sollten Sie auf die Nutzung

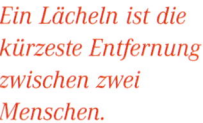

des Kundennamens verzichten, z. B. wenn der Name sehr schwierig ist und Sie nicht wissen, wie er ausgesprochen wird oder es sich um einen langen Doppelnamen handelt, bei dem Sie Gefahr laufen, ihn auf die Schnelle nicht richtig behalten zu können.

Ein Lächeln ist die kürzeste Entfernung zwischen zwei Menschen.

Aufgabe:
Achten Sie einmal darauf, wie Sie sich fühlen, wenn Sie als Kunde namentlich angesprochen werden.

Der letzte Eindruck

Von dem persischen Schah Anuschirwan, der für seinen beispiellosen Gerechtigkeitssinn berühmt war, erzählt man sich die folgende Geschichte: Eines Tages war er mit kleinem Gefolge zur Jagd ausgeritten. Zur Mittagszeit lagerten sie im Schatten, die Diener brieten ein schönes Stück Wildbret am Spieß, als einer der Köche bemerkte, dass sie kein einziges Körnchen Salz zum Würzen mitgebracht hatten. Kleinlaut beichteten sie ihrem Herrscher das Versäumnis. Der wusste Rat und gab folgende Anweisung: „Einer von euch reite zu dem nahen Dorf, dessen rauchende Herdfeuer wir aus der Ferne erspähten. Wo gekocht wird,

ist auch Salz. Und vergesst nicht, das Salz auch zu bezahlen. Sollte das nicht geschehn, könnte das Dorf in unübersehbare Schwierigkeiten geraten." Die Untertanen horchten ob dieser Rede auf und fragten sogleich nach dem Grund für die eindringliche Mahnung. „Nun höret, der Bote ist mein Abgesandter. Wenn er nicht bezahlt und einfach wegreitet, wird ihn aus Höflichkeit keiner der Dorfbewohner darum bitten. Allerdings wird die Erinnerung daran haften bleiben als letzter Eindruck. Sie wird Schule machen, denn ich bin ein Vorbild ebenso wie meine Leute. Man wird sich einfach alles erbitten und es nehmen, ohne zu bezahlen. Irgendwann wird man an den Falschen geraten und es wird Krieg geben. Versteht ihr nun, weshalb es auch in kleinen Dingen wichtig ist, gerecht zu handeln?"

Zusammenfassung KREUZ-KÖNIG

Gut gemacht!

„Wenn wir uns nicht um den Kunden bemühen, die Konkurrenz nimmt es uns gerne ab." – Ein Spruch im Personaleingang eines großen Modehauses.

Schließlich ist Einkaufen für viele Menschen ein Erlebnis, das sie genießen wollen.

Das Ende ist erst der Anfang – der Anfang einer guten Kundenbeziehung oder der erste Schritt, um einen Stammkunden zu gewinnen.

Wenn Sie sich den Grundsatz: „Der erste Eindruck entscheidet, der letzte bleibt!" nochmal vor Augen halten, liegt es auf der Hand, wie entscheidend Ihr verabschiedender Kontakt ist.

Zum „Wiederholungstäter" werden

Auf eine sehr einfühlsame Weise signalisieren Sie mit Wiederholungen der Kundenäußerungen, dass Sie das, was Ihr Kunde Ihnen wörtlich sagte, für wichtig und richtig halten.

Chance zum Wechsel

Über der Meeresoberfläche ist nur ein Zehntel der gesamten Masse eines Eisberges sichtbar. Es entspricht der Sachebene in der Kommunikation; die unter der Oberfläche liegenden neun Zehntel entsprechen der Beziehungsebene. Wer dieses Verhältnis in die Tat umsetzt, schafft eine gute Kommunikation mit guten Beziehungen.

Selbst wenn das Verkaufsgespräch weitgehend konkret und sachlich verlaufen ist, z. B. weil der Kunde sehr entschlossen seine Wünsche äußerte, die Sie ihm umgehend erfüllten, können Sie die Chance zum Wechsel auf die Beziehungsebene zum guten Schluss nutzen:

Die Faustregel lautet: 90 % der Formulierungen mit „Sie, Ihnen, Ihren, für Sie" usw. gestalten, 10 % können dann noch „Ich-, Wir-, Mein-, Unser-" Formulierungen sein.

Der letzte Eindruck bleibt

Sie können Ihre Kunden zwar nicht beim Kassieren mit einem Eisbecher versöhnen, aber auch Sie haben einige Möglichkeiten, einen guten letzten Eindruck zu machen.

Hier sind Sie wieder gefragt!

Wählen Sie aus dieser Lektion die drei Anregungen aus, die für Sie persönlich die wichtigsten sind. Schreiben Sie kurz auf, was genau Ihnen daran gefällt und wie Sie die drei Anregungen für sich nutzen können.

Der entspannte Bogen
Es wird erzählt, dass der alte Apostel Johannes gern mit seinem zahmen Rebhuhn spielte. Eines Tages kam ein Jäger zu ihm. Er wunderte sich, dass Johannes, der doch ein so angesehener Mann im Dorfe war, spielte. Er hätte doch in der Zeit viel Gutes und Wichtigeres tun können, als sich mit einem Rebhuhn abzugeben. Deshalb fragte er „Warum vertust du deine Zeit mit Spielen? Warum wendest du deine Aufmerksamkeit einem nutzlosen Tier zu?" Johannes schaute ihn verwundert an. Warum sollte er nicht spielen? Warum verstand der Jäger ihn nicht? Er sagte deshalb zu ihm: „Weshalb ist der Bogen in deiner Hand nicht gespannt?" „Das darf man nicht", gab der Jäger zur Antwort. „Der Bogen würde an Spannkraft verlieren, wenn er immer gespannt wäre. Wenn ich einen Pfeil abschießen wollte, hätte er keine Kraft mehr. Ich würde das anvisierte Ziel nicht treffen können." Johannes antwortete: „Siehst du, so ist es auch mit meiner Kraft. Wenn ich ständig angespannt bin, kann ich mich nicht erholen und am Ende fehlt mir die Kraft, das zu tun, was notwendig ist und den ganzen Einsatz meiner Kräfte fordert."

15 KREUZ-DAME
Von anderen lernen
– Ihre Chance

Die „Sportschau"

Wie Sie eine gute Einstellung zu Herausforderungen gewinnen können.

1. Sind Sie sportlich?

„Hallo, Paula. Warst du heute beim Arzt?" „Ja, Paul, alles o.k.! Stell dir vor, er hat mich gefragt, ob ich sportlich wäre. Du weißt ja, das ist meine schwache Seite. Aber ich habe ihn angelächelt und gesagt: ‚Ja, sehr! Ich sehe unheimlich gerne Tennis im Fernsehen!' Da musste er auch lachen und das Eis war gebrochen."

*„Paula, ich bin stolz auf dich. Du bist eine schlagfertige Frau. Sag' mal, du Tennisfan, meinst du eigentlich, dass es für so richtig tolle Spieler, z. B. den von dir so verehrten Boris Becker, auch so was wie **Rote Linien** gab oder gibt? „Aber Paul, natürlich. Dazu fällt mir eine interessante Geschichte ein. Wenn ich heute abend nach Hause komme, erzähle ich sie dir!" „Da bin ich mal gespannt, Paula. Bis heute abend!"*

2. Ein echter Fan

Hindernisse sind die furchterregenden Dinge, die man sieht, wenn man die Augen vom Ziel abwendet.

... wie Paula hat Boris Becker nicht nur im Fernsehen zugesehen, sondern weiß auch alles über seinen Star. Mit großem Interesse verschlingt Paula alles, was sie an Informationen erwischen kann. So auch die Story, die ein Journalist darüber schrieb, wie Boris vom Tennis-Altmeister Björn Borg lernte, seine Abneigung gegen das nordamerikanische Tennisstadion „Flushing Meadow" zu überwinden und den Grand Slam, den begehrten Preis, gewann. Sie erzählt Paul: *„Beim ersten Mal wäre er am liebsten gar nicht angetreten. Schon der Gedanke an das Stadion, das im Sommer ein heißer Kessel ist, war ihm zuwider. Immer wieder donnern die Flugzeuge, die auf dem nahen Flughafen landen und starten, darüber hinweg. Er wusste, dass ihm diese Atmosphäre zusetzen würde, rechnete mit einem amerikanischen Gegner im Endspiel und konnte darauf zählen, dass die Zuschauer auf der Seite seines Gegners sein würden. Sein Trainer brachte ihm bei, die Sache wie Björn Borg anzugehn, der immer seinen jungen Nachfolgern ans Herz legte: ‚Es wird euch genau so viel Energie kosten, vor einer Herausforderung (Rote Linie) wegzulaufen, wie sie anzugehn. Sorgt dafür, dass ihr jedes Stadion und jeden Gegner akzeptiert, mehr noch, die Situation „liebt", wie sie ist, wenn ihr daran nichts ändern*

könnt. Nur dann könnt ihr gewinnen und stolz auf den Erfolg sein, denn es gibt immer nur die drei Möglichkeiten: Eine Situation zu verändern, sie zu verlassen oder – sie zu akzeptieren, wie sie ist! Nur dann, wenn ihr die Herausforderungen ‚liebt', wenn ihr sie genau so haben wollt, ziehen sie euch an und ihr könnt gewinnen! Und das Kribbeln, das dann noch übrig bleibt, ist genau die passende Dosis, um richtig gut zu sein!'" Paul ist sehr beeindruckt. Wie seine Paula das erzählt hat!

3. Lernen von den Spitzensportlern

So ein richtiger Spitzensportler ist gut versorgt. Er hat seinen Trainer, seinen Sportarzt, seinen Masseur. Um die richtigen Strategien sorgen sich nicht nur der Star und sein Trainer, sondern auch Fachleute aus anderen Bereichen, z. B. die Sportpsychologen. Das Beispiel der **Roten Linie** im Tennissport ist nur eines von vielen und im Prinzip nichts anderes, als eine neue, herausfordernde Aufgabe, die auf jeden von uns warten kann.

**Sie haben zwar kein Expertenteam an Ihrer Seite,
aber ein Lernprogramm in der Hand. Seien Sie Ihr eigener Berater,
ernennen Sie Ihre Führungskraft und Ihre Kollegen zu Trainern:**

Aufgabe:
Bitte durchforsten Sie das Lernprogramm nach Ihren persönlichen Roten Linien: Entscheiden Sie selbst, ob Sie die sich daraus ergebenden Situationen wirklich voll akzeptieren. Probieren Sie aus, die Rote Linie zu überschreiten.
Bitten Sie Ihre Führungskraft um Unterstützung, wenn Sie noch Informationen benötigen und Ihre Kollegen um Rückmeldungen, wie Sie das Ergebnis Ihrer Versuche beurteilen.

4. Achtung!

Die Bedeutung dieser Aufgabe ist groß. Sie gehört zu den „Filetstücken" des gesamten Lernprogrammes, weil sie nicht nur Ihrem professionellen Verhalten den Feinschliff gibt, sondern Ihnen wirklich Mut abverlangt. Bedenken Sie, selbst wenn ein Spitzensportler einen wichtigen Preis gewinnen will, ist es sein tägliches Brot, eine neue Herausforderung anzunehmen. Auch Sie als Mitarbeiter im Verkauf nehmen im Berufsalltag ständig neue Herausforderungen an. Sie verdienen Lob und Anerkennung, wenn Sie bereit sind umzudenken und neues Verhalten zu praktizieren. Wenn Sie es schaffen, können Sie genau so stolz darauf sein wie ein Spitzensportler, Ihren „Kreis der Gewohnheiten" vergrößert zu haben, und haben dazu beigetragen, wenn Ihr Unternehmen einen Spitzenplatz am Markt erwirbt.

Die Prüfung

Ein Meister führte seinen Schüler zu einer Prüfung ins Gebirge und an den Rand eines schwindelerregenden Abgrundes. In der Tiefe toste ein wilder Bach und nur ein schmaler Baumstamm als Steg führte von einer Seite der Schlucht zur anderen.

Der Meister forderte den Schüler auf: „Geh hinüber!" Der Schüler fürchtete die Gefahr und sagte: „Der Stamm ist zu schmal, das ist zu gefährlich." Der Meister fragte: „Was kannst du tun, willst du umkehren?" „Meister, ich habe sieben Jahre lang geübt. Jetzt will ich doch nicht umkehren. Aber ich habe kein Werkzeug, um einen zweiten Baum zu fällen und die Brücke zu verbreitern." „Was willst du tun?" Während der Schüler noch nachdachte, kam ein Blinder des Wegs. Freundlich grüßte er, ertastete mit seinem Stock den Baumstamm und ging unverzagt über den Steg auf die andere Seite. Da wurde dem Schüler klar, was zu tun sei. Er strahlte seinen Meister an, rieb sich die Hände und sagt: „Das ist die beste Prüfungssituation, die ich mir wünschen kann. Habe ich doch sieben Jahre lang gelernt, dass Gefahren nur in meinem Kopf bestehen, habe die Präzision meiner Bewegungen im Schwertkampf vervollkommnet und beim Wasserschöpfen meine Muskeln und meine Ausdauer trainiert. Jetzt nehm ich mir einen Stock und gehe!" Sprach, ging hinüber und folgte ohne zu Zögern der Aufforderung seines Meisters, nun wieder zurückzukommen.

Das Unmögliche ist das, was man nie versucht hat.
Hans Günther Adler

Einsame Spitze – ein toller Kollege

Wie Sie von Kollegen lernen können.

1. Haben Sie einen Lieblingskollegen?

Manchmal mag man es ja gar nicht laut sagen, aber innerlich hat man schon manches mal gedacht: *Klasse, wie die das macht! Ob ich das wohl auch könnte?* oder: *Toll, er hat eine unnachahmliche Art, die Kunden fröhlich zu stimmen. Ob er die gute Laune gepachtet hat?*

Haben Sie auch eine Kollegin oder einen Kollegen, den Sie ein wenig bewundern? Vielleicht haben Sie ihr oder ihm das auch schon gesagt, angeregt durch dieses Lernprogramm, vielleicht war es Ihre persönliche **Rote Linie**, es endlich einmal zum Ausdruck zu bringen. Bravo, herzlichen Glückwunsch! Vielleicht haben Sie es noch vor sich oder erst jetzt kommt Ihnen der Gedanke, dass Sie ja darauf auch einmal achten könnten.

2. Von Kollegen lernen

Es kann sehr lohnend sein, darüber nachzudenken, was die Kollegen besonders gut und geschickt machen. Noch lohnender ist es, das auch zum Ausdruck zu bringen und – davon zu lernen.

Wenn schon alle Welt vom „lebenslangen Lernen" redet, warum nicht von Kollegen lernen? Das Team einer kleinen Buchhandlung kam zum Beispiel durch die Fülle der ständigen Neuerscheinungen darauf, sich die so aufzuteilen, dass nicht jeder sich alles merken müsse. In regelmäßigen Besprechungen tauschte man sich konsequent über Besonderheiten aus, die die Kollegen auch wissen sollten. Dadurch kamen spezielle Fähigkeiten ans Licht: Einer orientierte sich über Eselsbrücken zu den Titeln am Inhalt, ein anderer hatte eine Minikartei immer griffbereit, ein dritter Kollege kannte sich aufgrund seines privaten Hobbys hervorragend mit Kochbüchern aus. Jeder hatte seine individuelle Möglichkeit, sich zu unterstützen. Dann kam das Team darauf, dass auch davon alle profitieren könnten, und die Tipps wurden dem Gesamtteam zugänglich gemacht. Der Erfolg war beachtlich: Die Arbeit bot mehr Abwechslung, jeder lernte ständig dazu, der Umsatz stieg.

Aufgabe:
Überlegen Sie doch einmal, wie Sie als Kollegen in Ihrem Geschäft voneinander lernen können.

3. Der letzte Pfiff
Manchmal sind es winzige Kleinigkeiten, die dem Einkauf den letzten Pfiff geben. Dazu gehört auch das freundliche Lächeln der Kollegin, die jeden Kunden, auch wenn die Schlange an der Kasse noch so lang ist, freundlich anschaut.
Möglicherweise ist diese nette und freundliche Angewohnheit der Kollegin gar nicht bewusst, erst Ihr Kompliment kann sie darauf aufmerksam machen. Seien Sie ruhig ein wenig selbstsüchtig und lernen Sie die schönsten Gesten der Freundlichkeit – ob es das aufmerksame Überreichen der Ware ist oder die Geste, noch einmal liebevoll mit der Hand über das gekaufte Kleidungsstück zu streichen – lernen Sie von Kollegen!

4. Bei Kollegen auftanken
Immer wieder geben Mitarbeiter in Dienstleistungsberufen wie dem Ihren bei Umfragen nach der Motivation für die Tätigkeit an, dass die netten Kollegen ein wichtiger Grund sind, sich auch bei anstrengenden Tätigkeiten wohl zu fühlen und gegenseitig bei Laune zu halten. Geht es Ihnen auch so? Vielleicht können Sie nicht nur voneinander lernen, sondern sich gegenseitig ganz gezielt unterstützen. Neben all den Möglichkeiten, die Sie inzwischen in Ihrer persönlichen „Schatztruhe für Energie" haben, um sich zwischendurch immer wieder fit zu machen für Ihren nächsten Kunden, fehlt noch eine kleine Kostbarkeit, nämlich sich Energie bei den Kollegen zu holen. Natürlich ist es am besten, auf den guten alten Tauschhandel zu-

rückzugreifen und sich gegenseitig zu unterstützen. Ob Sie es mit einem netten Kompliment machen (Sie wissen, das kommt postwendend, z. B. in Form eines Lächelns zurück!), ob Sie sich gegenseitig aufmuntern mit ein paar fröhlichen Worten oder noch viel bessere Ideen haben ...

Aufgabe:
Wie können Sie sich eine kleine Aufmunterung unter Kollegen vorstellen? Was wünschen Sie sich von Ihren Kollegen?

Der Roggenhalm

Ein Roggenhalm steht einsam auf dem kahlen Feld. Wie schön, denkt er, kein Ärger mit anderen Leuten. Er merkt gar nicht, wie hohl die Ähre bleibt. Ein Sturm tobt übers Feld. Der Halm knickt um, liegt tot am Boden. Es gibt kein Brot. Ein Roggenfeld dagegen: Wie Brüder und Schwestern dicht beieinander stehen die vielen Halme mit vollen Ähren. Der Sturm tobt übers Feld. Die Halme stehen und geben sich gegenseitig Halt.

Wenn wir nicht mehr weiterwissen, müssen wir uns näher kommen.

Andere Länder, andere Sitten

Ein ganz besonderes „Urlaubssouvenir".

1. Wenn das Fernweh quält ...

Der verborgene Sinn allen Reisens ist es, Heimweh zu haben.
Erich Kästner

Kennen Sie das Gefühl, wenn man lieber heute als morgen seine Koffer packen möchte? Bei manch einem entsteht es, wenn er nur eines der schönen, bunten Plakate im Reisebüro sieht. Manchmal stellt es sich ein, wenn eine Phase angestrengten Arbeitens ziemlich lange dauert. Einige Menschen leiden chronisch darunter. Es hat mit den Träumen zu tun, die wir haben, in denen alles schön, angenehm und bunt ist und in denen immer die Sonne scheint. Wenn wir in ferne Länder reisen, stellen wir besonders deutlich die Unterschiede fest, die zu unserem normalen Lebensumfeld bestehen. Das bedeutet, dass wir es entweder bedauern können, da zu leben, wo wir leben, oder uns nach der Rückkehr sagen: Gut, dass ich wieder zu Hause bin. Ist ja alles ganz schön für ein paar Wochen, aber jetzt kann ich manches schätzen, was ich vorher gar nicht mehr wahrgenommen habe: Ordnung und Sicherheit, ein vertrautes Umfeld, die köstliche Hausmannskost. Andererseits haben wir durch unsere Reisen in fremde Länder manches „importiert", auch einige Gedanken, auf die wir vielleicht nie gekommen wären hinter dem heimischen Herd.

Aufgabe:
Welche Verhaltensweisen, die Sie im Urlaub kennen gelernt haben, würden Sie gerne „importieren" und was versprechen Sie sich davon?

2. Wir sind ernsthaft bemüht …

alles richtig zu machen! Wir geben uns Mühe, perfekt zu sein. Das sind durchaus erfolgreiche „deutsche" Tugenden. Aber wie das mit den Tugenden so ist, sie wirken nervig, wenn sie übertrieben werden. Wie häufig kommen wir aus südlichen Urlaubsländern zurück und wundern uns, wie fröhlich die Menschen dort sind. Sie sind manchmal viel reicher an positivem Lebensgefühl als wir hier in Deutschland. Manchmal retten wir ein bisschen von dieser Unbeschwertheit aus unserem Urlaub mit in unseren Alltag. Zum Beispiel, häufiger innezuhalten und sich darüber Gedanken zu machen, was zu den 79 % gehört und was wir gut gemacht haben.

3. „Fernöstliche Weisheit – die tibetanische Meditation"

Wenn Sie mögen, nutzen Sie mit Kollegen die „fernöstliche Weisheit der tibetanischen Meditation" (und denken Sie an ein fröhliches Herz und viel Humor!). Hier eine kleine Übung:

> Stellen Sie sich gerade hin, spüren Sie eine Anziehungskraft in Ihrer linken Hand, die nähert sich mit der Innenfläche dem Bauchnabel, wird weiter hochgezogen zu Ihrer Brust, weiter zur rechten Schulter, sodass der Daumen fast das rechte Ohrläppchen berührt und spüren Sie, wie die Handfläche von Ihrer rechten Schulter angezogen wird, sich wieder hebt, wieder senkt, wieder hebt, wieder senkt.

Wenn Sie sich jetzt anerkennend auf die Schulter geklopft haben, haben Sie alles richtig gemacht!

5. Klopfen Sie sich und anderen auf die Schulter

Immer wieder haben wir dafür plädiert, dass Lob, auch Eigenlob, ausgesprochen wird. Es enthält die Anerkennung in Form einer kleinen Streicheleinheit, die wir Menschen brauchen wie die Luft zum Atmen. Die Gedanken, die wir uns machen, sind so positiv oder so negativ, wie unsere Einstellung zu den Dingen des Lebens. Führen Sie Ihre tibetanische Meditation „richtig" oder auch in Gedanken immer dann aus, wenn Sie sich Ihrer persönlichen Meinung nach ein Lob verdient haben. Vielleicht wird die Handbewegung auch zu einem „geheimen" Zeichen über einige Meter Verkaufsfläche hinweg zum Kollegen, dem man zwar nicht zurufen, aber damit zeigen kann: Ich bin gut – du bist gut!

Alles beim Alten!

Vier ältere Herren im Rentenalter trafen sich regelmäßig beim Bierchen. Oft erzählen sie von alten Zeiten, denn sie kannten sich schon von Kindesbeinen an. „Ich weiß nicht", sagte einer von ihnen, „ich bin wohl doch älter geworden. Früher war ich auf dem Fußballplatz der Schnellste von allen. Heute geht mir auf der Treppe die Puste aus."

„Wem sagst du das?", entgegnete sein Nachbar, „auf dem Tanzboden war ich der König. Nächte habe ich durchgetanzt. Heute wird mir schon bei einer kleinen Umdrehung schwindlig."

„Davon kann ich auch ein Lied singen", meinte der Dritte, „und die Augen. Früher hatte ich Augen wie ein Falke. Dann kam die Brille zum Lesen, dann zum Autofahren, jetzt kann ich nicht mal mehr ohne Brille auf die Straße gehen." „Also ich weiß nicht, was ihr habt. Mir hat das Alter nicht geschadet", entrüstete sich die Nummer vier. Er galt als der Denker des Quartetts, weil er als einziger studiert hatte. „Ich bin noch genauso stark wie vor vierzig Jahren." „Du Angeber, das gibt's doch nicht!" „Doch ehrlich! Ihr kennt doch den alten Eichenschreibtisch von meinem Großvater. Gestern habe ich noch versucht, ihn etwas näher ans Fenster zu rücken." „Na und, was beweist das?" „Nun, ganz einfach. Vor vierzig Jahren habe ich es auch schon einmal versucht und es ist mir nicht gelungen. Gestern gelang es mir wieder nicht. Also: bin ich genauso stark wie vor vierzig Jahren! Prost Jungs."

> *Um sich selbst ins richtige Licht setzen zu können, darf man die anderen nicht in den Schatten stellen.*
> Gerhard Reichel

Hätte ich doch nur ...

Wozu Fehler gut sein können.

1. Unglückliche Paula

„Paul, ach Paul, hätte ich doch nur ...! Wenn ich das vorher gewusst hätte! Sowas Blödes aber auch." „Halt, Paula, was ist denn passiert?" „Ich habe den richtigen Moment verpasst, um dem Kunden eine Entscheidungshilfe zu geben und ihn gehn lassen. Ich könnte mich ohrfeigen. Ganz davon zu schweigen, dass es ein tolles Angebot ist, das übermorgen vielleicht nicht mehr zu haben ist."

„Paula, jetzt mal ganz ruhig. Was lernst du denn daraus?" „Wie meinst du das? Es war mein Fehler! Der Kunde ist weg und kommt vielleicht nie wieder!" „Der vielleicht nicht, aber einige andere mit Sicherheit." „Du meinst, ich soll darüber nachdenken, wie ich mich beim nächsten Kunden verhalte?" „Genau, Paula, in der nächsten Pause treffen wir uns bei einem Kaffee in der Kantine. Dann sieht die Welt schon wieder ganz anders aus!"

2. Angst vor Fehlern

Viele Menschen fürchten sich davor, Fehler zu machen. Manche so sehr, dass sie erst gar nichts mehr in Angriff nehmen. Das ist ein sicherer Weg, keine Fehler zu machen. Es wird unmöglich sein, Schiffbruch im Verkauf zu erleiden, wenn Sie erst gar nicht verkaufen. Nur, leider werden Sie dann auch keine Erfolge haben. Lassen Sie uns der Frage nachgehen: Was sind denn eigentlich Fehler?

Wer über sich selbst lachen kann, wird am ehesten ernst genommen.

3. Was sind Fehler?

Spätestens mit ca. 6 Jahren haben wir gelernt, was Fehler sind – das, was rot angestrichen wurde im Heft. Heute hingegen vertreten fortschrittliche Pädagogen die Meinung, dass es für viele Kinder besser gewesen wäre, zu erfahren, was sie richtig gemacht haben. Ein Fehler ist zunächst einmal nichts anderes als eine Erfahrung, aus der wir lernen können. Erst durch die Bewertung durch eine andere Person (z. B. durch den Lehrer oder die Führungskraft) wird diese Erfahrung zu einem „Fehler". *Ein Fehler an sich ist also nichts Schlimmes. Schlimm ist lediglich, nichts zu verbessern, nichts daraus zu lernen und den Fehler immer wieder zu machen. Der unschätzbare Wert eines Fehlers besteht im Lerneffekt.* Selbst wenn wir jemandem eine Kopfnuss geben, würde erst durch die negative Bewertung daraus ein Fehler. In einer Kultur, in der Kopfnüsse als Liebkosung gelten, wie auf einer Insel in der Südsee, wäre es kein Fehler. Neutral betrachtet schenkt uns alles, was wir tun, Erfahrungen. Die sind entweder positiv, dann sagen wir: Weiter so! oder negativ, dann können wir davon lernen.

Aufgabe:
Bitte nehmen Sie sich einige Minuten Zeit und erinnern Sie sich an „Fehler", die Sie gemacht haben und aus denen Sie lernen konnten. Worin bestand der Lerneffekt?

4. Die Einstellung entscheidet

Sie haben in diesem Lernprogramm schon gelesen, wie wichtig die innere Einstellung zu den Dingen ist. Das gilt auch für „Fehler". Wie ging Thomas Edison, der geniale Erfinder, damit um? Er hatte unzählige „Misserfolge" zu verzeichnen, bevor er die Glühlampe erfand. Tatsächlich hatte er mehr als 1000 Fehlversuche, bevor es ihm endlich gelang. Als er einmal gefragt wurde, ob das nicht äußerst deprimierend gewesen sei, antwortete er ganz erstaunt: *„Wieso deprimierend? Ich hatte keine tausend ‚Fehlversuche', sondern ich habe mehr als 1000 Wege gefunden, wie es nicht funktionieren kann."* Es liegt also immer nur daran, aus welcher Warte und mit welcher Einstellung wir etwas betrachten.

Sucht nicht die Fehler, sucht die Lösung!
Henry Ford

Aufgabe:

Aufgabe:

1. Bitte ersetzen Sie das Wort „Fehler" durch „Erfahrung" oder „Resultat".
2. Stellen Sie fest, wie sich der Sinn verändert.
3. Machen die folgenden Sätze so noch Sinn?
4. Welche andere Formulierung würden Sie wählen?

Bitte machen Sie nicht noch einmal diesen Fehler!
Das hätte mir nicht passieren dürfen, das war ein Fehler!
Was ich auch tue, immer mache ich den gleichen Fehler.
Was kann ich ändern?
Nur keine Fehler machen!
Wenn ich jetzt einen Fehler mache, bin ich geliefert.

5. Humor ist, wenn man trotzdem lacht

Manchmal hilft nur ein wenig Abstand und ein herzhaftes Lachen. Können Sie sich an eine absolut katastrophale Situation erinnern, wo Sie sich am liebsten in ein Mauseloch verkrochen hätten? Aber was passiert in, na, sagen wir zwei Wochen? Die Wunden sind verheilt, Sie erzählen die Geschichte mit ein paar zusätzlichen Pointen ausgeschmückt Ihren Kollegen und jeder lacht sich kringelig.

Es ist keine Schande hinzufallen, aber es ist eine Schande liegen zu bleiben.
Theodor Heuss

Ein berühmter Mann

Wenn man die Biografie eines der berühmtesten Männer Amerikas knapp zusammenfasst, liest sie sich so: Er machte bankrott. – Er kandidierte für den Senat und wurde nicht gewählt. Er machte nochmals bankrott. – Das Mädchen, das er über alles liebte, starb. – Darauf erlitt er einen Nervenzusammenbruch. – Er kandidierte für den Kongress und wurde nicht gewählt. – Er kandidierte erneut für den Kongress und kam wieder nicht durch. – Jetzt kandidierte er noch einmal für den Senat und verlor wieder. – Er kandidierte für das Amt des Vizepräsidenten der Vereinigten Staaten und wurde geschlagen. – Er wurde auch beim dritten Versuch nicht in den Senat gewählt. Wer war dieser Mann? Abraham Lincoln, der populärste Präsident in der Geschichte der Vereinigten Staaten von Amerika.

Zusammenfassung KREUZ-DAME

Die „Sportschau"

Sie haben zwar kein Expertenteam an Ihrer Seite, aber ein Lernprogramm in der Hand. Seien Sie Ihr eigener Berater, ernennen Sie Ihre Führungkraft und Ihre Kollegen zu Trainern.

Sie verdienen Lob und Anerkennung, wenn Sie bereit sind umzudenken und neues Verhalten zu praktizieren. Wenn Sie es schaffen, können Sie genau so stolz darauf sein wie ein Spitzensportler, Ihren „Kreis der Gewohnheiten" vergrößert zu haben, und haben dazu beigetragen, wenn Ihr Unternehmen einen Spitzenplatz am Markt erwirbt.

Einsame Spitze – ein toller Kollege

Es kann sehr lohnend sein, darüber nachzudenken, was die Kollegen besonders gut und geschickt machen. Noch lohnender ist es, das auch zum Ausdruck zu bringen und – davon zu lernen.

Manchmal sind es winzige Kleinigkeiten, die dem Einkauf den letzten Pfiff geben. Dazu gehört auch das freundliche Lächeln der Kollegin, die jeden Kunden, auch wenn die Schlange an der Kasse zehn und mehr Kunden lang ist, freundlich anschaut.

Andere Länder, andere Sitten

Vielleicht wird die Handbewegung auch zu einem „geheimen" Zeichen über einige Meter Verkaufsfläche hinweg zum Kollegen, dem man zwar nicht zurufen, aber damit zeigen kann: Ich bin gut – du bist gut!

Hätte ich doch nur ...

Ein Fehler an sich ist also nichts Schlimmes, schlimm ist lediglich, nichts zu verbessern, nichts daraus zu lernen und den Fehler immer wieder zu machen. Der unschätzbare Wert eines Fehlers besteht im Lerneffekt.

Hier sind Sie wieder gefragt!

Wählen Sie aus dieser Lektion die drei Anregungen aus, die für Sie persönlich die wichtigsten sind. Schreiben Sie kurz auf, was genau Ihnen daran gefällt und wie Sie die drei Anregungen für sich nutzen können.

Beppo, der Straßenkehrer

Der Alte hieß Beppo Straßenkehrer. In Wirklichkeit hatte er wohl einen anderen Nachnamen, aber da er von Beruf Straßenkehrer war und alle ihn deshalb so nannten, nannte er sich selbst auch so. Wenn er so die Straßen kehrte, tat er es langsam, aber stetig: Bei jedem Schritt ein Atemzug und bei jedem Atemzug einen Besenstrich. Schritt – Atemzug – Besenstrich. Schritt – Atemzug – Besenstrich. Dazwischen blieb er manchmal ein Weilchen stehen und blickte nachdenklich vor sich hin. Und dann ging er weiter – Schritt – Atemzug – Besenstrich. Während er sich so dahinbewegte, vor sich die schmutzige Straße und hinter sich die saubere, kamen ihm oft große Gedanken, aber es waren Gedanken ohne Worte. Gedanken, die sich so schwer mitteilen ließen wie ein bestimmter Duft, an den man sich nur gerade eben noch erinnert, oder wie eine Farbe, von der man geträumt hat. Nach der Arbeit, wenn er bei Momo saß, erklärte er ihr seine großen Gedanken. Und da sie auf besondere Art zuhörte, löste sich seine Zunge, und er fand die richtigen Worte.

„Siehst du, Momo", sagte er dann zum Beispiel, „es ist so: Manchmal hat man eine sehr lange Straße vor sich. Man denkt, die ist so schrecklich lang; das kann man niemals schaffen, denkt man. So darf man es nicht machen. Man darf nie an die ganze Straße auf einmal denken, verstehst du? Man muss nur an den nächsten Schritt denken, an den nächsten Atemzug, an den nächsten Besenstrich. Und immer wieder nur an den nächsten." Wieder hielt er inne und überlegte: „Auf einmal merkt man, dass man Schritt für Schritt die ganze Straße gemacht hat. Man hat es gar nicht gemerkt, und man ist nicht außer Puste." Er nickte vor sich hin und sagte abschließend: „Das ist wichtig."

nach „Momo" von Michael Ende

16 KREUZ-BUBE
– Wie Sie immer den Abschluss im Auge behalten

Tun, als ob

Wie man mit Worten die Gedanken lenken kann.

1. „Stell Dir vor …"

So beginnen im alltäglichen Sprachgebrauch immer wieder Formulierungen, mit denen Sie Ihre Gesprächspartner zu „Phantasiereisen" einladen. *„Stell dir vor, die Kundin wollte eigentlich nur einen Mascara-Stift und daraus hat sich eine komplette kosmetische Beratung entwickelt." „Stell dir vor, der Chef wusste noch gar nicht, dass wir eine Übungsgruppe gegründet haben!" „Stell dir vor, wie es ist, wenn wir den Umbau hinter uns haben!"* Gang und gäbe, auch um eine belastende Situation wie zum Beispiel einen Umbau mit der Freude auf das schöne Ergebnis besser zu überstehen.

2. Die Vorfreude ist die schönste Freude

Auch die Vorfreude auf das Ergebnis eines Einkaufs kann beflügeln:

▌ *Stellen Sie sich vor, wie Sie als Fußball-Fan das nächste Spiel mit dem neuen Fernsehgerät genießen können!*
▌ *Stellen Sie sich vor, wie Sie mit Ihren tollen Inline-Skates die Stadt neu entdecken können!*
▌ *Stellen Sie sich vor, wie Ihr schön gedeckter Tisch mit dem neuen Geschirr bewundert wird, wenn Sie Gäste haben.*

Die Liste ließe sich endlos fortsetzen.

> **Aufgabe:**
> Welche „Phantasiereisen in die Zukunft" können Sie Ihren Kunden nach dem Kauf anbieten?
> Finden Sie die für Sie passenden Formulierungen.

3. Schon mal so richtig genutzt?

Vieles tun wir jeden Tag oder zumindest sehr häufig, ohne darüber weiter nachzudenken bzw. es uns bewusst zu machen. So ist es auch mit unseren Denkvorgängen, und das ist gut so, sonst würde das „Denken über das Denken" gar zu kompliziert. Einige Leute haben sich von Berufs wegen damit beschäftigt und so manches Ergebnis lässt sich im alltäglichen Tun

wunderbar nutzen. So zum Beispiel auch die Möglichkeit, mit den „Als ob"-Anregungen eine (gedankliche) Reise in die Zukunft zu machen. *Was wir bildhaft vor Augen haben, auch ohne dass es uns bewusst ist, zieht uns magisch an.*

Machen Sie einen kleinen Test:

Alles, von dem sich der Mensch eine Vorstellung machen kann, ist machbar.
Wernher von Braun

Aufgabe:
Setzen Sie sich ganz normal bequem hin.
Registrieren Sie, wie Sie sitzen, wo Sie Kontakt mit dem Stuhl oder Sessel haben, wie die Haltung Ihrer Arme und Beine ist, usw. Jetzt stellen Sie sich bitte vor, Sie würden eine gänzlich andere Sitzhaltung einnehmen. Stellen Sie sich vor Ihrem inneren Auge vor, wie es aussieht, wenn Sie ganz anders sitzen würden.
Was stellen Sie fest?

Wenn Sie innerlich den Impuls verspürt haben, sich anders hinzusetzen, nämlich so, wie Sie es sich vorgestellt haben, war Ihr „Gedanken-Video" deutlich und intensiv. So geht es den meisten Menschen, die diesen Test machen. Manchmal muss man sich aber auch einen ungestörten Moment aussuchen, in dem man sich gut konzentrieren kann. Sollte es also beim ersten Mal noch nicht so richtig geklappt haben, versuchen Sie es ruhig noch einmal.

4. Ergebnis: Erfolgreich

Phantasie ist etwas, was sich manche Leute gar nicht vorstellen können.
Gabriel Laub

Mit diesem kleinen Test haben Sie nur kurz nachvollzogen, was passiert, wenn Sie sich intensiv etwas vorstellen. Die Vorstellung wirkt anziehend, in Gedanken sind Sie schon da! So wie im Reisebüro, als Sie Ihren Sommerurlaub gebucht haben – in Gedanken saßen Sie doch schon am Strand, oder?

**Wenn es so ist, dass wir da sind, wo unsere Gedanken sind,
wie ein kluger Mensch einmal gesagt hat,
dann können wir es auch nutzen.**

Aufgabe:
Wie kann es Ihnen gelingen, die Gedanken Ihrer Kunden in die Zukunft zu lenken? Nutzen Sie diese Möglichkeit im Verkaufsgespräch, indem Sie dem Kunden ausmalen, wie es sein wird, wenn er die Ware schon gekauft hat.

Der Seiltänzer

In einer Großstadt führte ein Seiltänzer seine Künste in großer Höhe vor. Als besondere Attraktion schob er einen Schubkarren über das Drahtseil auf die andere Seite. Als er damit sicher die andere Seite erreicht hatte, fragte er die Zuschauer, ob sie sich vorstellen könnten, dass er den Schubkarren wieder zurückschieben könne? Alle klatschten begeistert Beifall. Damit wollten sie zum Ausdruck bringen, dass sie überzeugt waren, dass er es tun könne.

Da fragte er noch einmal: „Ihr glaubt also alle, dass ich den Schubkarren zurückschieben kann?" „Aber natürlich!", schrien alle und klatschten Beifall. „Nun gut", sagte der Akrobat, „ich will euren Glauben prüfen: Wer von euch will hier heraufkommen und sich in den Schubkarren setzen, während ich ihn auf die andere Seite hinüberschiebe?"

Niemand wollte es. Niemand wollte so hautnah mit hineingezogen werden. Sie waren alle zufrieden damit, nur einfache Zuschauer zu bleiben.

Die entscheidende Frage

Von der Bedeutung der Abschlussfrage.

1. Weiß doch jeder –

dass es in einem Einzelhandelsgeschäft neben den Beziehungen natürlich ums Verkaufen geht. Überflüssig, zu sagen, dass sich das nahezu von selbst einstellt, wenn Sie einen guten Kontakt hergestellt haben, die Erwartungen des Kunden übertroffen haben, die Beziehungsebene berücksichtigten usw. Manchmal kommt es aber auch darauf an, im richtigen Moment die richtige Frage zu stellen, um das Verkaufsgespräch zum Abschluss zu bringen. Sie könnten jetzt genauestens erforschen, wovon dies abhängt, Sie können sich aber auch vergewissern, dass Sie das offenbar als Profi im Gefühl haben. **Aus vielen kleinen Hinweisen schließen Sie in einem bestimmten Moment: Jetzt ist die Entscheidung fällig! Fragen Sie Ihren Kunden direkt danach!** Das können Sie auf höchst unterschiedliche Art tun, z. B. mit einem feinen Humor wie Paul als erfahrener Herrenkonfektions-Berater: *„Bekommt dieser schöne Anzug denn nun ein neues Zuhause?"*

Aufgabe:
Welche Abschlussfragen stellen Sie?
Tauschen Sie sich mit Ihren Kollegen bitte darüber aus und tragen Sie
a) die gebräuchlichsten und b) die originellsten zusammen.

2. Der richtige Zeitpunkt

... so sagte schon der mächtige Industrieboss Lee Iacocca vor vielen Jahren, ist das Wichtigste bei allen Entscheidungsprozessen. Auch das ist also nichts Neues! Sie haben beim Lesen noch einmal klar erkannt, wie bedeutsam der richtige Zeitpunkt für die Abschlussfrage ist. Vor allem: Stellen Sie die Abschlussfrage! *Oft gestaltet sich die Frage ganz einfach, denn Sie bekommen klare Signale vom Kunden für den Kaufentscheid. Manchmal brauchen Sie einen langen Atem, um zum Abschluss zu kommen.*

3. Der lange Atem

Es gibt vier verschiedene Arten, seine Zeit zu vertun: nichts zu tun, etwas falsch zu tun, es ungenau zu tun oder im falschen Augenblick zu tun!
Voltaire

Einen langen Atem brauchen Sie auch noch in einem anderen Sinne, nämlich beim geduldigen Abwarten, so um die 10 Sekunden. Stellen Sie sich vor, Sie haben dem Kunden die Abschlussfrage gestellt. Für Sie sind alle Argumente gesagt, für Sie sind die Produkte vertraut – ganz im Gegensatz zum Kunden, der vielleicht noch einen mehr oder weniger großen Kampf in seinem Innern führt: *„Eigentlich wollte ich doch so viel Geld nicht ausgeben, eigentlich habe ich doch genug zum Anziehen, eigentlich ist es ja ein Luxusartikel"* und so weiter ... Kurz und gut: Ihr Kunde braucht noch ein wenig Zeit! Geben Sie Ihm diese „Entscheidungs-Pause", er wird es auf der Haben-Seite für Ihr Geschäft verbuchen. Es sind entweder die berühmten 10 Sekunden, die Sie einfach abwarten. Oder eine andere Möglichkeit ist Ihr Angebot: *„Wenn Sie jetzt noch ein wenig Zeit zum Überlegen haben wollen, ist es Ihnen recht, wenn ich kurz dem anderen Kunden helfe? Ich bin gleich wieder für Sie da."*

Noch ein Wort zum Schluss: Reden ist Silber, Schweigen ist Gold! ... sagt schon der Volksmund. *So wichtig es ist, zu wissen, dass, wann und wie Sie die Abschlussfrage stellen, so wichtig ist es zu wissen, dass Sie danach „Sendepause" haben. Schweigen Sie einfach* – manchmal ganz schön schwierig, das 10 Sekunden durchzuhalten – und überlassen Sie dem Kunden die nächste Aktivität.

4. Zusätzliche Fragen

Gehören Sie auch zu den Mitarbeitern im Verkauf, die so gut wie immer daran denken, den Kunden Ergänzungen anzubieten? Natürlich haben kluge Leute auch darüber wieder wissenschaftliche Forschungen angestellt. Das Ergebnis: Ein erstaunlich großer Teil der Kunden bedauert im Nachhinein, nicht auf sinnvolle Ergänzungen durch zusätzliche Fragen des Verkaufspersonals hingewiesen worden zu sein. Wie gut ist es, wenn man die Batterien für den Wecker gleich mit gekauft hat, das Sommerkleid mit einem Strohhut ergänzt, zu den Inlinern die Knieschoner besitzt.

Aufgabe:
Welche Zusatzartikel geben Ihrer Ware den letzten Pfiff? Schauen Sie sich auch in den angrenzenden Bereichen um und tauschen Sie sich dazu mit den Kollegen aus.

Zwei Steine im Beutel

Es war vor vielen hundert Jahren, da lebte ein ehrbarer Kaufmann. Sein größtes Glück war seine Tochter, jung und schön, die er über alles liebte. Sein Unglück war, dass er bei einem alten hässlichen Wucherer mit einer großen Summe in der Kreide stand.

Wie Sie sich denken können, hatte der alte Wucherer ein Auge auf die Kaufmannstochter geworfen und machte deshalb dem Kaufmann folgenden Vorschlag: „Wenn du mir deine Tochter zur Frau gibst, sind dir alle Schulden erlassen." Die beiden lehnten entsetzt ab. „Na gut", gab sich der Wucherer großzügig, dann lassen wir eben das Schicksal entscheiden. „Sieh her", wandte er sich an die Tochter, „hier auf dem Gartenweg liegen viele Steine, schwarze und weiße. Ich lege je einen schwarzen und einen weißen in diesen Beutel. Ziehst du den schwarzen, musst du mich heiraten. Ziehst du den weißen, musst du mich nicht heiraten und deinem Vater sind trotzdem alle Schulden erlassen." Die Kaufmannstochter war nicht nur jung und schön, sondern auch aufmerksam und klug. Sie hatte gesehen, dass der Alte zwei schwarze Steine in den Beutel geschmuggelt hatte. Welchen sie auch zog, sie musste den Wucherer heiraten. Was tun? Sie konnte den Betrug nicht einfach entlarven, dann würde er sicher aus Rache auf der Begleichung der Schuld bestehen. Einen weißen Stein hineinschmuggeln? Das hätte er gemerkt. Ihm den Vorschlag machen, weiß als Glücksfarbe zu nehmen? Darauf würde er sich nicht einlassen. Sie griff in den Beutel, nahm einen Stein heraus und ließ ihn wie unabsichtlich fallen. „Oh, ich Tolpatsch", rief sie. „jetzt liegt er zwischen den vielen Steinen auf dem Weg und wir wissen gar nicht mehr, welcher es war. Aber das macht ja nichts, denn der Stein, der sich jetzt noch im Beutel befindet, muss ja die andere Farbe haben und uns zeigen, welche Farbe ich zog."

Leg das Ruder nicht aus der Hand, bevor das Boot an Land ist.

Nicht doch!
Positive Absicht, negative Formulierung?

Wie unterschiedlich das kleine Wort „nicht" wirken kann.

1. „Mal dir aus …

wie es sein wird, wenn dein Wunsch in Erfüllung geht." Das ist eine Richtung, in die Sie die Gedanken lenken können. Sie können aber auch „schwarz malen", wenn Sie mögen. Manche Menschen regt es sehr an, wenn Sie entdecken, was Sie nicht haben werden, wenn Sie eine bestimmte Kaufentscheidung nicht treffen. Auch dahin können Sie die Gedanken Ihrer Kunden mit Ihren Worten lenken:

▌ *Wenn Sie sich jetzt noch nicht zum Kauf entschließen können, kann es sein, dass dieses Sonderangebot für Tunesien vergriffen ist.*
▌ *Natürlich können Sie auch ein Fahrrad ohne Federgabel kaufen. Nur erfahren Sie dann nie, wie elegant Sie jede Unebenheit hätten nehmen können.*

> **Aufgabe:**
> Bitte finden Sie für Ihre Abteilung Beispiele und Formulierungen dafür, was Ihre Kunden vermissen werden, wenn sie bestimmte Waren nicht kaufen.

2. Wiedersehen mit dem rosa Elefanten

Sie erinnern sich noch? Im ersten Teil „Start zum Erfolg" im Kapitel „Worte, die klingen" hatten Sie die Aufgabe, *nicht* an einen rosa Elefanten zu denken. Um etwas *nicht* zu tun, nicht zu denken, müssen wir uns erst einmal vorstellen, *an was* wir nicht denken sollen bzw. *was* wir nicht tun sollen. Sie wissen, das ist ein Umweg für den Verstand. Bei der Empfehlung, daran zu denken, was man *nicht* haben wird, kommt ein doppelter Effekt zustande: Einerseits wird dem Kunden bewusst, auf was er verzichtet, und andererseits stellt er sich durch diesen Hinweis das „Objekt der Begierde" vor: das Sonderangebot, die Reise nach Tunesien oder die Federgabel am Fahrrad. Und da Sie jetzt wissen, dass das, was wir uns in Gedanken vorstellen, uns anzieht (denken Sie an die Übung mit der in Gedanken veränderten Sitzhaltung), ist das ein kleiner „Trick". Sie können ihn im Gespräch mit unentschlossenen Kunden nutzen. Es lohnt sich auf jeden Fall, es auszuprobieren. Sie wissen schon, wann der richtige Moment dafür ist!

3. Nicht doch!

Auch noch so geschickte Formulierungen können es in sich haben. Das Wörtchen „nicht" geschickt und nützlich einzusetzen, verlangt ein sicheres Sprachgefühl. Es kann auch durch seine Verwandtschaft mit dem harten „Nein" im Gespräch eine ungünstige Wirkung haben. Es hat mit Verneinung, Verbot, Ablehnung zu tun. Allzu oft liegt es uns auf der Zunge, wenn die Erfüllung eines Kundenwunsches eine besondere Herausforderung darstellt. Dazu einige Beispiele, verbunden mit der besseren Alternative:

– *„Keine Ahnung, weiß ich nicht!"*
+ *„Um Ihnen weiterhelfen zu können, werde ich mich sofort informieren."*

– *„Nein, das ist nicht möglich, alles ausgebucht!"*
+ *„Im Moment kann ich Ihnen Folgendes anbieten: …"*

– *„Das fällt nicht in meine Zuständigkeit!"*
+ *„Da hilft Ihnen Herr Müller weiter, ich werde mich persönlich darum kümmern."*

– *„Damit habe ich nichts zu tun, ist nicht meine Schuld!"*
+ *„Um Ihnen weiterhelfen zu können, suche ich nach der besten Lösung."*

– *„Nun regen Sie sich doch nicht so auf!"*
+ *„Bitte entschuldigen Sie, das tut mir wirklich leid!"*

Ein guter Verkäufer lässt die Gedanken seiner Kunden da spazieren gehen, wo sie das erblicken, was er ihnen zeigen will.
Marianna Grüters

Man ist entweder Teil der Lösung oder Teil des Problems. Ich habe mich für Ersteres entschieden.
Michail Gorbatschow

Aufgabe:
Was sind Kundenwünsche, die zwar immer wieder auftauchen, die Sie aber nicht erfüllen können? Finden Sie statt einer negativen „nicht"-Antwort eine positive Formulierung.

**Sie werden feststellen, mit etwas Übung lassen sich verneinende Antworten auch so umformen, dass Sie dem Kunden signalisieren:
Wir bemühen uns um eine Lösung in Ihrem Sinne!**

Keine Bären

Ein König, der sich gern von Nasrudin Gesellschaft leisten ließ und zudem die Jagd liebte, befahl dem Meister eines Tages, ihn auf eine Bärenjagd zu begleiten. Nasrudin schlotterte vor Angst. Als er in sein Dorf zurückkehrte, fragte ihn jemand: „Na, wie war die Jagd?" – „Phantastisch." – „Wie vielen Bären seid ihr begegnet?" – „Keinem einzigen." – „Aber wie kann die Jagd dann phantastisch gewesen sein?" – „Wenn einer einen Bären jagt und einer ist wie ich, dann ist es eine phantastische Erfahrung, keinem einzigen Bären zu begegnen."

Zusammenfassung KREUZ-BUBE

Tun als ob

Was wir bildhaft vor Augen haben, auch ohne dass es uns bewusst ist, zieht uns magisch an.

Wenn es so ist, dass wir da sind, wo unsere Gedanken sind, wie ein kluger Mensch einmal gesagt hat, dann können wir es auch nutzen.

Die entscheidende Frage

Aus vielen kleinen Hinweisen schließen Sie in einem bestimmten Moment: Jetzt ist die Entscheidung fällig! Fragen Sie Ihren Kunden direkt danach.

Oft gestaltet sich die Frage ganz einfach, denn Sie bekommen klare Signale vom Kunden für den Kaufentscheid. Manchmal brauchen Sie einen langen Atem, um zum Abschluss zu kommen.

So wichtig es ist, zu wissen, dass, wann und wie Sie die Abschlussfrage stellen, so wichtig ist es zu wissen, dass Sie danach „Sendepause" haben. Schweigen Sie einfach – überlassen Sie dem Kunden die nächste Aktivität.

Nicht doch! – Positive Absicht, negative Formulierung?

„Mal dir aus ... wie es sein wird, wenn dein Wunsch in Erfüllung geht."
Das ist eine Richtung, in die Sie die Gedanken lenken können. Sie können aber auch „schwarz malen".

Auch noch so geschickte Formulierungen können es in sich haben. Das Wörtchen „nicht" geschickt und nützlich einzusetzen, verlangt ein sicheres Sprachgefühl.

Sie werden feststellen, mit etwas Übung lassen sich verneinende Antworten auch so umformen, dass Sie dem Kunden signalisieren: Wir bemühen uns um eine Lösung in Ihrem Sinne!

Hier sind Sie wieder gefragt!

Wählen Sie aus dieser Lektion die drei Anregungen aus, die für Sie persönlich die wichtigsten sind. Schreiben Sie kurz auf, was genau Ihnen daran gefällt und wie Sie die drei Anregungen für sich nutzen können.

Das Schloss

Ein König stellte für einen wichtigen Posten den Hofstaat auf die Probe. Kräftige und weise Männer umstanden ihn in großer Menge. „Ihr weisen Männer", sprach der König, „ich habe ein Problem, und ich möchte sehen, wer von euch in der Lage ist, dieses Problem zu lösen." Er führte die Anwesenden zu einem riesengroßen Türschloss, so groß, wie es keiner je gesehen hatte. Der König erklärte: „Hier seht ihr das größte und schwerste Schloss, das es in meinem Reich je gab. Wer von euch ist in der Lage, das Schloss zu öffnen?" Ein Teil der Höflinge schüttelte nur verneinend den Kopf. Einige, die zu den Weisen zählten, schauten sich das Schloss näher an, gaben aber zu, sie könnten es nicht schaffen. Als die Weisen dies gesagt hatten, war sich auch der Rest des Hofstaates einig, dieses Problem sei zu schwer, als dass sie es lösen könnten. Nur ein Wesir ging an das Schloss heran. Er untersuchte es mit Blicken und Fingern, versuchte, es auf die verschiedensten Weisen zu bewegen und zog schließlich mit einem Ruck daran. Und siehe, das Schloss öffnete sich. Das Schloss war nur angelehnt gewesen, nicht ganz zugeschnappt, und es bedurfte nichts weiter als des Mutes und der Bereitschaft, dies zu begreifen und beherzt zu handeln. Der König sprach: „Du wirst die Stelle am Hof erhalten, denn du verlässt dich nicht nur auf das, was du siehst oder was du hörst, sondern setzt selbst deine eigenen Kräfte ein und wagst eine Probe."

Das Ende ist erst der Anfang!

Zum guten Schluss!

1. Zeitreise mit Paul und Paula: Viele Jahre später ...

„Ach Paul, weißt du noch, damals, als wir noch jeden Morgen gemeinsam mit der Straßenbahn zur Arbeit gefahren sind? Das waren noch Zeiten!" „Gute Zeiten, Paula! Wir waren doch mit Leib und Seele Verkäufer. Was haben wir mit unseren Kunden nicht alles erlebt! Darüber könnten wir ein Buch schreiben!" „Paul, das ist es doch – die Idee – ein Buch! Davon können die jungen Leute bestimmt eine Menge lernen. Ich würde anfangen mit dem wichtigsten, der eigenen Einstellung zum Beruf. Und zu den Kunden natürlich. Und wie wichtig es ist, sich auf die positiven Anteile in allen Situationen des Lebens zu konzentrieren, und mit den negativen angemessen umzugehen. Und zu bedenken, dass man doch nur immer einen Teil der Wirklichkeit wahrnimmt, dass die Kunden ihre eigene Wirklichkeit haben und jeder einen Teil ausblendet, und dass der Funke nur überspringt, wenn man selber begeistert ist und ..." „Halt, Paula, lass mich auch noch etwas beisteuern. Ich würde dick und fett unterstreichen, wie man mit wirklich schwierigen Kunden gut umgehen kann, wie man sie gewinnen kann und die Stimmung richtig umdrehen kann, wenn man geschickt ist." „Ach, Paul, das kann doch kaum jemand so wie du, so zuhören, so verständnisvoll mit den Leuten sein!" „Aber man kann es doch lernen, Paula, ich habe es doch auch gelernt. Und dann den Mut zu haben, immer wieder etwas Neues auszuprobieren. In dem Beruf bleibt man nie stehen, man kann sich jeden Tag weiterentwickeln und ..."

2. Wie mag es weitergehen?

Hier endet unsere Begegnung mit Paul und Paula. Wie mag es weitergehen, ob etwas aus der tollen Idee wird? Auf jeden Fall waren die beiden „die guten Geister" Ihres Lernprogramms. Wie geht es mit Ihren Kundenkontakten in Ihrem Beruf weiter? Teilen Sie Pauls Ansicht, dass immer wieder Neues auf Sie zukommt, dass Sie in Ihrem Beruf die große Chance haben, sich ständig weiterzuentwickeln? Auch mit den vielen Anregungen, Aufforderungen, Hinweisen, sich selbst und die Kollegen zu beobachten und daraus zu lernen, die Sie in den vier Teilen Ihres Lernprogramms vorgefunden haben, ist noch lange nicht Schluss. Warum auch? Sie haben sicher im Laufe der Bearbeitung für sich so manche **Rote Linie** überschritten und entdeckt, dass das sehr spannend und bereichernd sein kann. Tun Sie es weiterhin!

3. Gemeinsam sind wir stark

So lautet die Erfahrung aller erfolgreichen Teams. Nutzen Sie die Möglichkeiten, gemeinsam mit Ihren Kollegen und Führungskräften Ihr Team, Ihre

Abteilung, Ihr Geschäft stark zu machen. In diesem Sinne möchten wir Sie noch zu einer besonders interessanten und wichtigen Übungsaufgabe einladen:

> **Aufgabe:**
> Achten Sie auf die Elemente, die Ihre Kundengespräche erfolgreich machen. Sammeln Sie mit Ihren Kollegen gemeinsam diese erprobten „Tipps" und gestalten Sie so in Ihrer Abteilung oder in Ihrem Haus eine „Börse" für Erfolgsrezepte.

Sie kennen vielleicht das Sprichwort:
„Keiner ist so gut wie wir alle zusammen!" Es lohnt sich immer,
voneinander und miteinander zu lernen!

In diesem Buch sind Sie schon einige Male dazu angeregt worden. Nutzen Sie die damit verbundenen Chancen!

3. Zum guten Schluss – ein dickes Lob!

Stellen Sie sich vor, wie Sie im Laufe der Zeit das Lernprogramm allein im stillen Kämmerlein, mit netten Kollegen, mit Ihrer Führungskraft durchgearbeitet haben und zum Schluss vielleicht sagen: *„Geschafft! - Fertig!"* – dann kann damit ein schönes Gefühl und so etwas wie ein entspanntes Durchatmen verbunden sein. Das sollten Sie genießen, genauso das Lob und die Anerkennung, die Sie dafür verdient haben – bevor der Gong zur nächsten Runde läutet! Zum Glück sind Sie nie ganz fertig, und Ihr „Kreis der Gewohnheiten" kann noch so manche Erweiterung erfahren. Genau dazu möchten wir Sie zum guten Schluss herzlich einladen:
Suchen Sie sich selber im alltäglichen Tun Ihre Roten Linien, bleiben Sie aufmerksam am Ball, trainieren Sie weiter, so wie ein Spitzensportler selbst bei exzellentem Können nie aufhört, weiter zu trainieren. Viel Spaß dabei!

Die größte Entscheidung deines Lebens liegt darin, dass du dein Leben ändern kannst, indem du deine Geisteshaltung änderst.
Albert Schweitzer

DAS ENDE IST ERST DER ANFANG!

Sich verwandeln lassen

Ein Fluss wollte durch die Wüste ans Meer. Aber als er den unermesslichen Sand sah, wurde ihm angst, und er klagte: „Die Wüste wird mich austrocknen, und der heiße Atem der Sonne wird mich vernichten, oder ich werde zum stinkenden Sumpf."
Da hörte er eine Stimme, die sagte: „Vertraue dich der Wüste an." Aber der Fluss entgegnete: „Bin ich dann noch ich selber? Verliere ich nicht meine Identität?" Die Stimme aber antwortete: „Auf keinen Fall kannst du bleiben, was du bist." So vertraute sich der Fluss der Wüste an. Wolken sogen ihn auf und trugen ihn über die heißen Sandflächen. Als Regen wurde er am anderen Ende der Wüste wieder abgesetzt. Und aus den Wolken entstand so ein Fluss, schöner und frischer als zuvor. Und der Fluss freute sich und sagte: „Jetzt bin ich wirklich ich"!

Bleibe, wie du bist, und ändere dich täglich.

Die Autoren

Dr. Wolf W. Lasko (www.lasko.de), Jahrgang 1953, ist Gründer und Geschäftsführer der Winner's Edge Gesellschaft für Führungs-, Strategie- und Verkaufscoaching mbH (www.winners-edge.de), eines Beratungsunternehmens mit 11 Gesellschaftern und mit über 50 Partnern, Gesellschafter von @yet (IT-Outsourcing) und Leiter des Projekts „Creative Sales" (www.creative-sales.com). Er ist zudem Autor zahlreicher Bücher; bei Gabler sind bereits 14 Titel erschienen.

Kontakt: Telefon: 0 21 75 / 97 01 01, E-Mail: wolf@lasko.de

Peter Busch, Jahrgang 1967, ist Geschäftsführer der NOSORROWS Management Consulting & Business Services S.A., Luxemburg, eines Beratungsunternehmens mit Fokus auf Unternehmensverkäufe und strategische Akquisitionen. Darüber hinaus ist er Partner der Winner's Edge GmbH. Seine Schwerpunkte sind resultateorientierte Vertriebsprojekte, Motivation und Begeisterung in Führung und Vertrieb sowie Unternehmensverkauf und -nachfolge.

Kontakt: Telefon: 0 21 75 / 97 01 01, E-Mail: peter@busch.net